**本书获以下单位资助:**

中国慈善联合会乡村振兴委员会

清华大学社会学系

思爱普（中国）有限公司（SAP）

友成企业家扶贫基金会

清华大学教育基金会清华伟新教育基金

# 社会力量参与——乡村振兴

## 框架、路径与案例

PARTICIPATION OF
SOCIAL FORCES
IN RURAL REVITALIZATION

FRAMEWORK, PATH AND CASES

沈　原 / 学术指导

吕程平　游睿山 等 / 著

社会科学文献出版社
SOCIAL SCIENCES ACADEMIC PRESS (CHINA)

# 前　言

《中共中央　国务院关于全面推进乡村振兴加快农业农村现代化的意见》指出，全面建设社会主义现代化国家，实现中华民族伟大复兴，最艰巨最繁重的任务依然在农村，最广泛最深厚的基础依然在农村。"三农"领域还有诸多突出短板必须补齐。面对国内外风险挑战明显增加、经济下行压力加大的复杂局面，稳住农业基本盘、发挥"三农"压舱石作用至关重要。在此种背景下，凝心聚力、加强资源整合、政策集成，依托各类企业、公益组织和研究机构等多元主体力量提高农业产业体系、生产体系、经营体系现代化水平，推进农村一、二、三产融合发展成为乡村全面振兴的迫切要求。适时梳理、总结近年来社会主体参与脱贫攻坚、乡村振兴实践经验，特别是考察那些由企业、公益机构、民间力量参与的，在周期内收到良好成效的做法，以及强化抵御全局性风险的基层应对能力的实践，在当前形势下，有重要意义。

本书聚焦企业、公益组织、民间力量等多元主体参与乡村振兴的案例，综合利用内生发展理论、社会资本理论、可行能力理论等，从乡村振兴支撑机制、本地资源利用、发展型组织建设、技能水平提升等维度开展考察。本书还特别关注了新技术革命浪潮中，全球顶尖的信息技术企业作为重要主体在农业数字化转型中发挥的作用。

本书的撰写分工如下：

吕程平：书稿统筹，第一至五章；案例一、案例五；

游睿山：项目设计及调研统筹；

李佩璇：案例二；

陈佳鹏：案例三；

秦缙：案例四。

另外，李佩璇、陈佳鹏、秦缙还负责了第一至第五章中有关案例的整理。

# 目　录

# 下　篇

上　篇

# 第一章　企业支持乡村振兴

习近平总书记指出，"发展产业是实现脱贫的根本之策，要因地制宜，把培育产业作为推动脱贫攻坚的根本出路"。[①] 区别于公共机构、公益力量、民间组织和个体慈善行为的扶贫济困、公共服务或社会福利属性，同时与理论界以企业社会责任视角，从责任承诺假定的出发点不同[②]，本研究认为，应将企业参与乡村振兴放置于企业、地方政府与乡村社会等多元力量各自发展状况与相互关系中观察。在战略层面上，中国企业事实上面临两类市场，一类是一般意义的市场经济中的市场；另一类则为政治资源的配置市场。如果将企业认定为通过广义资源的重组创造新生价值的组织，则其需要同时在两类市场中保持敏感性与开拓精神。就前一类市场而言，由企业推动的产业扶贫、乡村振兴的基本点在于依靠市场机制，在业务规划、原材料供给、生产过程、流通销售、收益分配等诸多环节，根据订立契约或技术性标准规范设计农户或农民组织的参与路径。就后一类市场而言，在政府拥有庞大社会资源配置能力的背景下，企业为寻求更大的生存与扩张机会，借助其建立广泛的资源网络，特别是与各级政府建立良好的互动关系，从而有助于企业在融资、用地、市场准入等经济活动中获得显著益处，提升自身的经济价值[③]。因此，企业参与脱贫攻坚、乡村振兴等具有积极意义的公共政策进程，本身也是强化政商联系，获取发展机会的重要窗口。

---

① 习近平：《携手消除贫困 促进共同发展——在 2015 减贫与发展高层论坛的主旨演讲》，jh-sjk. people. cn/article/27707818，最后访问日期：2020 年 10 月 6 日。

② 世界可持续发展委员会认为企业社会责任是企业承诺遵守道德规范，为经济发展做出贡献，并改善员工及其家庭、当地社区、社会的生活品质的责任。

③ J. P. H. Fan, T. J. Wong, T. Zhang, "Plitically Connected CEOs, Corporate Goverance, and Post-IPO Performance of China's Newly Partially Privatized Firms," *Journal of Fiancial Economics* 2 (2007)：265 – 590.

也就是说，参与如乡村振兴这样具有高度社会正外部性和社会关注度的政策进程，不仅仅是对既有政治联系的管理与维护①，更可能给企业拓展增长空间提供历史性契机。在这个意义上，上述"两类市场"又在现实情境中相互交织。

特别是，诸如"精准扶贫""乡村振兴"这类以举国力量推动的、具有国家战略意义的、体系性政策取向，诸多民营企业积极参与其中，不仅是由于企业可以在参与中获得利益，从而被后者给予更高期待，而且因为基于个体主义方法论的，从高管私人动机来看，通过精准扶贫可获取更多社会关注，从而获得包括政府在内的利益相关者的较高社会声望评价和在社会资本方面获益②，还是企业出于后向视角的，面向充满潜在的、基于农业农村广阔发展领域的重大机遇，并且显而易见地，前期的市场开拓性成本与不确定风险将很大程度上由包含在公共政策中的扶持和补助计划支付。

企业进入"三农"领域，通过其资金、组织、品牌、生产流程、技术、销售优势，优化资源配置、提高产品附加值，实现经济效益，并以其对于科技发展、市场情势的高度敏感性，发掘农业农村各类资源的价值实现形式，通过新产业、新业态、新模式突破农业农村发展的低水平自我循环，建立与更高层级市场的联结。同时，对于各级政府而言，在乡村振兴成为国家战略的背景下，地方政府通过体制机制改革、创造经济社会机会、完善激励机制、引入各方主体、推进农业供给侧结构性改革，解放和发展乡村社会生产力，而且，激发农村发展活力已经成为其公共职能的重要方面。对于村两委和集体经济组织来说，在乡村振兴过程中，应在与社会资本建立利益联结及与要素市场对接中，通过组织建设、能力建设与人才建设，确立并坚持农民的主体地位，尊重农民意愿，调动农民的积极性和创造性；通过新型集体经济、新型农业经济主体建设，增强自身的对内资源整合能力与对外合作能力，以对外经济合作、城乡资源流动促进内生自我管理、

---

① 贾明、张喆：《高管的政治关联影响公司慈善行为吗？》，《管理世界》2010 年第 4 期。

② 施赟、舒伟：《制度推动、政治关联与非国有企业参与精准扶贫》，《统计与决策》2020 年第 20 期。

自我发展能力提升，维护乡村生态、社会的可持续发展。

## 第一节 企业参与乡村建设的基本形态

各类社会主体参与乡村振兴从理想类型上可以分为产业型参与和公益型参与，前者强调以经济主体自身业务或业务延伸为主轴参与乡村振兴，主要以经营性活动推动基层相关产业发展，并在农户与市场联结中，健全有利于农民收入稳定增长的机制，增加农民收入。后者则侧重于不以盈利为基本导向的、具有扶贫济困或社会发育属性的公益型参与。在现实情境中，上述类型划分并非总能清晰界定，特别是面对经济功能、政治功能、社会功能与生态功能相互嵌套的乡村社会时，即使是一项单纯的产业扶贫项目，从项目的设计到直接参与或受益人群的界定、对利益相关人群的影响，乃至生态效应等都与乡村社会各个层面相互关联，并卷入乡村复杂的微观权利－社会网络中。而对于企业而言，如前所述，积极响应政策号召或社会责任的"公益行为"往往在政治资源获取、社会信任建立或媒体声誉赢得等诸多层面为其后期产业项目引入、业务扩展提供虽可能是潜在却不容忽视的支持。鉴于本研究涉及公益属性社会力量的乡村振兴参与，本章将主要从企业的经济属性出发，讨论以产业联结参与乡村振兴方面的内容。

### 一 产业联结

习近平总书记在河北张家口考察时提出，"要把发展生产扶贫作为主攻方向，努力做到户户有增收项目、人人有脱贫门路"[①]。2011 年，中共中央、国务院印发的《中国农村扶贫开发纲要（2011—2020 年）》提出，要"培植壮大特色支柱产业"、"通过扶持龙头企业、农民专业合作社和互助资金组织，带动和帮助贫困户发展生产"及"带动贫困户增收"。2014 年，中共

---

① 陈锡文、罗丹、张征：《中国农村改革 40 年》，人民出版社，2018，第 418 页。

中央办公厅、国务院办公厅印发的《关于创新机制扎实推进农村扶贫开发工作的意见》，将特色产业增收工作列为十项重点工作之一。2016年5月，农业部等九部门联合印发《贫困地区发展特色产业促进精准脱贫指导意见》，明确从科学确定特色产业、促进产业融合发展、发挥新型经营主体带动作用、完善利益联结机制、增强产业支撑保障能力、加大产业扶贫投入力度、创新金融扶持机制、加大保险支持力度等八个方面推进产业扶贫。2016年11月，国务院印发的《"十三五"脱贫攻坚规划》提出，"建立健全产业到户到人的精准扶持机制，每个贫困县建成一批脱贫带动能力强的特色产业，每个贫困乡、村形成特色拳头产品"。

2021年4月29日第十三届全国人民代表大会常务委员会第二十八次会议通过的《中华人民共和国乡村振兴促进法》明确规定，各级人民政府应当坚持以农民为主体，以乡村优势特色资源为依托，支持、促进农村一、二、三产业融合发展，推动建立现代农业产业体系、生产体系和经营体系，推进数字乡村建设，培育新产业、新业态、新模式和新型农业经营主体，促进小农户和现代农业发展有机衔接。

当前，企业参与乡村振兴实质上会涉及至少四类主体间的关系，即企业、农户、村级单位与基层政府。企业，需考虑如何将村集体或农户的土地、资金、产品、技能、劳动纳入各类产业活动、业务线与价值链，并明确多方的利益分配模式与层级。农户，要按照不同的参与方式，形成不同环节与层级利益分配方式，并决定其收益类型与风险类型；此外，农户与市场主体的联结方式，还受制于村级整体自我发展能力。村级单位，这里指村两委及农村集体经济组织，这两者在内涵与外延上都有一定差异①，此处不做细致区分，而只有将产业联结放置于乡村建设的整体脉络中进行考量，才可能实现长效的乡村发展机制。② 政府，各层级政府具有与地方经济增长水平相联系的政绩导向，以及与以社会稳定、环境安全等为内容的稳

---

① 张晓山：《乡村振兴战略：城乡融合发展中的乡村振兴》，广东经济出版社，2020，第66页。

② 吕程平、陈晶晶、刘相波：《社区综合性发展：构建"精准扶贫"长效机制》，《哈尔滨工业大学学报》（社会科学版）2018年第2期。

定导向的行为逻辑。两者共同服务于增进群众福祉的政治导向。从前者出发，基层政府可以通过各种扶持工具选择、推动企业与村级单位或农户联结，为企业提供土地流转、融资、配套设施等多方面便利。从后者出发，概而言之，政府要平衡生产安全、社会安全、生态安全的总体可控。

（一）产业联结的类型

农户与企业间利益联结包括股权合作模式、租赁联结模式、产销联结模式、雇佣劳动模式[①]等。

1. 股权合作模式

股权合作模式就是将经市场价值评估的经营性资源、财政投入的存量资产、农户土地承包经营权、技术、产业收益等折股量化为股金，投入企业等经营主体、村集体或农户享有股东权益。山西省大宁县为了使产业引入与大宁脱贫攻坚、乡村振兴战略实施有效整合，大宁县财政统筹整合涉农资金6369.54万元，投入村股份经济合作社，量化到户到人后，投入隆泰花卉和新大象生猪养殖项目，按8%～10%的比例获得资产性收益，累计为贫困群众分红1012.54万元。相关企业通过流转土地、务工就业、资产收益等形式，带动2000余户贫困人口增收，被认定为省级扶贫企业。[②]在北京郊区一些精品民宿运营案例中，村级合作组织将村里的闲散农宅资产收集归入合作社。运营方与合作社签约，且资产方和运营方共同支配收益，分配比例根据当地市场的调研情况来决定，分为资产性收益与运营性收益。合作社拿到资产性收益后，与村民按投资建设比例和原有宅基地比例分红。[③]

2. 租赁联结模式

租赁联结模式是将生产设施、土地、建筑及其他资产租赁给企业等经

---

① 殷治琼：《产业扶贫利益联结机制问题研究》，《现代商贸工业》2020年第36期。

② 吕程平、温铁军、王少锐：《深度贫困地区农村改革探索：大宁实践》，社会科学文献出版社，2020，第127页。

③ 《陈长春：商业共生，让农民更有自信与尊严地生活》，https://m.sohu.com/a/126744427_381292，最后访问日期：2017年2月20日。

营主体。较为常见的做法是，农业企业与村级合作社或集体经济组织对接，集中流转土地，农户获得土地租金。在地方发展经验中，村集体通过财政补贴和商业银行贷款等完成资产的初始积累，并用于购置平台公司在县城开发的商铺作为经营性资产。商铺由平台公司统一回购、招租、运营。集体经济组织获得部分经营性收益，其中50%留在经济组织内部作为发展公积金，另外50%由村委会收缴作为村庄发展公益金。

3. 产销联结模式

企业根据事先约定，介入生产技术过程、质量控制及产品收购等环节。较为典型的是订单农业方式，以当地特色农牧产品为主，对收购方来讲，是发挥其网点优势和品牌效益，一般还会根据合作框架跟进当地生产基地建设、技术保障、质量管理措施。承接主体则以当地企业和合作组织为主。这种联结方式具有交易规模优势，处于市场中间环节的龙头企业或大型交易商，处于强势地位，农户议价能力较弱。由此延伸出的一种形式是农超对接，即大型商超集团与农产品生产端的直接连接。这种情况对商超集团的供应链整合能力提出了较高要求。内蒙古准格尔旗推动域内龙头企业组成扶贫产业化联合体，聚焦优质农牧产品品牌效应和规模化提升，以"产业化联合体＋合作＋农户"模式，形成蔬菜、林果、杂粮、山羊、碱稻、生猪、肉牛、矿业服务八个扶贫产业联合体，将贫困户纳入其中，并通过订单生产、保底收购、产销合作等利益联结方式，向农户收购农产品。[①] 有针对性地引入产业链联结、调整当地产业结构，是脱贫攻坚阶段各地政府熟稔的政策工具之一。在河南省漯河市，当地第一书记、驻村干部协调全市20余家知名企业从发展扶贫产业、提升基础设施、开展消费扶贫等方面对所帮扶的结对村予以支持。以绿色有机、特色品牌为导向，推进农产品标准化生产，培育打造特色农产品区域品牌，帮助建立农产品质量安全追溯体系。截至2020年，已培育出桥南村"侨联桥"系列杂粮、吴集村"利

---

① 赵欢利、哈斯木仁：《准格尔旗积极探索消费扶贫利益联结新模式》，《鄂尔多斯日报》2020年10月19日。

皇"大蒜、冢马村吊瓜等 60 多个特色品牌产品。①

<h2 style="text-align:center">温氏公司助力乡村振兴</h2>

**一　愿景**

农业上市公司积极参与乡村振兴，成为乡村振兴的一支重要力量。得益于独有的"公司＋农户（家庭农场）"经营模式，温氏股份已发展成为畜牧养殖农业龙头企业。温氏股份充分发挥龙头企业的辐射带动作用，支持农村建设，助力乡村振兴，促进了小农户和现代农业发展的有机衔接。2019 年 11 月 17 日，第二届北京责任展暨《企业社会责任研究报告（2019）》发布会在京举行，温氏股份入选 2019 年民营企业 100 强社会责任发展指数第 6 位，并于当日正式对外发布《温氏股份精准扶贫白皮书 2016—2019》。②

**二　参与的具体路径：公司＋农户（家庭农场）**

温氏模式使公司的发展与解决"三农"问题天然融合，是解决"三农"问题的成功典范。公司提供鸡苗（猪苗）、饲料、药物、技术、销售等服务，合作农户只需负责养殖，从而破解了农户面临的资金短缺、技术缺乏以及市场风险问题。

公司积极响应国家政策，将环境保护视为企业核心竞争力之一，按照健康养殖、资源循环、环境友好、节约高效的要求，依靠科技进步，发展生态健康养殖业。公司的核心业务是为顾客提供安全、健康、天然、优质的鲜活肉类食品，为确保食品安全管理制度有效落实，温氏严格实施"五统一"管理，形成完整的产、供、销一体化产业链，实现各环节无缝对接，通过对源头、生产和销售全过程实施有效监控，确保了畜禽产品从农场到餐桌的生产链安全。

---

① 《河南漯河：乡村驻"尖兵"振兴天地宽》。漯河市委组织部提供素材。
② 《温氏股份：入选 2019 民企 100 强社会责任发展指数第 6 位》，https://baijiahao.baidu.com/s？id＝1650544788521221405＆wfr＝spider＆for＝pc，最后访问日期：2021 年 5 月 3 日。

### 三 与本地资源对接情况

温氏股份等广东企业积极投身于贵州脱贫攻坚和乡村振兴工作，充分体现了粤企的责任与担当。据统计，温氏股份在 2017 年总计投入扶贫资金约 1.35 亿元，在全国范围内精准对接贫困人口 8.48 万人，使2.3 万人达到脱贫标准。① 温氏股份采取的"公司＋农户（家庭农场）"模式，通过构建合理的利益分配机制，即公司提供猪苗（鸡苗）、饲料、药物保健和技术服务，由公司承担市场风险，确保回购，确保农户有合理的利润回报。目前，温氏股份已在贵州区域的贵阳、黔东南州和铜仁等地发展了 11 个分公司，养猪规模达 440 万头。

温氏集团一直扎根农村，把农业、农村、农民纳入温氏产业链条，这种扶贫是造血式、持续性的产业扶贫，今后将在全国各地继续用这种精准扶贫模式帮扶更多的农户，争当乡村振兴的主力军。

### 四 对基层发展的支持

农户个人养殖遇到的困难主要在于以下几点，前端拿不到好的猪（鸡）苗，终端解决不了销售问题，养殖又面临技术风险。而温氏"公司＋农户（家庭农场）"模式解决了相关问题。无论养鸡还是养猪，前期投入相对都十分巨大。为此，温氏股份采用垫资或补贴政策，给予农户扶持。自 2016 年开始，温氏股份就出台了免息垫资政策。据福泉温氏畜牧有限公司（以下简称福泉公司）经理范广建介绍，如果合作农户征信好，又有农户之间的相互联保，则可以申请享受圈舍钢结构、设备等方面的垫资政策，上限为前期投资金额的 40%。截至目前，福泉公司为农户无息垫资了 999 万元。②

2008 ~ 2017 年，温氏合作家庭农场获利超 400 亿元，有效带动了"三农"事业发展。2017 年，向合作家庭农场 5.54 万户支付委托养殖费用 79.39 亿元，户均获利 14.3 万元。温氏采用"公司＋农户（家庭

---

① 《振兴乡村 温氏股份走出共建共享新道路》，https://www.sohu.com/a/233642547_119778，最后访问日期：2021 年 5 月 4 日。
② 雷贤辉、段凤桂：《乡村振兴中的龙头企业担当》，《南方日报》2018 年 1 月 27 日。

农场）"模式扶持农民，这个模式最关键的是公司要承担相应的风险，在农民最困难的时候，把这个风险接过来，由公司来承担。

**五 参与成效**

温氏股份2018年年报显示，2018年与温氏股份合作的5万户合作农户（或家庭农场）全年合计获得合作养殖收益81.47亿元，户均收益15.48万元。温氏股份在年报中表示，报告期内，温氏股份抓住国家乡村振兴、精准扶贫等政策机遇，出台了系列促进农户合作和家庭农场优质发展的指导意见，配套实施农户合作和家庭农场发展考核激励机制，多措并举促进合作农户和家庭农场优质发展。温氏股份2019年年中报显示，2019年上半年，温氏股份紧紧围绕"扩产升级，强化产业链配套，实现高质量增长"的年度工作主线，聚焦主业，加强产业链各环节之间的协同，补齐短板，稳中求进，促进企业实现高质量增长。报告期内公司营业总收入304.35亿元，同比增长20.22%；实现归属于上市公司股东的净利润13.83亿元，同比增长50.76%。[1]

**4. 雇佣劳动模式**

农户以一定水平的技能劳动受雇于企业等经营主体，获得劳动报酬。雇用当地农户、提供就业机会，是企业参与乡村振兴最普遍和基本的形式，且一般与其他参与形式相嵌套。而其带动农户就业水平及增收情况，也与企业资本、技术密集程度及本身附加值水平相关。较为常见的形式是，与本地特色农作物相结合的农产品加工企业吸纳务工。广西大新县的溜溜果园集团投资3亿元发展青梅加工，年最高加工量可达3万吨，产值超5亿元，该加工产业已带动11000亩青梅种植，覆盖1280户贫困户并实现每户增收3800元。[2] 一般来讲，雇佣劳动方式往往与其他利益联结方式相互结

---

[1] 《助力乡村振兴 农业上市公司加速转型升级》，http://finance.eastmoney.com/a/20191023126 8699695.html，最后访问日期：2021年3月25日。

[2] 宾哲源、甘露、李俐颖：《广西边境地区扶贫产业发展存在的问题及对策分析》，《农家参谋》2020年第22期。

合，如企业大规模流转农户土地，可雇用本村村民田间劳作，并视工种支付薪金。河南省牧原股份有限公司，采用一体化养殖模式，从科研、饲料加工、生猪育种、种猪扩繁到商品猪饲养，形成完整的封闭式生猪产业链。该企业在 72 个国家级和省级贫困县完成扶贫产业投资 323 亿元，建成了大批现代化生猪养殖扶贫基地，带动贫困县用工 4 万余人。[①]

（二）更多的产业联结方式：光伏扶贫与碳汇交易

企业与农户联结方式的建立，与企业本身的运营模式、产业领域、技术结构有密切关联。伴随着新一代技术革新及市场领域的拓展，乡村地区更多资源被发现和挖掘，更富创新意义且致力于永续发展的产业扶贫模式也不断涌现。

1. 临汾光伏发电案例[②]

自 2013 年 11 月临汾市大宁县而吉村建成全国第一座村级 100 千瓦光伏电站以来，截至 2019 年 5 月，临汾已建设的 127 个村级光伏扶贫项目中，实际并网运行的已达 86 个。国务院扶贫办时任主任刘永福 2015 年到临汾大宁县而吉村调研，称这里是"光伏扶贫第一站"，临汾光伏扶贫工作也体现了以区域差异化资源激活内生动力的发展思路。从临汾市整体来看，光伏扶贫项目建设总规模已达 41.121 万千瓦，占全省光伏扶贫规模 181.9 万千瓦的 22.61%。其中，建设村级光伏扶贫电站 701 座，规模 10.451 万千瓦；建设集中式光伏扶贫电站 11 座，规模 28 万千瓦；建设户用光伏电站 4389 座，规模 2.67 万千瓦。根据《国家能源局 国务院扶贫办关于下达"十三五"第一批光伏扶贫项目计划的通知》，该批下达 14 个省（自治区）、236 个光伏扶贫重点县的光伏扶贫项目，落实到大宁县的项目涉及 80 个建档立卡贫困村，8762 个帮扶户，电站数量 74 个，建设规

---

① 夏先清：《今年预计出栏 1750 万头至 2000 万头——牧原集团：生猪住上智能猪舍》，《经济日报》2020 年 8 月 24 日。

② 根据临汾市扶贫开发办公室《临汾市光伏扶贫工作汇报》、临汾新闻网讯《光伏扶贫的"临汾模式"》（2016 年 12 月 29 日）、《临汾市光伏扶贫案例汇总》等资料整理。以上资料均由临汾市宣传部门提供。

模 21400 千瓦。截至 2019 年，大宁县 80 个贫困村实现 300 千瓦光伏电站全覆盖，已全部并网发电。截至 10 月底，累计结算收益 2797.33 万元，村均 34.97 万元。

临汾地区利用本地年日照时间长、光能资源丰富的特点，在光伏项目运行模式选择、招标建设、收益分配等方面探索了适合当地发展实际的推进举措，通过差异化资源有效利用，带动经济社会发展、基层治理能力提升。在选址方面，有三种模式可供选择，即集中式地面光伏电站、户用光伏电站和村级光伏电站。其中，集中式电站动辄需要上百亩平地，这对于地处黄土高原深处，沟壑纵横、成块集中平地稀缺的临汾来讲，很难大规模推广。而第二种户用电站，则涉及用户选择的难题，当地符合扶贫补助要求的贫困户多，如何公平匹配光伏发电资源成为难题。同时，利用农户千差万别的房上、院里空间建造入户电站，会大大提升设计难度，增加建设成本。最终选定的作为主流方案的村级发电站，有一些突出优势。首先，可以迅速增加村集体经济收入，提供强化村庄可持续发展能力，提升村级治理水平。100 千瓦的村级发电站，两个月可以完工，之后就可以 380 伏低压接入公共电网，电网公司每月一结，村集体定期收入有了保障。这样，村集体就既可以投资其他事业，创办村级公共事务，也可以通过各种形式为贫困户提供生计保障，起到了一举多得的撬动作用。其次，用地需求容易满足，100 千瓦的光伏电站占地 3~9 亩，可以利用村里的荒山荒坡、废弃的学校厂房，因而用地总还是能解决的。另外，以村级电站为主体进行建设，也为解决建设资金来源问题提供了便利。在 2015 年的面向试点村光伏电站建设筹资方案中，临汾的思路是"以扶贫资金投入为主、项目村自筹为辅"，以每个村级光伏电站 80 万元投资来看，山西省扶贫办给临汾 36 个试点村每个村 50 万元建设资金，每村仍有 30 万元缺口。临汾市整合扶贫开发滞留资金、扶贫发展资金给予每村 20 万元。而剩余的 10 万元，则作为工程质量保证金，从三年的发电收益中分期支付。到了 2016 年，这个模式有了升级版本，即将国家、省、市财政资金整合的数额作为光伏扶贫项目建设本金，通过市级融资平台向农发行贷款。2000 万元财政扶贫整合资金，加上可从农发行贷款的 8000 万元，就形成了 1 亿元的资金规模。银行贷款期为 15 年，村级集中光伏电站建好后，以部分收益偿还银行贷款本息。根据工程估算，每 100KW 光伏电站每年可发电 13 万～15 万度，按照国家现行度电补贴政策，每年村集体可获得 13 万～15 万元发电收入，以其中一半收入偿还贷款来算，约 10 年偿清。

为了通过光伏资源开发达到内生能力增强的目的，临汾市还主动下沉各项权利，由村级组织负责管理村级光伏发电的收益，夯实村级治理基础，在具体用途上体现了社区理性，只要用途符合社区整体利益，得到群众认可，就可以自行规划发电收益用途。以村级 100 千瓦光伏电站为例，村集体一年收入 10 万余元。在临汾地区，这笔收入一般六成用于扶助本村贫困户，四成用作集体公益金。这也就意味着每村每年通过光伏发电，可获得 4 万元左右的稳定收入，从而保证了集体经济破零目标的实现。

为了让资源开发收益最大限度地激发社区自身活力，临汾一些地区精准规划光伏发电收益，对于村社内有劳动能力的贫困户，优先考虑其担任卫生清洁员、治安巡逻员、森林防火员、道路维护员、照料护理员等，并由村社集体经济支付工资，从而实现了提升村级公共产品供给能力与增强贫困户内生脱贫能力的双重政策目标。同时，将电站内一些日常维护、清洁等辅助性的岗位，由村内贫困户成员担任，并引导其利用光伏电池板下空地，种植喜阴药材、蔬菜，或发展鸡、鹅等小型养殖业，在提升土地利用效率的同时，也增加了各种农户自力脱贫的机会。以每座光伏发电站可配备一名贫困人员计，待临汾市 1000 余座电站完全建成后，可带动千余名群众脱贫。而对于确实没有劳动能力的深度贫困户，则按照每户 3000 元以内的标准，利用光伏发电收益直补。

2. 贵州单株碳汇交易

随着更多市场交易平台的出现与相应测算技术的成熟，一些更具创新性的联结方式也陆续出现。贵州省出台了《生态扶贫实施方案（2017—2020 年）》，实施单株碳汇精准扶贫试点工程，运用"大扶贫，大数据，大生态"三者结合的"互联网＋生态建设＋精准扶贫"新模式，探索把绿水青山转化为金山银山的新途径。[1]

单株碳汇精准扶贫试点以碳汇交易供需市场为平台，即单株碳汇精准扶贫平台，供方由拥有符合条件林子资源的贫困户组成，将贫困户林木信息录入数据平台，将树木每年吸收的二氧化碳换算成碳汇量，按照每棵树每年3元碳汇价格卖给企事业单位、社会组织和个人。也就是说，根据测评的单株林木吸收的二氧化碳作为交易产品，并可以通过单株碳汇精准扶贫平台，向社会出售。碳汇产品销售资金汇入相应贫困户账户。

根据公开资料，贵州碳汇交易目前仍以公益属性为主，其需求方主要为"有意愿为生态文明建设和低碳发展做出贡献的个人和组织"，通过购买碳汇量抵消相应碳排放。据报道，单株碳汇精准扶贫项目的参与对象是建档立卡并拥有符合条件林业资源的贫困户。参与项目试点的林木需是贫困户拥有林权证、土地证或自留地的林地、耕地上的人工造林，每家贫困户参与项目的林地最多2亩、每亩最多225棵，合计最多450棵。该项目于2018年7月正式实施，已覆盖贵州全省除贵阳市以外8个市（州）60个村的2649户建档立卡贫困户。2020年，贵州省举办"购碳扶贫 你我同行"企业集中购买碳汇活动。29家爱心企业参与此次活动，共购买碳汇树木50万株，碳汇量500万公斤，碳汇金额150万元，惠及贫困户556户，户均年可增收1350元。[2]

从根本上讲，碳汇市场是超越一般意义上林木薪材所有和使用的、以生物自然过程的外部影响为标的的新型市场，也不会影响林木在传统市场上价值的交易与实现。交易的发生并非单纯经济价值的交换，而是作为全球范围内抑制气候变化共同制度协议在微观层面的延伸与应用。

从生态效益评估的视角来看，在此生态系统与人类经济 - 社会系统的持续交互过程中，生态系统内资源的直接价值被定价，而其间接价值（涵

---

[1]　张伟：《贵州省单株碳汇精准扶贫试点正式启动》，http://www.chinanews.com/cj/2018/06 - 13/8536906.shtml，最后访问日期：2020年2月15日。

[2]　《贵州省积极推进单株碳汇精准扶贫项目》，https://www.ndrc.gov.cn/fggz/dqzx/stthdqzl/202005/t20200529_1229264.html，最后访问日期：2020年5月29日。

养水源、土壤保护、营养物质储蓄等）和潜在利用价值却未被评价。这或是由于技术条件限制无从进行，或是由于评估成本过高难以实施。也就是说，在生态系统提供的诸多人类社会不可或缺的"服务"中，只有可依据现行市场进行处理的部分得以被估价。由于对生态系统散布式生态服务标准化处理技术的缺失，以及更为重要的，相应价值识别机制的缺失，承担生态系统－人类社会交互稳定性及持续性的乡村社会生态资源价值未能充分显化。将乡村社会提供的潜在的、未被识别和价值化的服务纳入市场交易平台，建立起外部主体与乡村社会的新型联结机制，是贵州碳汇交易尝试的意义所在。

## 三星分享村庄

三星在中国的分享村庄起源于 2015 年在南峪村启动的"麻麻花的山坡"项目，其运营主要包括选村、合作社搭建、民宿建设、民宿运营几大板块，并且在所有环节设置竞争机制，以保证项目的公平及参与者的积极性，从而实现项目的可持续发展。该项目将村里的闲置旧房屋改造设计成精美民宿，并引入专业运营机构管理，打造商业品牌；同时成立乡村旅游合作社，并建立"三级联动（干部联动代表，代表联动村民），五户联助（五户一组，互相帮助）"的管理体系，有效维持项目运营。①

在南峪村成功的基础上，三星在 2018 年启动了新一期的"共享村庄"扶贫项目，并开启了帮扶对象的评选——想要得到该项目的村庄需要自己提交相关材料参选，最后参选获胜的村庄会被定为三星第二期"共享村庄"。这个举措有助于考察项目村庄的适配度，并能充分激发村集体本身的发展意愿，将那些发展意愿不强烈、自身情况不适合现阶段改造的村庄筛选出去，使扶贫资金"用在刀刃上"。最终，白岩

---

① 中国三星：《中国三星社会责任报告》，2018，https://www.samsung.com/cn/aboutsamsung/sustainability/social-responsibility/report/，最后访问日期：2021 年 3 月 20 日。

村在村庄评选中脱颖而出，成为三星与中国扶贫基金会携手打造的西南地区产业扶贫的新标杆。

三星根据在南峪村取得的成功经验，结合白岩村实际情况，制定了整体开发规划，项目分为两期进行。此外，该项目还为白岩村中有意愿的12名村民提供了一期客房管家培训，培训于2019年3月结束，村民们最终需通过考核实现竞争上岗。2019年6月，白岩一期正式对外运营。[①]

通过三星的外部帮助与村集体内部合作的协作模式（见图1），白岩村形成了新的地方业态，以此白岩村可以立足于旅游业发展，并持续拓展相关业务，如三星将帮助白岩村着力研发合作社特色农产品，并精准链接到贫困户家庭，使之产生直接收益。同时，从项目前期扶贫村庄的竞选到项目开始后在产业建设中对村民的引导活动、业务培训和某些岗位的竞争上岗也从根本上激发了白岩村贫困户的内生动力，村民自身发展可持续性强，为扶贫及乡村振兴提供了"根本动力"。

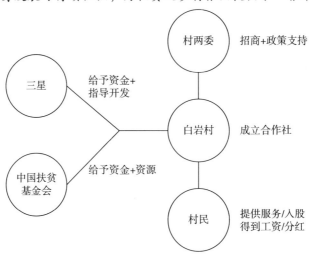

**图1　白岩村项目运作模式**

① 中国三星：《中国三星社会责任报告》，2018，https://www.samsung.com/cn/aboutsamsung/sustainability/social-responsibility/report/，最后访问日期：2020年3月20日。

（三）企业与乡村振兴联结方式的讨论

上述产业支持乡村发展的方式，就农户收益层面而言，存在明显差异。在雇佣劳动模式下，参与农户获得劳务收入部分，农民以自身一般劳动技能参与私营企业生产活动获得的劳务收入都是按照一定劳动单位、社会一般工资水平核发，本质体现的是雇用与被雇用的关系。单纯雇佣劳动模式下，除去劳动力成本之外的盈余部分的分配，被雇工人无权置喙。租赁联结模式，将村集体或农户房屋、土地或生产设施租赁给企业以获取资产收益，即按照一般市场价格获得约定收益，村集体或农户不承担经营风险，不参加盈余分配。股权合作机制则是，根据投入股金情况对经营剩余分红，是一种资本收益，同时要承担相应的经营风险。

有关收益层面的讨论，则是关于在农户、村集体与企业等经营活动参与者在多元交易中的权力分配问题，或者说控制层面的内容。也就是说，涉及利益联结方式、折股量化方案、生产技术路线、收益分配等层面的"决定权在谁"的问题。相较于收益问题，控制权讨论是更为根本和现实的，是一种"元问题"，却常常被学界和政策界有意无意地忽视了。

在扶贫产业进入成熟阶段后，如何加强社区民众通过特定机制设计参与项目管理，保证产业项目持久、实质的益贫属性，是现实情境中亟须解决的课题。应当注意的是，在一些产业扶贫案例中，"扶贫"成为某种政治正确或获取政府扶持的标榜，而在实际运行过程中，由于缺乏村社本体利益指向的"发展型网络"①，一般民众被排除在项目的实际控制过程之外，这必然在长期上加剧收益分配失衡。

在一些引入外来资本开发的乡村旅游项目中，景区在经营思路上没有实施村民参股、经营分权、利益分得等方式，村民拿到的只是微薄的土地租金费用，且征地、拆迁等问题激化了开发商与村民之间的矛盾。而贫富再次分化的根源事实上是多元主体权力博弈的结果。②

---

① 有关"发展型网络"的内容见第二章。

② 王庆生、张行发、郭静：《基于共生理论的乡村旅游精准扶贫模式和路径优化研究——以山东省沂南县竹泉村为例》，《地域研究与开发》2019 年第 3 期。

联结机制的差异，从短期看主要是与利益分配方式与层级有关，而从中长期来看则影响到项目本身的持续性与社区内部的稳定性。根据对民族地区旅游扶贫路径的研究，① 在一些旅游项目开发的早期阶段，旅游收益主要为开发商和当地政府占有，当地社区民众获益相当有限，从而导致农户与开发企业间的矛盾；即使是在旅游项目进入成熟阶段，虽然一部分居民获得了房租收入，但相当部分居民仍然只是得到少量分成。这事实上拉大了当地的贫富差距。

正如黄季焜、陈丘所指出的，在欧美及日韩等发达国家，"尊重当地农户，以当地农户为主体"是农村发展所坚持的重要原则之一。② 当地农民既是农村的主要建设者也是最主要的受益者，这与中国经验是相通的。因为农民最了解自身的优势、需求和存在的问题，农民参与农村发展不但使他们更清楚地知道自身在发展中的角色定位，而且能制订出更适合本地和自身发展的计划和目标。此外，还必须重视和不断提高农民的组织化程度。例如，欧美和日韩等国家都先后成立"农协"或类似的农民组织，这些组织集生产、加工、销售、金融、保险等于一体，大大提高了当地农民的组织能力、生产能力和市场竞争力。

（四）深层联结机制的建立

如何推动农户与企业间的对接方式由浅表的、基于订单和买卖关系，向深层次的、平等协作的联结发展，是进一步推进市场主体参与乡村振兴值得思考的方向。这不仅仅涉及产业转型或政策扶持的侧重，更关涉农民有效市场参与主体地位的实现。也就是说，所谓的从帮扶到联结再到合作的转变，不仅仅是政策意愿层面上利益共同体的倡导，或产业结构的调整需要，更是分散农户市场联结组织结构的重建。

同时，市场主体与乡村发展的联结形态由单纯面向第一产业，正加快向基于农业多功能性的第一、二、三产业整合方向跃进。事实上，一、二、

① 李瑜：《国内外乡村旅游扶贫的经验与启示》，《时代金融》2020 年第 29 期。
② 黄季焜、陈丘：《农村发展的国际经验及其对我国乡村振兴的启示》，《农林经济管理学报》2019 年第 12 期。

三产融合发展本身也是乡村产业发展的内生属性。《国务院关于促进乡村产业振兴的指导意见》（国发〔2019〕12号）给"乡村产业"的定义，即根植于县域，以农业农村资源为依托，以农民为主体，以一、二、三产业融合发展为路径，地域特色鲜明、创新创业活跃、业态类型丰富、利益联结紧密，服务城乡、繁荣农村、致富农民的产业。多产融合发展的实质是具有自然、社会、经济特征及生产、生活、生态、文化多功能性的乡村共同体在产业领域的呈现与价值化。随着地域生态景观、绿水青山、民风民俗、民居古宅、传统手工艺等潜在价值被发现和发掘，多元主体介入、连接乡村的方式日益多元与跨界，产业、人才、文化、生态、组织因素和链条相互整合趋向越发明显。

只有从制度建设与基层治理角度去看待扶贫问题，才可能意识到贫困问题背后深层次的机制性根源，才可能保障扶贫效果的持久性与精确性。[①]党的十九大报告提出"实施乡村振兴战略"，指出要坚持按照产业兴旺、生态宜居、乡风文明、治理有效、生活宽裕的总要求，建立健全政策体系，并对深化农村集体产权制度改革、保障农民财产权益、壮大集体经济提出了要求。这就要求将集体资产增进放在对接外在市场主体、改善农村社会治理、保障农户集体财产收益分配权利的层面上加以理解。在一些县域发展案例中，已经出现了由财政系统和商业融资系统支持村集体成立集体合作经济组织，对接平台公司购置经营性资产，提供集体资本可持续积累的模式。通过增值、运营集体资产，村集体得以增强社区内在分配能力。同时，实现了集体经济对村庄经济活动的参与力度，一定程度上增强了村集体对村庄的治理能力。通过注资、资产经营和固定资产租赁，可在村级培育集体资产。村集体资产的重建和持续性集体收入的实现，为村级扶贫和乡村建设增加了更多的选项。村集体不仅可以在村级集体收入二次分配中向贫困户倾斜，还可以通过"企业＋村集体＋综合性社区合作组织＋农户"

---

① 吕程平、陈晶晶、刘相波：《社区综合性发展：构建"精准扶贫"长效机制》，《哈尔滨工业大学学报》（社会科学版）2018年第2期。

的形式，直接将农户增收纳入村庄经济壮大进程。

### 一个搬迁案例带来的社会治理思考①

2008年1月，T镇与广东N旅行社签订了合作开发合同书，明确对公主山森林公园进行共同开发的原则。自2008年3月开始，T镇着手摸查清点公主山森林公园范围内的房屋、青苗数量，多次召开村民大会，组织参观安置区等，帮助他们了解其他地区的搬迁安置情况，就有关事项向村民做详细的解释说明。与此同时，T镇参考借鉴新高铁站、联邦快递等项目的拆迁补偿经验和区有关文件精神，于2008年7月29日公布《T镇征收公主山森林公园红线范围内拆迁户搬迁补偿办法》、土地补偿款计算方法等文件，经过两年多时间与村民的反复多次协商，在全部涉及搬迁的34户中，已有29户与T镇签定了协议，并领取了补偿费，剩余的5户，T镇继续与其沟通。

然而，拒绝搬迁的5户村民，与T镇政府和旅游开发公司开始了旷日持久的"拉锯战"。据知情人介绍，5户人家中有一家因在外经商，比较有人脉关系和动员能力，成为带头的。5户村民拒绝签协议，拒绝领取预存金，致使预存金长期放置村级户头。这样的搬迁问题成为当地社会治理、社会稳定及村级选举中的一个长期隐患。

由于公主山旅游开发采取全村整体搬迁的方案，众多居民迁出祖辈生活的区域。而当地宗室祠堂却仍然在景区内部，发挥着无形的族群纽带和吸引的作用。每年祭祖时节，都会有大量迁出村民返乡拜祖，给旅游区管理造成了很大困难。景区与村民之间形成了一种长期紧张、对立的局面。

公主山拆迁问题留给社会治理、村庄治理的思考是深刻的。一位基层官员说："看当时的照片，云雾缭绕中的民居很有韵味。是不是只

---

① 本案例来自清华大学社会学系与广东H区社会治理研究项目。本案例对涉及的地域等做了匿名化处理。

能采取一种让村民全部搬出的办法？能否采取村民入股、分红的办法？村民传统的文化、祠堂、旧屋难道不能和旅游和谐共处？过来旅游的人们，除了游览美丽山水，也能了解这个村子的历史，了解这里出了哪些名人，是不是一种更好的享受？"

这位基层干部的发问是发人深思的。正如本部分开头提到的，在农村社区，社会治理问题与当地生产方式、经济发展方式是紧密联系在一起的。一种尊重当地现实条件、风土民情、生态特点的村庄发展方式，能给村庄发展带来正向的影响；反之，则可能形成恶性循环。

特别是对于有着天然在地化属性的旅游业，其如何处理与景区民众的利益诉求、传统与文化的关系，则不仅影响着旅游产品本身的品质，也会对当地社会治理和社会稳定产生长久影响。

## 二 创新型市场方式

日益多元化的企业主体与乡村发展联结模式，最终仍面临不同产业链条的广义"产品"如何经由市场价值实现。在脱贫攻坚、乡村振兴实践中，各地通过动员本地企业"消费扶贫"、富有地域特征的品牌建设和推介，以及利用更具数字化时代烙印的"电商平台"等方式，形成了一系列新型市场方式。

### （一）本地企业"消费支农"

相比于外地企业，在地企业具有明显的地缘优势和信息优势，由于较低的沟通成本和交易成本，一般来说，以区域内循环带动的"消费支农"也更具有可持续性。各地通过各种定向帮扶计划在农户与在地企业、单位间建立产销联系。如鄂尔多斯市制订了《百企帮百村脱贫攻坚三年行动计划》，成立工作领导小组，通过在地企业示范带动，以全体驻地企业为帮扶方，以贫困村建档立卡贫困户为帮扶对象，签订长期购销合同，为驻地企业提供本地特色农畜产品，建立"家门口的市场"。[①] 而且这种"吃当季吃

---

① 《地企合力 助推消费扶贫》，《鄂尔多斯日报》2020 年 10 月 26 日。

在地"的消费模式，更具有低碳、健康的特点。

同时，企业消费扶贫的推进，是与脱贫攻坚各项工作紧密结合在一起的，一些地方将摸清各乡镇、村产地品种和产量等数据纳入驻村干部工作考核内容，并通过区域内总体调度，在产销单位间建立连接。

应该看到，单纯依靠行政力量介入的"牵线搭桥"，可以迅速在供需主体之间建立联系，解决一些地方农产品销售难题。但如果这种"速成"的供销关系，不能与在地产业组织发育、产品质量持续提升及自身市场拓展能力提升相结合，则很可能强化了另一种形态的"等靠要"。在这里可以与日本在20世纪70年代兴起的"地产地销"活动做以比较。虽然"地产地销"与上文的"消费扶贫"都包含促进农产品销售、带动农户参与、城乡互动等内容，但从日本基层农协推动的"地产地销"可以明确地看到，地方资源的再生、城乡群体的联结与市场空间的拓宽，基层内生能力的增强、地方特质农业多元化经营水平的提升以及城乡联系乃至民众间情感纽带的加深，都会成为基层自主发展与地方活力孕育的基础。

### 日本农协在"地产地销"活动中的作用[①]

"地产地销"即当地生产的农产品在当地销售。根据高强、高桥五郎、李洁琼的研究，日本农协2005年以后开始重点推进"地产地销"，并将农产品直销店作为农产品销售事业的重要组成部分，通过直接领办、委托运营、与其他组织合办、鼓励社员创办等多种形式，促进了农产品直销店数量快速增长。同时，农协还依托"地产地销"开展农业技术支持、经营管理指导、食农教育、城乡交流等多样化的活动。这主要推动了以下五个方面的工作。①发展都市农业，促进高龄人口和妇女就业。农协发展都市农业，促进高龄人口和妇女就业，带动高领老人、妇女开发"乡土料理"，解决群体就业问题。②提供新鲜、安

---

① 高强、高桥五郎、李洁琼：《日本"地产地销"经营模式与农协的作用——以爱知县尾东农协实地调查为例》，《农业经济与管理》2014年第1期。

全、放心的农产品。发挥农协技术人才优势，进行生产指导、土壤改良与品种选育，设立了"农产品生产履历系统"；统一大米种植品种，建立辖区内生产大米全额收购和全额销售制度；加强地域内物流模式开发，加大对辖区内学校等单位的农产品的配送力度；通过组建"农产品直销店联合会"等机构，统一行业标准，公布供给信息等。③骨干农民的培育与支援。农协从政府合作、农地保护、就业指导三个方面推进人才培养工作。成立"骨干农业者育成综合支援协会"，专门负责人才指导与培育；从发掘优质农地资源和撂荒耕地削减两个方面加大对农地的保护；通过土地流转，扩大经营规模，提供有效集约利用水平；就业指导工作主要通过讲座、考察、咨询以及现场会等方式，就农业经营的相关问题进行指导，培训对象不仅包括骨干农民，还包括大学生或退休工人等"新农民"。④开展食农教育活动。食农教育可以促进城市与农村居民之间的亲密交流与持续互动，加深城市居民对农业与农民的理解，形成对食物与生命、食物与农业、农业与环境之间的全新认识。食农教育主要从居民教育和学校教育两个层面进行推进。从居民教育的角度来说，农协在小规模农地上大力推动"市民农园""亲子农业学校"建设工作，另外，针对居民空闲土地，开展"家庭菜园"建设工作。从学校教育角度来看，农协配合辖区内的小学校设立"农艺教室"，并组织开展大量的农业体验活动。⑤依托六次产业化进行资源整合。农协发挥组织资源优势，统一调配各辖区内农产品，以最大限度地满足顾客需求。在直销店的营销模式上，制定顾客瞄准战略、差别化商品战略和竞争化战略，提高顾客忠诚度和满意度。根据《六次产业化法》，农协积极申请财政支持，结合农林牧副渔业及其关联产业发展，建立产直中心和配送中心，推进"地产地销"活动。尾东农协在搞好生产种植的基础上，大量发展农产品加工业，以农产品直销店为载体，带动推进住宿餐饮业、观光旅游业发展。

（二）品牌建设与新媒体支农

1. 品牌建设

区域企业"打包"与域外市场对接也是目前突破农产品市场瓶颈的一种方式。这样的对接活动，两地政府相关部门一般在其中贡献良多，体现了异地对口协作的政策优势，能够形成政策的"规模效益"。同时，从市场培育角度看，区域企业"打包"对接外域优质市场，还有几个突出优势。其一，有利于形成区域整合公共品牌，这种公共品牌一般设有相应准入机制，从而形成一种由政府提供一定程度信用支撑的"准公共产品"。显然，这对于有具有特色优质产品生产能力但缺乏足够实力运营品牌的中小企业的吸引力更大，可使其节省庞大的市场培育成本。各地政府在搭建本地特色公共品牌上可谓不遗余力，除了较为"传统"的展销推广外，新闻发布、签约仪式、品尝鉴赏及多媒体多平台专场秀等不一而足。其二，与上一点相关，从宣传效果来看，各地举办的企业整合推介活动，无疑更容易获得至少单次性的媒介效应，短时间内成为媒体热点。目前，这样的推介活动，借助政府支持，大多和贫困区域地方特色、民族风情展示相结合，可谓"花样翻新、五彩纷呈"。

在 2020 年中国扶贫日期间，由内蒙古自治区扶贫开发办公室和北京市扶贫协作和支援合作工作领导小组办公室共同举办的"2020 年京蒙消费扶贫北京集采推介会"上，8 个盟市分别举办了各自主题日活动，通过特色产品推介、现场新闻发布、京蒙集采签约、互动品鉴、民族文化展示等环节，展示、销售当地特色扶贫产品。展会设置 5D 实景直播间，联合抖音、快手、一直播等直播平台，开展京蒙消费扶贫专题带货直播；并邀请知名网络直播达人到展会现场开展线下直播，实现多方异地互动。[①]

观察各地经由地方政府推介、扶持的贫困区域企业"走出去"活动，

① 刘聪：《60 亿 2020 京蒙消费扶贫爆单了》，《中国品牌》2020 年第 11 期。

有两点是值得进一步思考的。首先，区域自主"公共品牌"的后继运行、管理和维护。具体而言，就是由哪个主体负责，以及"公共品牌"与企业自主品牌的关系是什么。这个问题处理不好，很可能造成的结果是，花费大量公共财政资金打造的公共品牌，最终成为"鸡肋"和摆设。其次，如何避免由政府倾力打造的推介平台的市场扭曲。与此相关的是，如何保证此种市场推介活动的广泛的益农属性。而在这两点之下，更为根本的问题是，在此类由公共机构推动的市场营销活动中，如何处理好以官员阶梯型晋升为指向的"政治逻辑"与基于资源优化配置的"市场逻辑"间的关系。

2. 新媒体支农

近年来，立足于移动互联网的广泛联结性、信息分发技术优势及海量用户群体，社交媒体、自媒体等新型媒介也成为支农的重要力量。经由新媒体与传统媒介共同策划话题，可以在短时间内形成传播空间，其间多元媒介构成传播链条，各类媒介发挥自身特长。传播链条与价值实现链条相统一。传统媒体（电视、报刊）与短视频、网络直播形式在链条的各个环节发挥不同功能。

（1）交互递进型

由传统媒介对乡村特色景色、风俗、产品推介宣传（第一环节），并以融媒体推广至各类型新媒体平台（第二环节）。第一环节与第二环节，本身可以相互进行螺旋状循环，经过主流媒体推介和新媒体转载、推广，扩大不同受众覆盖面，提升上述传播对象在大众中的知名度，突破地域阻隔造成的信息片状分布。在议题本身具有较好传播价值的情况下，在第一环节和第二环节彼此交互演进中，形成公共话题空间。在此基础上，由网络直播推介、展示上述与话题相关的地域产品，将公共话题价值化。

据报道，2017年底以来，今日头条联合甘肃、贵州省委网信办，启动"山货上头条"扶贫公益项目，通过直播、短视频、小视频、图文等形式，为贫困地区农产品电商注入流量。截至2018年4月，"山货上头条"已经在36个国家级贫困县落地，累计免费为特色农产品提供超15亿次曝光。微头条发起"山货上头条"话题，邀请三农达人帮贫困县售卖土特产，阅读量达3.8亿次。很多地方的特产因此走红，如文县红橘、临潭高原土鸡、雷山黑毛猪腊肉等，大批当地农民成了直接的获益者。[①]

（2）产品情境化型

直接由短视频平台或直播平台，将乡村元素融入新的叙事线索，将前述乡村特色景色、风俗、产品等情节化、故事化。在这种情况下，传播路径从一开始就定位于青年消费群体的喜好与语言习惯，借助当红网络主播或影视新秀以沉浸式体验，让受众穿越于真实与虚幻、风景与情节、古老与时尚之间，激发受众打卡、品尝、体验的兴趣与需求。

在以偶像团队RISE以"参与式"、互动式传播侗寨非遗文化的案例中，民族的、传统的表现语言与现代的、流行的表现符号相互交织，[②]并借助流行音乐平台加以扩散，事实上是以新潮文化符号、民族文化新样式，拓展了参与者和受众对于"传统文化"的想象空间，使特定社区居民日常化的民族元素具备了城市新生代思维和审美样式。

（三）电商扶贫

2015年国务院办公厅在《关于促进农村电子商务加快发展的指导意见》中指出，农产品电子商务是转变农业发展方式的重要手段，是精准扶贫的重要载体。2016年中央一号文件则指出，要促进农村电子商务加快发展，形成线上线下融合，农产品进城、农资和消费品下乡的双向流通格局。2020年中央一号文件提出，扩大电子商务进农村覆盖面，支持供销合作社、邮政快递企业等延伸乡村物流服务网络，加强村级电商服务站点建设，推动农产品进城、工业品下乡双向流通。

"电商能够下乡"，得益于近年来农村地区突飞猛进的交通、电力、通信等基础设施建设。同时，具有良好的信息素养和互联网驾驭能力、注重

---

① 徐凯：《今日头条探索信息扶贫，撬动三农精准脱贫》，http://science.china.com.cn/2018-07/06/content_40410387.htm，最后访问日期：2020年6月8日。

② 栾轶玫、张杏：《"多元传播"赋能的非遗扶贫新模式——以脱贫网红贵州"侗族七仙女"为例》，《云南社会科学》2020年第5期。

多渠道影响和品牌建设，能够带动乡村资源再发现和农户致富的新一代农民也呼之欲出。[①]

特别是，在一些集中连片特困地区，由于区位偏远、居住分散等因素，一些生态环境优良、富有区域特色的农产品难以走出高山深谷，事实存在某种程度的市场排斥、信息排斥。[②] 在高度信息化时代，虚拟的信息世界成为经济社会活动发生的真实领域，市场排斥与信息排斥两者互为叠加而加强，甚至固化。在这种情况下，电商平台的引进，因其得益于自新农村建设以来日益完善的农村基础设施的低成本联结性，使优良农产品、乡村人文自然价值可以较为便利地与外界市场联结，并借助热点效应，形成与一般市场相异的定价空间。在此空间内，流量、追捧、热度等因素可以在短时间内提升产品价格，实现自然价值超额变现。这也成为贫困治理的突破路径之一。

冷静地看，近年来"广被炒作"的电商扶贫模式，如果将其理解为"让贫困户借助电商平台直接销售农产品，提高收入"的话，则其显而易见地面临多重亟须发展的内容。

首先，人才建设。"电商＋农产品"不仅仅涉及平台销售，更涉及包括产品先期设计、定位、包装、物流等一系列问题。在传统农村社区，深度贫困群体一般为老、弱、病、残人群，劳动能力、经营水平、媒介运用能力先天严重缺乏，让这些人群开展电商运营，难度可想而知，因而新型农业经营主体、新农人、返乡人群应当成为农村电商经营人员的主体，可通过支持电商技术、网络营销技术培训，提升新农人群体电商营销水平。同时，应当注重在发展电商农业过程中对相对贫困人群的带动作用，通过层级化的发展型组织建设，提升一般农户的参与水平，通过细分产业流程，纳入群众以务工、技术、资金等方式参与发展成果的创造与分享。

---

① 详见第四章"'乡村人才振兴'与职业农民兴起"的相关内容。
② 郭瑜、刘利：《攀西地区电商职业教育精准扶贫路径研究》，《现代商贸工业》2020 年第35 期。

### 乡村振兴领头雁计划[①]

"乡村振兴领头雁计划"是由中国慈善联合会乡村振兴委员会、清华大学社会学系、中国光华科技基金会、友成企业家扶贫基金会、思爱普（中国）有限公司（SAP）、中国网家家等机构共同发起的新农人综合赋能项目，面向全国新农人进行公开招募，旨在发现和培养一批懂农业、爱农村、爱农民的新时代新农人骨干。

乡村振兴领头雁计划是响应国家乡村振兴战略总要求，整合政、产、学、研、金、社等各领域优质资源，通过线上线下相结合的学习方式以及建设领头雁社群，对新农人进行系统性赋能，持续不断引入关心乡村发展的各类社会资源，增强参训"新农人"的社会资本，旨在解决其在乡村工作过程中存在的实际问题，培养造就一支覆盖全国乡村地区的懂农业、爱农村、爱农民的"三农"工作队伍，服务乡村振兴战略大局。

其次，组织建设。如任何运营活动一样，以农户为主体进行电商销售，也会面临一定初始投入，并应具有较稳定的物流、仓储、质量管理等支持环节，这对于小规模农户来说，无疑是难以具备的。应将电商经济纳入基层发展整体视野，将其与县域范围层级化的农业经营实体建设相结合，成立县域、镇域、村域三级综合性农民合作组织或集体经济运营机构。应当赋予区域运营机构一定的管理职能，包括品牌管理、产品统筹、生产过程监督、品质监管、违约行为惩戒等。应当将农业电商工作与区域农产品特优品牌建设与推广相结合，避免蜂拥而起、一拥而上而造成市场竞劣行为，消耗品牌内在价值。区域运营机构还应成为与外界电商企业、区域特色农产品的技术支持力量等市场主体对接的机构，减少交易双方的机会主义行为。

---

① 《"清华大学乡村振兴领头雁计划"二期线下学习开启》，https://news.tsinghua.edu.cn/info/1003/83262.htm，最后访问日期：2020 年 11 月 16 日。

最后，支持力量建设。与前两点相关，缺乏运营能力与相应支持网络的小规模农户，更容易遭遇市场波动、物流损耗、客户群体不稳定等带来的风险。应当以组织建设为平台，在区域范围内将"电商＋农产品"工作与全产业环节的政策支持、技术支持、基础设施支持、融资支持、保险支持等相结合。可以在当地政府推动下，由区域运营机构设立产业担保基金、风险补偿基金、村级互助资金等多种资源①，为参与电商产业的新型农业经营主体提供生产性综合服务。

从根本上讲，包括电商在内的数字化技术对于贫困户的影响，取决于贫困户的能力因素及其市场实力水平。前者需要着眼于贫困户能力的改变②，后者则受制于其组织化水平、规模及外在市场主体的应对能力。

受制于教育机会、社会网络等因素，一些工种由于就业门槛低、不需要特别技能而形成了贫困人群较高的聚集比例。而平台型高新技术企业通过创造性地发挥本企业在数字化技术和渠道上的优势，可以突破既有产业联结程式，形成具有开创性意义的扶贫方式。根据《美团扶贫报告2020》，2013年至2020年8月底，累计有931.3万美团骑手通过美团平台实现就业增收，其中有54.5万名建档立卡贫困劳动力。新冠肺炎疫情发生以来，电商平台迎来了新机遇，业务线向基层延伸，也为更多的就近就业提供了可能。截至2020年8月底，美团平台新增骑手212万人，其中13.7万人为建档立卡贫困人口。自2019年起，美团开始在贫困县开展"新青年追梦计划"就业创业扶贫培训，提供电商实操知识、创业辅导等在线课程，从而在务工就业与乡村发展之间形成了更紧密的联系。

随着数字化程度的提升，乡村产业与外界市场的联结方式也愈加被革新技术所定义。这就意味着与外界企业介入乡村相对应的新一代农业经营者所需的技能水平也将发生深刻变化。更多的内容将在第三章涉及，这里

---

① 朱桥艳：《农户企业政府三方联动的农产品电商扶贫机制与创新路径研究》，《农业与技术》2020年第19期。

② 王瑜：《电商参与提升农户经济获得感了吗？——贫困户与非贫困户的差异》，《中国农村经济》2019年第7期。

仅将其归纳为以下几个方面。

（1）市场运营能力：市场调研能力、消费渠道开拓能力、消费群体定位能力、消费心理感知能力、新产品运营方案设计能力、品类创新能力、电商运营及传播介质制作能力；

（2）农产品质量监测相关能力：与高品质农产品生产和有机农产品认证相关的生产过程监测、质量管控、产品监测能力，包括内检、检查、监管等业务能力；

（3）数据化能力：农牧业生产信息采集和处理能力、物联网利用及大数据分析能力、智慧农业应用能力，以及通过数字链串接产业生态、寻求和运用信息化的经营管理解决方案能力。

## 第二节 企业推动乡村发展

### 一 扶贫车间的社区联结

当下，鼓励贫困人口就近就业、居家生产的一种方式是在村社、乡镇成立"扶贫车间"。这些车间多以服装纺织、电子产品装配等劳动密集型企业在农村地区的延伸生产线为主，有助于妇女、建档立卡贫困户就近就业。[①]"扶贫车间"工作岗位技能水平、文化要求较低，经过短期培训后即可上岗，可以迅速让在地农民在农闲季节获得劳务收入。此种做法被各地广泛推广，现实中也确实起到了稳定建档立卡贫困户收入、拉动劳动力回流的作用，但也存在一些明显的问题。在一些插花型贫困县，建档立卡贫困户少而分散[②]，难以形成有效的劳动力供给。而且，留在农村的贫困群体，多要从事经济作物、果树林木、养殖业等农副产业，农业劳动闲暇呈

---

① 《贵州遵义：扶贫车间助增收》，https://baijiahao.baidu.com/s？id＝1684775011442094161& wfr＝spider&for＝pc，最后访问日期：2020 年 11 月 30 日。

② 雷小奇：《插花型贫困县区"扶贫车间"建设的思考与建议——以张掖市甘州区为例》，《新西部》2020 年第 28 期。

现明显的季节性特点，这也给一些需要持续性用工的企业带来很大困难。而更为要紧的是，在插花型贫困地区，犹如"插花"般分布在广袤乡野的扶贫车间，事实上无法满足现代企业所要求的"供应链紧密联系、规模优势"等基本运营规律，并在一定程度上增加了各种附加成本。同时，具有企业外延生产线性质的"扶贫车间"，在经营管理、劳动管理中的诸多方面，都需要专人进行特质性跟进。这些因素都在无形中降低了企业对此项政策倡议的积极性。

在这种情况下，对于适宜以"扶贫车间"形式进行的工贸行业种类就有了较为严格的隐性筛选，一般来讲，至少要满足以下条件：与周边农业生产或产品结构紧密相关、生产环节相对独立、对上下游依赖水平相对可控，最好具有与农业用工峰值逆向的劳动特点。

从目前的情况来看，各地在政策补贴、建设用地优惠、税收返还支持的前提下，出现了所谓"合作社＋农户"、"公司＋合作社＋农户"和"公司＋农户"等多种"扶贫车间"实施形式。而如何增加"扶贫车间"于社区的"内嵌性"是这种企业扶贫模式后续发展要着重思考的。目前，农民合作组织广泛存在大户控制、高度补贴依赖等问题，应让更具普惠性和社区动员能力的社区"发展型网络"成为与外来企业对接的重要形式，充分发掘社区组织在信息沟通、技能培训、组织管理上低成本、灵活性的特点，利用社区自身在社会资本、人际网络、用工用地上的管理优势，将部分生产管控、人员管理环节交托社区内部组织，企业则以订单规制、出口把控为主。逐渐淡化当下企业"扶贫车间"的政府扶持依随型特征，建立社区扶贫与外在市场间的持续联结。

## 仙芝科技扶贫车间案例

仙芝科技（福建）股份有限公司（以下简称仙芝科技），集种植、研发、生产、销售、观光为一体，主要经营农产品、食药用菌、中药材的种植、加工生产等业务，是福建省农业产业化重点龙头企业、国家级星火科技项目实施单位。2019年，由仙芝楼集团旗下子公司——

仙芝科技牵头承担的国家重点研发计划"中医药现代化研究"重点专项中的"闽产高品质道地中药材灵芝、太子参规范化种植及精准扶贫示范研究"项目获国家科技部正式立项。该项目为2019年福建省唯一推荐项目,是首个福建省高品质道地中药材规范化种植范例,成为促进绿色经济发展和带动农民脱贫致富的样板化项目,将引领并促进福建省中药材产业健康有序发展。

### 一 参与的具体路径

自2019年开始,仙芝科技积极投入"千企帮千村"精准扶贫行动,采用"公司+基地+贫困户"模式在富岭镇瑞安村、临江镇寨下村、永兴镇虹垂村建立了6个村级灵芝扶贫车间,累计帮助各村增收共计45万元以上。[①] 为了导入商会、企业、社会资源,推动民企带村,浦城县研究制定了《浦城县"民企带村"工作实施方案》,成立了"民企带村"工作专班,积极引导和组织有实力、有意愿的企业参与进来。目前,共有13家民营企业与15个村结成帮扶对子。通过签订民企带村结对帮扶协议,企业采取对接特色产业、吸纳劳动就业、提供帮扶资金、投入基础设施建设等带动帮扶模式,累计投入资金超1.17亿元,培训和安排就业700余人。[②]

### 二 对基层发展的支持

近年来,仙芝科技聚焦精准扶贫、精准脱贫,提出"贫困户脱贫致富、企业提质增效"的双赢目标,发挥龙头企业的示范作用,深入脱贫攻坚一线,倾心用力真扶贫、扶真贫,打造"公司+基地+贫困户入股"、"公司+合作社+贫困户"、"流转贫困户土地、优先开展贫困户就业培训并安排到基地劳动、创建"扶贫车间"吸纳贫困户就业等模式助力扶贫,扶贫成效明显。

---

① 《灵芝给当地扶贫注入"活血"》,https://www.163.com/dy/article/FN2EF4IQ0532AZ12.html,最后访问日期:2021年5月3日。
② 《民企带村带动村民致富》,http://www.wysxww.com/2020-10/09/content_1036326.htm,最后访问日期:2021年7月19日。

仙芝科技对合作农户做到"五个统一"，即统一提供菌种、统一技术培训、统一过程管理、统一质量标准、统一市场保护价收购，确保合作农户种植的灵芝能够达到有机质量标准要求，并通过采用市场保护价的收购方式，保证农户收益。近年来，仙芝科技通过这种运行模式，共带动分散在各乡镇的 1000 多户贫困户，实现每户每年增收 1.5 万元左右，带动了贫困地区农民脱贫致富。[①]

### 三 参与成效

福建省浦城县九牧镇渭潭村灵芝基地由仙芝科技建立，常年聘请五六十位村民，从事灵芝菌包制作、下地或上架、采收等劳作，每位村民每年可收入 1 万~3 万元，仙芝公司还按每亩 600 元的标准，向村民支付流转土地费用。

公司在浦城共建立灵芝基地 1100 亩，联结灵芝种植户 1200 多户，每年仅租地一项，就可以为村民增加收入 40 多万元。[②] 与此同时，公司也在探索林下种植灵芝，2020 年在濠村乡仓下国有林场试种 120 亩灵芝。如果效益好，今后村民就可利用自家的经济林种植灵芝，既可管好林子，又可增加经济收入，生态环保又有经济效益，从而可使村民致富更有保障。

为探索民企带村新模式，浦城县还创新推出名誉村主任机制，为乡村振兴工作注入"活水"。在这里选聘名誉村主任，可以起到一定程度的示范引领作用，解决一些村在推动乡村振兴过程中存在的缺乏有效产业规划等问题。浦城县政府根据自身实际情况，从民企带村工作表现突出的民营企业家中选聘了 6 位乡贤担任"名誉村主任"，提升了民企带村的发展水平。

---

[①]《"芝"根知底，全国首个灵芝孢子粉国家标准修订研讨会在福州举行》，https://www.sohu.com/a/416761369_100021976，最后访问日期：2021 年 7 月 19 日。

[②]《浦城：灵芝产业助推精准扶贫》，http://www.fjpcnews.com/2020 - 09/14/content_30477303.htm，最后访问日期：2021 年 5 月 3 日。

## 二 扶贫企业"抱团"联合与产业地区嵌入性

贫困问题往往具有一种综合性的发展能力锁定效应，是贫困人群技能、进入市场能力、抗御风险能力，以及不均衡的市场交易结构等因素相互作用的结果。也就是说，可以将贫困状况的持续存在视为一种低度发展状况的锁定。在这种情况下，仅凭借单个产业环节或援助手段的介入，是难以保证脱贫效果的持续性的。一些地方出现了多主体联合推进的方式，利用各个市场主体的优势领域，破除贫困锁定的各个环节，如川东南部县的"五方联盟"机制，将当地特色产业与"龙头企业 + 专合组织 + 农民群众 + 金融 + 保险"联结，形成"龙头企业带动、合作社领办、贫困户入股、金融贷款支持、保险公司跟进的方式，在全县发展食用菌、肉鸡、果蔬、水产等脱贫奔康产业园 39 个"[①]。

从政策推动角度来看，市场主体参与异地扶贫的一个重要背景是东部沿海地区与中西部地区间对口帮扶框架、以政府为引导的合作架构，为市场主体参与提供了明确的激励机制。如自张家港市与贵州省深度贫困县沿河土家族自治县建立携手奔小康对口帮扶关系以来，两地签订乡村旅游共建战略合作框架协议、洲州生态茶产品购销意向协议、优质农特产品产销定向合作框架协议等一系列协议，[②] 两地市场主体对接、"黔货出山"与"资本入山"有了基本的制度依循。同时，异地企业之间不断深入合作，为后发地区企业推进供给侧质量改革，特别是在短时间内在全产业链条上提升技术能力、品控能力、创新能力和管理水平提供了契机。

企业组团对口支援是另一类富有特色的企业支援贫困地区的方式，一般在两地政府对口帮扶框架内进行。被援建地方辟出专项园区，吸纳援建地企业入驻，以规模优势和地方优惠措施降低各项运营成本。同时，引入的异地企业群往往本身就保持了密切关系，从而实现了更多生产链条的一

---

① 赵晨阳：《产业扶贫背景下电商扶贫实践研究——以工业和信息化部定点帮扶四川省南部县为例》，《工业和信息化教育》2020 年第 10 期。

② 陈世海：《精准发力东西部消费扶贫协作》，《贵州日报》2020 年 11 月 11 日。

次性引进，可以在一定程度上避免单个企业面临的配套困境。这种方式一方面较快地提升了被援助地特定领域的生产水平和本地吸纳就业的能力，另一方面在我国产业阶梯式转移的背景下，也为产能内移提供了机遇。

事实上，单纯依靠外部企业帮扶性的订单销售支持，往往难以形成贫困地区内生性的自主发展能力，而缺乏区域关联产业协同支持的、单个企业引入也往往陷入举步维艰的境地。观察一些产业扶贫的成功案例可以发现，产业的引入、培育与当地细分化的地理、区位、产业基础、资源禀赋乃至人文风俗、人力资本条件相结合显得尤为重要。处于六盘山片区国家扶贫开发工作重点县的甘肃静宁县，自 20 世纪 80 年代以来，将苹果产业做成大产业。2019 年，全县苹果产量为 88 万吨，产值 39.6 亿元。[①] 当地以苹果产业为依托，种苗繁育、技术推广、贮藏运输、加工增值的苹果产业链渐具规模，全县果品年贮藏能力达到 52 万吨，年加工转化能力达 12 万吨，并发展出初具体系的周边产业，发泡网、果袋、果汁、果醋加工和果品冷藏企业星罗棋布，并延伸出颇具特色的关联产业，成为全国知名的"纸制品包装生产基地"。

地方产业结构的形成是与一地资源禀赋、交通区位、产业链配套衔接与技能结构等因素长期交互作用的结果。"一时兴起"或"揠苗助长"式的扶持常适得其反。一些地方根据既有优势积累和产业基础结合市场需求自然"生发"出的产业，往往具有更强的适应能力和持续发展能力；而一些地方政府大力推广的新品种、新作物，或着力引进的"看似高端"的企业，却往往由于缺乏市场路径、技术积累和配套产业积淀，最终陷于困境。由此导致的种植结构单一、抗市场波动能力差等问题不仅可能成为地区之后发展的沉重包袱，甚至会锁住区域乃至普通农户的发展空间，以至于需要十年、二十年的时间来消化。分析来看，表层的原因是所谓项目选择缺乏论证、违背市场规律，而深层次问题，以农业发展来看，是缺乏与外来企

---

① 张昌盛、王雄雄：《静宁县西北部贫困乡镇产业发展困境与出路》，《现代农业研究》2020 年第 11 期。

业对接的、具有相当实力和普惠性的本地新型经营主体。

### 三 就近城镇化与就近就业

与地区城镇化互为表里的域内就业扶贫，是在保持扶贫效果的同时，稳步提升农户生活品质的现实性途径。一方面，随着县域范围城镇地带多类型产业集聚及相应的生产性服务业和生活性服务业层进发展，本地就业吸纳能力随之自然提升；另一方面，"离土不离乡"、就近就业的农业转移劳动力，在保持兼业化的同时，可用较低成本获得医疗、教育、低龄子女抚育、购房等刚性生活需求的满足，避免了因"教育移民"、大城市购房等带来的结构性收入压力。可以说，就近就业使一般劳动者获得了一种天然的抗风险韧性能力，减少了其再度返贫或因城市高昂生活支出带来的生活品质波动的可能性。四川南部县在工信部的引导下，南环集团、英联达、邦森电子、天南铝业、旭航科技等数十家企业入驻南部县经济开发区，逐渐形成了区域内的产业集群和产业生态，形成了区域内新兴吸引极。2019年，招引落地汽车零部件、阀门等企业28家。同年，经济开发区总产值达449.6亿元，同比增长15.3%。在区域产业集聚效应的拉动下，一批农户实现了就近就业，巩固了脱贫攻坚成果。①

### 四 易地搬迁

根据国家发展改革委出台的《全国"十三五"易地扶贫搬迁规划》（以下简称《规划》），对于"一方水土养不起一方人"地区经扶贫开发建档立卡信息系统核实的建档立卡贫困人口，国家在"十三五"期间对1000万建档立卡贫困人口实施了易地扶贫搬迁。这就涉及要通过推进新型城镇化，集中安置大量搬迁人口。而相对于"搬下来住哪"，要想真正留得住"搬出来"的贫困人口，并实现真正脱贫，"搬下来干什么"就显得尤为重要。

---

① 赵晨阳：《产业扶贫背景下电商扶贫实践研究——以工业和信息化部定点帮扶四川省南部县为例》，《工业和信息化教育》2020年第10期。

为此，《规划》提出了促进搬迁人口脱贫的五条路径：发展特色农林业脱贫一批，发展劳务经济脱贫一批，发展现代服务业脱贫一批，资产收益扶贫脱贫一批，社会保障兜底脱贫一批。

显然，这些举措的一个根本的立足点是，如何通过市场主体参与，实现贫困农户依托产业项目、劳务经济、产品销售或资产性收入保证贫困地区人口脱贫与产业集聚和城镇化进程紧密结合。这也就意味着，在产业选择、区位规划、发展周期、岗位供给等方面，要有相应的融资、用地、税收、产业链条及风险防控机制安排配合，同时，还要与集中安置群众的技能水平、安置区域、就业意愿等相衔接。

各地的典型做法是，在安置点配套产业项目，在交通区位、基础设施建设、公共服务布局等方面综合考虑搬迁群众生活就业需求与产业引入、发展需求。如西藏昌都市根据易地搬迁群众的技能水平起点低、缺乏二、三产业就业经验的特点，以特色种植养殖业为带动贫困户增收的主要方向。边坝县的康巴土鸡孵化养殖场，拥有大小藏鸡 4000 余只，孵化藏雏鸡 3000余只，为马秀乡、草卡镇、沙丁乡、热玉乡群众免费发放了逾 1.5 万只雏鸡进行养殖。江达县实施卡若香猪养殖项目，卡若香猪养殖数量达到 1000 头，带动建档立卡贫困户 39 户、贫困人口 141 人，实现人均增收 3000 元以上。[1]昌都经开区一家从事青稞再加工的企业，年规划产速溶青稞片系列 1 万吨、青稞专用粉系列 2 万吨、营养青稞面条 3 万吨等，可直接为社会提供 450 多个工作岗位，直接帮助建档贫困户实现就业 300 人以上。[2]

应该看到，移民搬迁要实现"搬得出、留得住、有事做、能致富"，需要具有长期主义的发展指向，是重新构建一地大量搬迁群众、产业构成、生活服务的"生态系统"，因而难以"毕其功于一役"。从产业支持扶贫来

---

① 牛明光、牛继平：《昌都市易地扶贫搬迁安置点后续产业发展现状及对策》，《现代农业科技》2020 年第 2 期。

② 吉翔：《走访西藏昌都经开区：蓝天圣洁产业成新名片 助力精准扶贫》，https://baijiahao.baidu.com/s? id = 1601183390136025680&wfr = spider&for = pc，最后访问日期：2018 年 5 月23 日。

看，虽然短期上，引进企业可以依据其财税贡献水平和社会就业带动程度获得相应政策支持，然而，边远地区引入企业的后继持续市场开拓、技术深化、市场风险应对等都存在明显的不确定性。这就需要在满足贫困群众就业需求前提下，基于当地特色资源和产业基础，加强企业间整合与协同，拓展品牌建设、科技引进、金融保险等支持，让企业也能"留得住"。

## 第三节　深入思考的方向

### 一　企业易地扶贫的困境

企业易地支持脱贫攻坚，面临一些切实的问题，主要表现在三个层面。首先，由于区域发展阶段不同，功能定位、发展规划各异，一些企业前期设想与当地实际需求有较大差距。据统计，广东对口西部某地产业援建签订的 21 个协议引进项目有的未签订正式协议，有的项目未按期履约，其中因合作协议存在分歧导致项目暂停或项目中止的有 9 个。[①] 其次，后发地区营商环境、对接政策力度、人才储备等都存在较明显短板，并呈现为一种结构化制约因素。最后，企业生产链条在后发地区难以配套，企业"单刀直入"往往要面临运营成本、物流成本激增的压力。

同时，在一些基于自然景观、民俗风貌等乡村公共资源的旅游开发案例中，部分外来企业的机会主义、急功近利的开发取向，加之社区居民难以形成保护公共资源的"集体行动"，导致对自然资源资产价值有效评估的内生机制缺位，长此以往必将导致一些地方乡村旅游开发陷入停滞境地。一方面，过度商业化的开发，破坏了原本淳朴的民风，忽视生态资源脆弱性的短期行为甚至影响到生态资源的保护。[②] 另一方面，村民追求个体收益

---

① 钟韶彬、熊飞：《扶贫产业援建与合作面临的问题及路径选择——基于广东对口帮扶四川省甘孜州的调研》，《南方农村》2020 年第 5 期。

② 刘旺：《民族社区旅游发展的困境：理论阐释与实证分析——以丹巴县甲居藏寨为例》，《云南师范大学学报》（哲学社会科学版）2010 年第 1 期。

最大化的行为，产生了一种群体性"竞价"行为模式，直接降低了游客的旅游体验。而如上因素又一同损害着资源开发的持续性。在这些案例中，乡村发展所面临的困境是乡村社会在与外来市场主体对接中，无法在机制上和经营形态上形成双方共同利益相互嵌套的、共同协商的机制。在这种情形下，外来企业与本地村民之间发生的并非"互为增能"效应。①

单纯地、笼统地呼吁政府作为终结协调力量的介入是不够的，正如埃莉诺·奥斯特罗姆（Elinor Ostrom）所说，"中央集权制度和私有化，都不是解决公共池塘资源的灵丹妙药"，"人类社会中大量的公共池塘资源问题在事实上不是依赖国家也不是通过市场来解决的，人类社会中的自我组织和自治，实际上是更为有效的管理公共事务的制度安排"②。

## 二 产业扶贫面临的一些问题

研究显示，在乡村发展中，企业与地方政府间呈现一种在交错进程中的双向互动，一方面，企业的政治关联程度③越高，企业社会责任水平越高④，也更被期待进入扶贫领域。也就是说，较高政治关联有助于向企业传递公共机构对于企业社会责任的压力与期待。另一方面，"政治资源市场"成为中国企业争取发展机会的重要领域。与各级政府保持密切的联系，有利于企业保持对于政策取向的高度敏感性。在各地以财政资金支持龙头企业、农民合作社等农业经营主体发展的惯常做法下，"政治资源市场"又与巨大"政策红利"的获取机会相关联。

同时，由于贫困群体内在组织水平、管理能力、技能水平较低，在与龙头企业对接中处于天然弱势地位。在政策执行过程中，事实上容易形成

---

① 吕程平：《生态文明的社会发展理论：广义信息、高质能量与人的发展》，东方出版社，2021。
② 埃莉诺·奥斯特罗姆：《公共事物的治理之道——集体行动制度的演进》，余逊达、陈旭东译，上海三联书店，2000。
③ 梁建、陈爽英、盖庆恩：《民营企业的政治参与、治理结构与慈善捐赠》，《管理世界》2010年第7期。
④ 衣凤鹏、徐二明：《高管政治关联与企业社会责任——基于中国上市公司的实证分析》，《经济与管理研究》2014年第5期。

各种"精英俘获"现象。在这种情况下,"扶贫"往往成为获取财政补贴的路径。在一些政府支持企业扶贫的案例中,地方财政对企业进行财政补助虽然要求企业必须吸收一定数量的贫困人口就业,但是只要达到最低限度的就业数量(至少5人),那么企业就将获得20万元的资金支持。地方的专业合作社申领扶贫资金(每社不超过20万元)的要求是,扶持带动5户以上贫困户;一年内组织集中培训和现场技术培训指导3次以上;合作社通过扶贫带动,使贫困户年增收达1000元以上。这意味着,如果一个合作社给5个贫困户发放总额为5000元的直接补助,也可获得最高20万元的财政补助。[①] 面对这样的情形,加强产业扶贫支持政策的效果监管、增强产业扶贫的持效性固然是重要和必要的,但更为根本的是,应注重"中层结构"建设。也就是说,系统宏观层面与微观层面上缺乏中间结构。就农村社会发展而言,缺乏中间结构指在国家治理上表现为统合政策资源、兼顾上向和下向目标的能动主体缺失。在市场结构上表现为广大分散农户因缺乏兼具"发展功能"和"保护功能"的普惠性、功能性组织提供相对平等的市场博弈地位和政策参与能力,不仅难以克服由市场层级造成的高前置成本,难以进入高垄断性收益的市场层级,也难以充分对接和享有相应的"政策红利"。

虽然合作社一般被认为是带动农民致富的重要新型经营主体,而"龙头企业 + 合作社 + 农户"模式,更是成为一种广泛采用的利益联结模式。截至2018年底,登记在册的农民专业合作社达217.3万家,实有入社农户超过1亿户,约占全国农民的51.1%。但同时应当清醒地看到,目前各地"空壳社""僵尸社"的比重相当高。[②] 一些合作社的成立就是"冲着政府支农、扶贫优惠政策"来的,更为重要的是,相当一部分合作社,虽然名为"合作社",实际上民主管理水平和盈余返还等合作社关键制度实施情

---

① 林万龙、华中昱、徐娜:《产业扶贫的主要模式、实践困境与解决对策——基于河南、湖南、湖北、广西四省区若干贫困县的调研总结》,《经济纵横》2018年第7期。

② 刘耘竹、刘博联:《产业扶贫面临的四大难题及对策建议》,《工业和信息化教育》2020年第10期。

况、面向市场经济中相对弱势群体的合作互助精神①的体现乃至对社区发展的带动等基本上难有体现。在这种情况下，合作社实质上很难作为村社内部农民组织成为对接外界经营主体，承担切实组织、教育工作，维护普通农户利益，保持持续、长久交易关系的有效载体。

在现实情境中，村级合作社与外来企业不同交易关系的形成，以及剩余控制权的水平，很大程度上取决于合作社所拥有资源的不可替代性水平。在由企业领办合作社的情况下，企业可以通过入股合作社，保持高持股比例②，实现对合作社经营管理的控制权。由此，合作社事实上成为上游企业的初级产品提供商。而当合作组织在资金、技术（通过社员技术入股）、生产过程方面拥有相对不可替代性时，合作社与企业之间就可以形成更加平等的交易局面。但即使在后一种情况下，仍然要注意由于内部管理制度不健全导致的"大户控制"现象。

以此延伸，在现实的产业扶贫和支持乡村振兴的案例中，可以发现一种对于富有中国特色的"官场＋市场"逻辑的反向应用。周黎安的"官场＋市场"理论，在于说明地方官员以"政绩"为衡量的"官场竞争"嵌入辖区政府无法控制的外部市场竞争，因而地方政府的政策和官员行为对辖区企业的影响均会在市场竞争中加以体现，并最终接受市场竞争的检验和约束③，从而构成了政府与市场的良性互动、政企有效合作的解释架构。然而，在"脱贫攻坚""乡村振兴"成效成为官员"政绩"重要衡量指标的情形下，一些企业利用各地政府大力推动扶贫项目发展的心理，认为"即便项目经营管理不善，工程进度、产品质量等出现问题，只要和扶贫挂上钩，地方政府总得负责托底"。这样的做法，让"揩扶贫油"的不法分子有了侥幸心理，肆无忌惮地利用地方对扶贫工作的高度重视牟取私利，产业扶贫异化为一些人捞取好处的"后花园"，影响脱贫成效。④

① 参见1995年国际合作社联盟第31次代表大会继承和确立的合作社基本原则。
② 蔡美辰：《企业领办合作社扶贫主体耦合模式探讨》，《合作经济与科技》2020年第11期。
③ 周黎安：《"官场＋市场"与中国增长故事》，《社会》2018年第2期。
④ 张燕：《要把产业扶贫的成果转化到农民身上》，《重庆日报》2020年10月16日，第16版。

# 第二章  社会组织支持乡村振兴

《国家乡村振兴战略规划（2018—2022年）》指出，"以夯实基层基础作为固本之策，建立健全党委领导、政府负责、社会协同、公众参与、法治保障的现代乡村社会治理体制，推动乡村组织振兴，打造充满活力、和谐有序的善治乡村"①。

乡村振兴战略的实施，是地方产业品质提升和资源有序利用，是兼具情怀与技能的人才建设与集聚，是乡土文化的更新与传承，是生态保育与价值化，也是基层组织治理能力的提升。如上侧面都呈现为一种复杂的相互交织，需要广泛的社会协同与城乡民众参与。毋宁说，以上乡村振兴各个侧面的实现过程与多样态的社会参与过程其实是一体两面。在这其中，来自乡村社会外部②的公益类、互益类社会组织因其广泛的社会联结、扎根社区的动员能力、灵活的行动策略、责任导向的内生激励机制等特质成为达成产业兴旺、生态宜居、乡风文明、治理有效、生活富裕目标之不可或缺的力量。

## 第一节  乡村公共产品供给

2013年国务院办公厅下发的《关于政府向社会力量购买服务的指导意

---

① 《国家乡村振兴战略规划（2018—2022年）》，http://www.moa.gov.cn/xw/zwdt/201809/t20180926_6159028.htm，最后访问日期：2021年7月21日。

② 广义而言，服务于乡村振兴的社会组织包括乡村内生组织与外部组织两类。前者包括乡贤理事会、村民理事会、红白理事会、老人协会、妇女协会等在乡村治理、社区服务、纠纷调解、文娱活动领域发挥重要作用的民间组织。从理论上看，两者在核心功能定位、资源禀赋、动员路径等方面都有相当差异；而在现实情境中，发育内生组织往往是外部力量介入乡村、发挥作用的重要方法。本书主要围绕社区外部公益类、互益类社会力量参与乡村振兴各项事业展开讨论。

见》指出，在教育、就业、社保、医疗卫生、住房保障、文化体育及残疾人服务等基本公共服务领域，要逐步加大政府向社会力量购买服务的力度。各地政府也加大了对于社会组织在面向"小而散"的"个性化"的民生服务领域，提供多样化专业服务的支持力度。[①] 社会公益组织在乡村资源调查、差异化发展项目策划、贫困弱势群体救助、生态保护、就业培训、健康服务等方面，能发挥其专业细分性、行动灵活性、人际匹配性等优势，成为优化公共产品提供结构、降低公共产品提供成本、提升民众满意水平的重要力量。

专业细分性是指，各类致力于农村发展、城乡互动的公益类社会组织在生态保育、社会工作、心理疏导、养老护理、乡土教育、数据分析、组织发育等特定领域具有专业优势，可以精确对接各类社会需求，提高乡村治理和服务水平，联结各类社区要素，提升居民福利水平。

行动灵活性是指，公益类组织内部管理相对简单，可以根据对象需求与项目范围自主调整介入形式和投入力量，特别是对于细碎、不连贯、非常设的社区需求，社区组织可以保持充分的柔韧性响应。一些社区公益组织还以基层扎根性见长，这更是市场化运作的商业力量难以比拟的。

长期活跃于乡村社区建设、养老助残等领域，具有扎根性的社会公益组织，可以针对对象需求和处境，提供有温度、有人情味的服务，并可以在项目过程中陪伴社区成长、根据乡村情势变化适时调整工作策略。同时，一些社区公益组织还擅长利用社区动员手段，发育社区内生力量，维护和发展社区内在联系网络，"生产"乡村共同体行动所依赖的社会资本。

## 一　各地社会组织公共产品供给实践

2018 年中央一号文件《中共中央　国务院关于实施乡村振兴战略的意见》明确提出："大力培育服务性、公益性、互助性农村社会组织，积极发

---

① 王淑婕：《充分发挥社会组织内在优势　助力乡村振兴民族地区相对贫困治理》，《西藏日报》（汉）2021 年 3 月 29 日，第 6 版。

展农村社会工作和志愿服务。"各地也出台了相应的落地政策以鼓励社会组织参与乡村振兴，并细化操作性方案，为各类外生性社会公益组织投身乡村治理与经济社会发展创造条件。

2018 年 8 月《江苏省民政厅八项举措落实乡村振兴战略》出台，明确提出引导社会组织、专业社工及志愿者参与乡村振兴。文件指出要加快农村社会组织培育，采取降低门槛、实行直接登记等办法积极培育服务性、公益性、互助性农村社会组织；鼓励建设社区社会组织综合服务平台，为社会组织提供组织运作、活动场地、活动经费、人才队伍等方面支持。引导各类社会组织参与农村社区治理与服务，支持社会力量在农村兴办养老助残、扶贫济困等社会事业。鼓励乡镇和有条件的行政村建立志愿服务站。①

2020 年，即使在新冠肺炎疫情防控、财政收支不确定性增强的背景下，南京市江宁区民政局也创新性地采用竞争性磋商方式采购 1500 万元、128个公益服务项目。当地 10 个街道 201 个社区还将配套采购资金，总资金池逾 5600 万元，保持强劲的支持力度。② 通过公益创投方式为初创期的公益组织提供"种子资金"，重点投向乡村振兴、社区治理、扶贫济困、养老服务等。在南京一些较偏远乡村，具有相应资质的社会企业与村/居签订为期一年的服务合同，按照量化考核要求提供村级范围的文娱类公共服务，发挥了丰富基层文化生活、拓展基层公共服务内容的作用。这为基层治理架构增添了更丰富和多元的色彩。

黑龙江省民政厅《关于支持社会工作专业力量参与脱贫攻坚的实施意见》强调社会组织在社会工作领域的枢纽作用，提出促进贫困地区社会工作领域社会组织发展。为了加快贫困地区社会工作服务机构发展，该文件鼓励社会工作领域的社会团体、志愿服务组织、公益慈善类社会组织、企事业单位等通过对口援建、项目合作、定向帮扶、捐资创办等方式扶持发

---

① 江苏省民政厅：《〈江苏省民政厅落实乡村振兴战略八项举措〉政策图解》，http://www.jiangsu.gov.cn/art/2018/8/8/art_32648_7950324.html，最后访问日期：2021 年 6 月 15 日。

② 中国江苏网：《全省最大规模区级公益服务采购落地南京市江宁区》，https://baijiahao.baidu.com/s? id =1672052915102876542&wfr = spider&for = pc，最后访问日期：2021 年 7 月 12 日。

展一批面向贫困地区的社会工作服务机构，为基层提供社会救助、综合服务等公共产品。

成立于 2012 年的黑龙江女创业者协会，旨在为女创业者提供交流、服务平台，拥有会员企业 1000 多家。黑龙江女创业者协会借助会员覆盖面广、具备一定经济实力的特点，面向城乡女性和女大学生开展技能培训、就业咨询、捐资助学等，连续多年承接各级财政支持社会组织参与社会服务和就业扶助类项目。[①] 在脱贫攻坚阶段，黑龙江女创业者协会发起"一亩扶贫田"项目，成为黑龙江社会组织参与脱贫事业的一个亮点。在走访调研中，黑龙江女创业者协会发现，在黑龙江省内一些贫困地区，随着青壮年人口大量流出，留守的妇女、老人劳动能力和劳动技能普遍不强，制约了其摆脱贫困状态。而所谓"一亩扶贫田"是指利用建档立卡贫困户房前屋后的零散、闲置小块土地，采用环境友好的种植技术，不施用化肥农药和除草剂，种植绿色黏玉米。协会负责技术把关、生产社会化服务，并与多种销售渠道建立稳定联结。据报道，项目与海伦市 19 个深度贫困村 2637 名建档立卡贫困户签约，每户实际增收 500 ~ 700 元。[②]

四川的社会组织发展走在全国前列，据四川省民政厅数据，截至 2019 年 10 月，四川全省共有各类社会组织 4.5 万家，数量居全国第 5 位。而四川省省会成都的社会组织发展更是居全国前列，2019 年有社会组织 1.2 万家，在全国副省级城市中排名第 2。[③] 公益创投、社会组织孵化、社区治理赋能等理念在当地深入街巷；党建引领、"三社联动"、"企业与社会组织跨界互动"等新鲜做法在当地方兴未艾，成都成为全国社会组织发展最活跃的地区之一。各类社会组织在社区治理、民生服务、社区养老、生态保护等领域促发资源聚合、生成协商机制、凝聚参与共识的作用获得广泛认可。

① 《"一亩扶贫田"助力脱贫攻坚》，https://www.sohu.com/a/401216965_825958，最后访问日期：2020 年 6 月 11 日。

② 黑龙江省民政厅：《黑龙江省脱贫攻坚经验做法》，http://www.mca.gov.cn/article/xw/dfdt/201903/20190300015399.shtml，最后访问日期：2021 年 7 月 21 日。

③ 唐琼：《基层治理现代化视角下社会组织的发展路径——基于成都市的基层治理实践考察》，《四川行政学院学报》2020 年第 5 期。

得益于包容、开放的社会氛围，在"中国最具幸福感城市"评选中，成都连续 12 年蝉联榜首。①

《四川省乡村振兴战略规划（2018—2022 年）》提出深化村民自治实践。充分发挥村民在基层治理中的主体作用，加强农村群众性自治组织建设，完善农村基层民主选举、民主协商、民主决策、民主管理、民主监督机制，提高群众主动参与治理的积极性。创新基层治理模式，建立由村民委员会、驻村企事业单位代表、社会组织代表、流动人口代表、村民代表等利益相关方参与的协商制度，引导户籍居民和非户籍居民共同参与社区治理，建立多层次基层协商共治新格局。四川在基层服务体系建设方面，则提出探索构建村党组织领导下的农村居民自治服务管理机制，大力培育服务性、公益性、互助性农村社会组织，推进社会组织进农村、专业社工进农村、公益创投进农村。② 2020 年 12 月生效的《成都市社区发展治理促进条例》，是全国首部以社区发展治理为主题的地方性法规。③《成都市社区发展治理促进条例》围绕构建共建共治共享的社会治理格局，提出推动社会动员渠道规范化；注重发挥群团组织在联结社会各界、联动居民方面的功能和作用，提出把公民、法人和其他组织参与社区发展和治理的情况，作为评优、项目资助、政府购买服务等的重要因素，鼓励和引导公民、法人和其他组织等各类主体积极参与社区发展和治理。成都崇州市梓泉镇荷风水村，以当地民政局引入社会工作者为契机，使社会组织成为乡村振兴的重要参与力量，在乡土文化发掘、文旅产业发展、乡村规划讨论、公共空间营造、社区自组织发育、留守妇女技能培训、高龄老人护理、村民纠

---

① 《环球中心灯光秀！祝贺成都连续 12 年蝉联中国最具幸福感城市榜首》，https://www.sohu.com/a/432785325_162758，最后访问日期：2021 年 7 月 21 日。

② 四川省发改委：《四川省乡村振兴战略规划（2018—2022 年）》，http://fgw.sc.gov.cn/sfgw/njzc/2020/4/1/a66d12f9c2524fd78397756ceee4d5e9/files/5e7b9886d0bb4182b18b655a4862d2f9.pdf，最后访问日期：2020 年 4 月 1 日。

③ 《〈成都市社区发展治理促进条例〉实施，将社区和物业的疫情防控作用固化为立法规范》，《四川日报》2020 年 12 月 2 日。

纷化解等领域都能看到专业社工的身影。①

## 韶关市乡村振兴公益基金会案例

韶关市乡村振兴公益基金会重点面向仁化县和南雄市开展基础设施改造、乡村民宿开发、美丽宜居乡村示范点建设等一系列公益慈善项目，为乡村振兴提供了实践方案。

在基础设施改造方面，针对浈江区和南雄市输水管道破损、水源严重紧缺、水质细菌超标问题，韶关市乡村振兴公益基金会联合韶关市农业农村局、浈江区政府、村委会及村小组等相关单位就浈江区饮水工程项目召开洽谈会，详细讨论饮水工程项目设计标准、资金来源、用水管理规划、施工方案、报价以及工程期限等细节并制定实施方案。饮水工程改建完成后，项目地村委会召集工程项目经理、管理人员、施工单位以及村民召开了饮水工程运行管理培训会②，引导村民们增强节水和安全用水意识，维护用水设施设备，以保证饮水系统的高效使用。充足和纯净的水源供给提高了农户的生产生活质量。

在乡村民宿开发项目中，韶关市乡村振兴公益基金会充分发掘韶关市乡村旅游的优势和潜力，通过前期走访和深度调研，考察各村庄旅游资源、特色景点、基础设施、优势产业、文化民俗、区位交通、环境承载力、可持续发展能力、村民意见与支持程度等，最终将韶关市仁化县河富村及南雄市角湾村纳入民宿开发项目选址规划并将其列为韶关市乡村振兴公益基金会 2018 年度产业扶贫公益项目。③ 韶关市乡村振兴公益基金会旨在通过民宿开发项目，深挖乡村旅游价值，为村庄导入优质资源和机会，搭建起内造外联的发展平台；形成以自然

---

① 付阳：《社工助力乡村振兴的崇州实践》，《中国社会工作》2020 年第 1 期。

② 韶关乡村振兴：《浈江饮水工程 | 乡村振兴，水利先行》，https://mp.weixin.qq.com/s/Lece-HxMLYI8z0 - Q - 6X3tfw，最后访问日期：2019 年 12 月 15 日。

③ 韶关乡村振兴：《民宿运营招募 | 这里有高山流水、古桥老树，只差一个懂运营的你》，https://mp.weixin.qq.com/s/U8VtNfl8QXTngkdw1T6RYw，最后访问日期：2019 年 4 月 30 日。

景区为依托，以餐饮、住宿、消费、娱乐、体验等多维为一体的乡旅深度融合产业链；打造上游承接旅游资源、地域特色、文化价值，下游面向"食、住、游、购、行"高关联消费的乡村经济发展新模式，探寻乡村产业振兴之路。

为响应政府有关"美丽宜居乡村示范点建设"的政策号召，韶关市乡村振兴公益基金会于2019年底选定新龙村作为"美丽庭院"项目地。该项目面向村民采取公开招募、资源申报的形式，最终选定6户院落将其打造为功能、风格各异的旅游体验点。"美丽庭院"项目得到当地省、市、县三级政府的认可，广东省农业农村厅及韶关市农业农村局工作人员组成调研组，对新龙村激发村民参与乡村环境整治与环境升级、充分利用闲置空间和资源、引导村民种植特色农产品、主动挖掘旅游产业发展契机等方面给予极大肯定，并将新龙村推介为仁化县美丽家园创建的优秀范本。[①]"美丽庭院"项目有效改善了村庄的生态环境、提升了村民的幸福感，也拓宽了新龙村经济发展的空间。

## 二 对外来社会组织提供公共服务的思考

正如学界指出的，外部公益组织以短期、技术性项目形式介入社区事务，不可避免地存在一些明显的短板。[②] 笔者将其概括为三个层面的问题。第一，如何处理技术理性与社区理性的关系；在既有研究中，笔者给出了社区共同体理性的核心特征，既指向共同体的可持续发展和社区成员普惠性福利提升，及储备相应的社会资源、自然资源或经济资源，也可以将这一原则概括为增进而非削弱共同的善（the common good）。这种善在理想意义上包括物质财富的共同增长，也有信任、依赖的网络化分布，是一种社

---

① 韶关乡村振兴：《省市农业农村厅一行到新龙村考察乡村振兴工作》，https://mp.weixin.qq.com/s/ePdxjGg182TRvnwbBdgxyg，最后访问日期：2020年6月22日。

② 钱坤：《从"悬浮"到"嵌入"：外生型社会组织参与乡村治理的困境与出路》，《云南行政学院学报》2020年第1期。

区本位的、能发挥共同体内个体潜能的状态。社区文化，作为社区共享的知识网络和行为范式，其完整功能也只有在共同体理性的层面上才能被理解。而具体化为项目目标细分衡量的社区文娱活动，根本上是以完成"购买—提供"为导向的技术理性。这就使项目的执行方很难有意愿或有意识地触碰更深层的社区生活，也就使至少一部分社区服务是游离于社区实在的人际网络与社会资本之外的。

第二，如何处理短期项目周期与长期人际网络的关系。与上一点相关，政府购买公共服务下外在公益组织介入社区服务是以项目周期为界的短期项目关系，但应清楚认识到的是，社会建设或社会服务类项目与一般工程项目的本质差异。与工程项目一次性、高度可监测性不同，社会服务有显著的嵌入性、持续性与难以衡量的特性。或者说，简单地以"完成多少次活动""入户多少家"等为项目考核的评价指标，不仅与真实的服务质量、对社区影响的持久性等相去甚远，而且可能导致公益团队的工具主义倾向，而使其有意或无意忽视对作为社区活力及自我服务根基的社会网络与自主意识的维护与发掘。

第三，工具性路径缺失。作为以上两点的一个自然延伸，即使从工具性角度来衡量，正如既有研究所指出的，外来的、短期的项目团队由于缺乏介入社区社会网络的路径，事实上难以进行深入有效的社区动员工作，很大程度上仍要倚重于村两委等本土力量的协助。

## 第二节　社会力量参与乡村人才建设

《国家乡村振兴战略规划（2018—2022年）》指出，全面建立职业农民制度，培养新一代爱农业、懂技术、善经营的新型职业农民，优化农业从业者结构。创新培训组织形式，探索田间课堂、网络教室等培训方式，支持农民专业合作社、专业技术协会、龙头企业等主体承担培训。

近年来，各类社会组织、农民合作组织、协会等非传统农民培训主体，发挥自身优势和相应资源，创造性地进行着多样式的农民教育活动。这些实践活动往往具备成本低、形式灵活、强调农民自主参与、根据不同培训对象特点因材施教、与乡村振兴各项计划紧密结合等特点。

## 一　社会力量与人才振兴

推动乡村人才振兴的主体力量，可以分为政府、涉农企业、行业协会、社会组织，以及农民合作组织[①]等新型农业经营主体，各类主体人才培育、支持活动相互配合，人才技能培训、经营能力培训与综合化创业类、乡村发展类支持相衔接，社会力量多层次参与趋势愈发明显。从类型上，可以将人才建设项目的类型分为政府主导类、政企配合类、市场运作类[②]、社会组织主导类等。在传统的各级政府、农技院校、农业企业之外，致力于社区整体发展的公益组织在农民教育实践中的作用日益凸显，且成为农民教育创新的重要"策源地"。

公益组织在农村贫困治理中，将农民教育与社区社会网络和乡村发展实践相结合，通过培育横向网络、社区民间组织等方式，增强农户参与意识，提升其改变自身处境的能力。[③] 这实质上是以"社会的再生产"来完成人的发展的实践。通过教育与培训，推动乡村组织化建设与内生能力的增强，是社会组织参与乡村社区发展的重要手段。

中国滋根乡村教育与发展促进会（以下简称"中国滋根"），成立于1995年，是在民政部正式登记注册的全国性、非营利性社会团体，其宗旨在于促进以人为中心的可持续发展，直接支持中国贫困乡村的基础教育、基本医疗卫生、环境教育、文化传承以及小型的经济项目。作为一家在中

---

① 社区培训与教育是合作社基本原则之一，合作社开展社区教育具有资源优势、组织优势、业缘和地缘优势。然而，整体来看，农民专业合作社在当前农民教育中存在的根本问题，并非内容和形式层面的"知识不实用、培训次数少"等，而是如何将合作社本质所应内含的"公平、民主和普惠性"与农民教育的人本主义价值结合起来。

② 赵帮宏、张亮、张润清：《我国新型职业农民培训模式的选择》，《高等农业教育》2013年第4期。

③ 丁越峰：《民间组织参与农村贫困治理的理论与实践研究 ——以仪陇乡村发展协会为例》，博士学位论文，华中师范大学，2014。

国有着近三十年扎根经验的乡村发展推动类组织，中国滋根的乡村人才培养与社区发展实践紧密结合，并积极发现、培养当地"培训者"，提升在地化的培训能力，使乡村人才振兴可以低成本、可复制、可推广地进行。从中国滋根"乡村振兴：可持续发展人才培训"项目来看，其培训对象是县域或乡村本地化的积极分子——村干部、乡村带头人、各类骨干，也包括乡、县级专业技术人员。这些培训对象可能来自的领域包括：经济、教育、交通、技术等①，多元化的培训参与者，一方面体现着乡土社会自身的"多功能化属性"，另一方面有利于学员间未来的协作。培训主题包括：可持续发展观、乡村自然资源与环境、乡村成人教育、乡村治理与合作、乡土文化传承与创新、乡村人群的基本需求和现状分析、绿色生态文明村项目规划与设计。

乡村振兴战略把人力资本开发放在突出位置，强调支持多主体实施农民培训工作。各类行业协会发挥与企业联系紧密、涵盖产业领域广泛、与政府相关部门联系紧密等优势，响应政策号召，参与各种类型的牵线帮扶活动，在新农人培训、农民工就业、农副产品销售、农业转型等领域发挥了积极作用，同时，也搭建了成员企业联结乡村振兴领域的桥梁，为企业发展提供了重要机遇。2019 年底，福建省民政厅、扶贫办联合发起"阳光 1 + 1 牵手计划"，旨在引导动员全省行业协会、商会等社会组织广泛参与老区农村脱贫事业。福建省设立了村/社、社会组织双向信息发布平台②、供需沟通平台，形成双向选择机制，创造了多维度的可能性空间。

在技术进步日益成为影响农业生产率因素的当下，规模农业经营主体通过技术进步获得的收益增加更加明显。③ 在这样的背景下，致力于普惠性农民合作组织建设和相应人才培育的民间机构就显得难能可贵。北京农禾

① 《中国滋根乡村振兴可持续发展人才培训项目介绍》，http://www. zigen. org. cn/ta-lentTrain-ingXmjj，最后访问日期：2021 年 7 月 5 日。

② 林先昌：《阳光 1 + 1：以绿色金融赋能助力革命老区乡村振兴》，http://fjnews. fjsen. com/ 2021 – 04/22/content_30707695. htm，最后访问日期：2021 年 4 月 22 日。

③ 王璐、杨汝岱、吴比：《中国农户农业生产要素生产率研究》，《管理世界》2020 年第 12 期。

之家咨询服务中心（以下简称农禾之家）是成立于 2010 的民办非企业单位，旨在通过支持农合组织建设和人才培育，倡导生态可持续、经济、社会、文化综合发展的三农就地现代化道路。[①] 农禾之家在香港施永青基金和中国招商局慈善基金会支持下设立的"禾力计划"，面向乡村创业者、妇女、返乡青年等提供系统化培训，是涵盖线上＋线上课堂、项目实训、实地考察、后续持续支持等在内的人才服务平台。截至 2019 年底，"禾力计划"总计开展了 19 期禾力种子培训班、20 多次境内外游学。禾力种子培训班目前培养了来自全国 20 多个省、自治区、直辖市的 300 多家机构的 500 多名乡村发展带头人。[②]"禾力计划"的实践教学基地由全国农民合作组织、农业企业和家庭农场等多样化主体构成，不同发展阶段、各异的经验、挑战及探索历程为实践教学提供了广泛的参考性经验。来自生产、供销、文旅、社区服务、社区金融等领域的一线知识，可以迅速进入培训课程，从而形成了实践过程与知识生产过程的循环与扩散。

在教育策略选择上，由致力于乡村社区发展的社会组织推动的农民培训实践，可以识别"差异化最优"的教育策略，即识别人群间自身禀赋差异，并施以不同教育内容与后期支撑计划。这样的后期计划又与社区发展的各方面实践相结合。如社会组织为村社内留守妇女、老年人、残障人士、贫弱人群等提供手工艺、编织、生态农业等培训，并以组织化方式对接城市消费市场，使他们实现了物质回报与尊严提升。社会组织正是基于内部合作，通过发掘农民禀赋与潜质，施以差异化培训，实现个体价值与社区发展。在一般劳动力市场上评价较低的劳动力，通过农民教育完成差异化劳动力增值，并通过社会组织构建的替代性市场纳入差异化价值评价和实现体系。这不仅展现了农民教育、个体发展与社区发展的融合，也内涵了"各美其美，天下大同"的多元发展理念。同时，这样的乡土经验又与世界教育前沿关切相契合。

---

① "农禾之家"公众号。
② "农禾之家"公众号。

### 河南省服装行业协会的"巧媳妇工程"

河南省服装行业协会的"巧媳妇工程"旨在通过服装工厂下沉农村，创立"中心＋卫星工厂"① 模式，引导农村贫困留守妇女在乡灵活就业；在盘活农村闲置劳动力资源的基础上，实现了帮助"巧媳妇"脱贫致富、带动有志群体返乡兴业、扩大服装产业规模的多重效益。

在具体实施层面，"巧媳妇工程"重点面向具有服装业发展优势的贫困县，建立功能齐全、岗位多样、产销一体的中心工厂。在工厂运营阶段，主要采取政府主导、企业主营、能人带头、跟单督导、集中参与的管理方式，引导贫困妇女群体就近工作并协助其完成知识技能提升、熟悉业务流程，将劳动资源运用转化为争取财富、摆脱贫困的重要途径。"巧媳妇工程"还通过扩大合作、引进先进技术与设备、学习服装设计工艺等方式，提升服装产品附加值，现已同广州亿奥斯软件股份有限公司、绍兴环思智慧科技股份有限公司等多家国内服装行业软硬件技术的智能企业签订了长期的战略合作协议，全面助力贫困妇女群体幸福指数提升和河南省服装行业振兴。②

河南省服装行业协会"巧媳妇工程"得到了政府、社会企业支持。政府部门在现有模式的基础上，加大"扶促带帮"力度，引导重点企业加强海外合作，提升河南省服装行业口碑，增加贫困女性群体的收入。此外，河南省服装行业协会提出希望政府有关职能部门、服装材料生产企业、生产设备供应商、品牌服装设计加工企业以"出资源、供设备、给技术、谈合作"等多种形式加大对"巧媳妇工程"的支持力度，实现相关产业的互利共赢、加快农村女性脱贫进程。

"巧媳妇工程"不仅聚焦服装产业，更辐射至鞋帽加工、食品生

---

① 《河南省服装行业协会：巧媳妇工程精准扶贫记》，http://hn.cnr.cn/hngbxnc/20170619/t20170619_523807370.shtml，最后访问日期：2021年5月2日。

② 赵稳成：《"巧媳妇"们的致富奇迹——访河南省服装协会会长李刚》，《新产经》2017年第9期。

产、手工制造、家政服务等领域①，截至 2019 年，全省已有 20 多个县（市）区与河南省服装行业协会密切合作，倡导加快"巧媳妇工程"服装集群和特色园区建设。②

## 二　对农民教育的深入思考

农民教育本质上是通过实践化的知识，寻求个体或社区命运的改变。人文知识是关于命运的知识③，是关于人的创造性想象与实践的认识与反映④。因而与人文知识相对应的是行动哲学，是关于改变人类命运与生活的哲学⑤⑥。而个体的命运，又时刻反映着人的群体性、社会性、结构性和生态性特征。这样的特性对于乡土社会的民众更是如此。归根到底，社区内部个体的发展水平、可行能力水平⑦取决于其社会结构性处境中禀赋差异的个体所能获取的资源、社会机遇及社会支持网络水平。这样一种乡土社会内部波兰尼（Karl Polanyi）意义上的个人发展境遇，对于以农民教育为己任的行动主体在目标定位、策略选择、实施手段乃至价值属性上都提出了不同于城市化区域，不同于高度工业化、分工化教育的内在要求，这也在客观上要求一种教育模式的创新。

从教育模式的主体与价值指向上看，相比于专门性教育机构或以利益为导向的经济主体，公益机构、社区内生发展组织，在其初始目标设计上更倾向于一种整体性的发展观，重视农村社区社会资本、文化传承、人际

---

① 中国服装行业协会：《行业｜"巧媳妇"炼成记：河南省服装行业协会"巧媳妇工程"调查》，https://mp.weixin.qq.com/s/8H3LiqpcFN8iVLrzdeKbpw，最后访问日期：2021 年 5 月 2 日。

② 河南日报：《"巧媳妇工程"融入扶贫攻坚，助推河南服装产能扩容》，https://www.henan-daily.cn/content/fzhan/2019/0119/144406.html，最后访问日期：2021 年 5 月 2 日。

③ 赵汀阳：《知识，命运和幸福》，《哲学研究》2001 年第 8 期。

④ 班华：《创造性的培养与现代德育》，《教育研究》2001 年第 1 期。

⑤ 薛晓阳、班华：《模式研究与教育的实践哲学》，《清华大学教育研究》2002 年第 3 期。

⑥ 沈原：《走向良性社会：给底层社会赋权》，《中国与世界观察》2006 年第 1 期。清华大学中国与世界经济研究中心专题资料汇编。

⑦ 阿玛蒂亚·森：《以自由看待发展》，任赜、于真译，中国人民大学出版社，2006。

信任、本土性和普惠性技术等因素在农村社区发展和个体全面发展中的作用。在这样的教育主体价值定位下，有着鲜明实践属性的农民教育活动，应该是内嵌并结合宏观层面乡村振兴的诸方面与中观农村社区发展的具体实践，并以农民的道德、智识、素养、参与意识等综合性发展推动、支撑这样的实践，在这一过程中实现微观个体命运的改变。

也正是基于这样的教育理念，在教育对象的社会分层意义的选择上，不应仅仅关注在个体能力和社会资源上更胜一筹的农民精英群体，更需将在个体发展意识、发展能力、社会资源上相对不利的群体纳入。前者具有成为乡村各项事业带领者的潜质，是农民教育效率性要求的保障；对后者的关注不仅因其是乡村社会的主体，也不仅因其发展水平及发展机遇的可获得水平关系到乡村社会乃至整体社会的稳定与文明程度，还在于教育本体上对于人的潜质、对于人的改变的相信。这也是人类教育活动在价值上最可贵的品质之一。

在教育过程方面，在如上价值指向下，农民教育在理论层面上是关涉个体与社会双重改变的运动，在实践层面上则包含受教育者（农民）、教育主体、乡村建设者的交互关系。进一步看，在静态层面上，农民教育是将普通的、身份标识的、生存意义上的农民，也即处于自身与环境被动态的农民，转变为特别的、有开创力的、发展意义上的农民，也即处于自身与环境积极态的农民（见图2-1）。在动态层面上，则是将个体命运与乡土社区命运的外在者，改变为个体命运与社区命运的改变者、建设者和创造者。同时，乡村振兴、社区发展实践本身又为农民教育提供了个体潜质、特有禀赋、独特资源得以发育、展现、进行创造性发掘的社会机遇。创造性的劳动成果通过这样的社会机遇展现为一定的社会化认可或市场化产品，从而使受教育者在这样的过程中获得心理上、物质上或社会广义资源上的回报。[①] 正是这样的以人的发展为导向的农民教育的哲学认识，决定了上述社

---

① 吕程平、温铁军、王少锐：《深度贫困地区农村改革探索：大宁实践》，社会科学文献出版社，2020。

会组织推动的教育实践的诸方面与教育模式的诸特征。

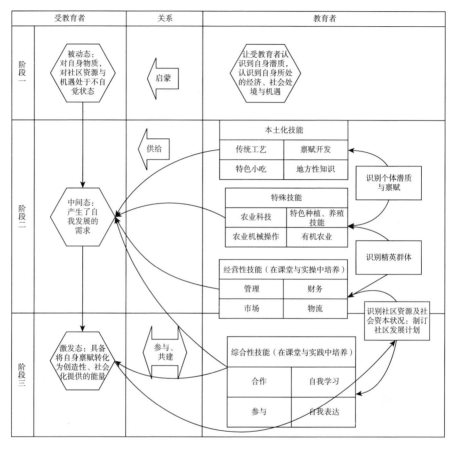

**图 2 - 1　农民社区教育概念**

资料来源：吕程平制图。

## 第三节　乡村发展路径支持

相对于单项公共服务或乡村各类人才支持计划，民间组织、公益机构对于乡村发展路径的支持意味着更具整体性的乡村发展方案。这也就不仅需要社区潜质资源及社区自我发展能力挖掘，还需要与乡村振兴战略中的产业兴旺、生态宜居、乡风文明、治理有效等子目标体系相互协同，以及与外部市场开拓与资本引入相衔接。也就是说，社区本位属性的社会 - 经济－生态可持续目标的达成，需要内嵌于城乡之间、多次产业之间的互动与流通。

## 一 多元共建的"乡村振兴"

外部社会组织从生态保护、扶贫、教育、医疗等领域介入乡村的过程，是在既有的基层治理结构、资源与利益配置路径及民众生产生活模式中，寻求、推动自身目标的实现，涉及基层政府、公共机构、村两委、经济主体、村民等多方主体，因而一个乡村公益项目运作过程首先面临各方诉求协调。所谓诉求协调，是指社会组织要实现的目标至少与上述既有治理结构或互动格局中多方主体的至少一部分诉求一致或接近，使之成为项目的受益方、参与方、支持方或认同者。这里的"诉求"并非特指利益诉求，也可以是某种政策目标或公共职能的一致。对于具有扶贫、教育、医疗等公共服务属性的项目，各方诉求协调相对容易达成；对于可能限制或改变既有生产－生活方式的乡村生态保护类项目，诉求协调面临着显而易见的阻力。在这种情况下，公益机构需要为村庄发展提供替代性方案，使民众生存与发展权益得到更好的保障。这也就意味着，外部社会组织需要建立广泛参与的协调机制，并制定与社区实际切合的路径转换方案。

位于四川省绵阳市平武县的老河沟自然保护区，拥有大熊猫、金丝猴、羚羊、红豆杉等珍稀动植物，是四川桃花源生态保护基金会与平武县政府共同建立的社会公益型保护地，实行政府监督、民间组织管理运营的新模式。[①] 四川桃花源生态保护基金会推动由社区党支部、社区议事会、村民委员会和村务监督委员会构成的"一核三会"基层治理机制落地，利用其外部市场资源实行社区经济的生态化转型，在保护原生态系统和动植物资源的同时，以具有良好收益前景的生态养殖业、特色种植业，[②] 实现了村民生

---

[①] 《四川省老河沟自然保护区桃花源生态保护基金项目考察》，http://www.zjly.gov.cn/art-/2018/11/29/art_1285511_26185514.html，最后访问日期：2021年5月1日。

[②] 余雅茜、李婷婷、刘好：《公益资本嵌入乡村治理转型研究——以平武老河沟为例》，《社会与公益》2020年第4期。

计路径转换与生活状况改善，从而保证了生态保护的可持续性。在这里，公益机构成为社区转型发展的催化剂，使社区从传统粗放型的"生态–村民"关系空间中蜕变，进入更趋互利共生型的关系空间。也可以说，具有真正可持续性的"公益项目"推广模式，绝不是外部社会组织单刀直入，而是要与项目相关方建立"互为增能"①的"生态系统"。换言之，最成功的项目是摆脱"项目制"的外壳与束缚，成为在更高水平上自我运行、自我实现的广义生活方式。

　　作为一家致力于城乡垃圾分类的环保组织，"北京零废弃"多年来转战城乡推广垃圾减量的重要经验之一是形成多方参与的乡村建设机制。创始人之一陈立雯在河北涞水南峪村、河北沧州西蔡村、浙江金华马宅村、江西广丰县（现为广丰区）东阳乡等多地开展了垃圾分类试点。陈立雯认识到，要想让垃圾分类成为持续性的自觉实践而非"一阵风"的行为，关键在于依靠、发动区域范围的关键力量：村委会、全体村民、环保组织、分类收运和处理人员、垃圾清运公司等。而环保组织的作用在于，将垃圾分类减量的强大潜在需求"现实化"、可行化。这就需要寻找与当地情境适应的分类收集和分类处理办法，并在此过程中不断发现问题、解决问题。同时，还要充分利用乡村熟人社会的信任和文化机制。

　　为了以村民能理解的方式推行垃圾分类，东阳乡的垃圾桶上会写有"会烂垃圾""不会烂垃圾"，而每家每户的垃圾桶上则写有户主名字，并会按照各家分类情况，张贴"红黑榜"②，也就是，利用村庄熟人社会的声誉配置机制，助推形成垃圾分类的外在监督与自我监督机制。外来公益组织不能代替社区内生力量，而是促生、激发内生力量运行和监管力量发挥作用。而内生力量的生成，往往需要从各个主体环保意识的转变开始，这也是"兵马未动、培训先行"的道理。在让基层政府、村委会、大多数村民认识到

---

① 互为增能的交易意味着，参与交易方系统化可行能力的增强。参见吕程平《生态文明的社会发展理论：广义信息、高质能量与人的发展》，东方出版社，2021。

② 杜江茜、柴枫桔：《垃圾分类进农村　让全社会走进零废弃之路》，《华西都市报》2019年8月9日。

垃圾分类不是给"上面"看的"面子工程"，而是与自己生活环境和健康密切相关的事情之后，才可能与多方主体建立进一步的信任关系和合作关系。

拓展乡村发展路径方面较为新颖的进展是，一批服务于城乡居民多领域互动的民间机构，利用其较为丰富的组织动员经验[①]、社会网络优势及专业设计能力，在优质农产品流通、乡村游学、民宿等领域崭露头角，成为促进城乡要素、人员、情感和知识流动的新生力量，在促进多样态农产品市场结构形成、探索农业农村的多功能化发展，以及提升乡村教育水平等方面展现了其灵活性、嵌入性与人际性特点。乡村发展有其自身的规律，让乡村能留得住乡愁、留得住绿水青山、留得住乡愁风貌，需要的不仅是经济上、产业上和基础设施方面的努力，还需要城乡民众情感互通、城乡孩子友谊的培育，以及包括多元主体在内的乡村共同体共同协作记忆的建设，而在这些方面，民间公益组织无疑将发挥难以替代的作用。

在四川省成都市蒲江县甘溪镇明月村和河南省焦作市修武县大南坡村，都可以看到地方政府、商业力量、设计团队、民间组织相互协作，以文旅创意、乡居美学改造、传统产业立新、沉浸式旅游为突破口，实现村庄发展路径、民众精神风貌、生产业态与生活方式整体性更新的景象。然而，同时应当看到，在这些闪耀的"明星村"，与现代农业经营体系建设相适应，面向多种形态适度规模经营、融入县域高质量发展，为广大普通农户提供生产、生活综合平台的基础性制度设计和中层结构性安排仍然缺乏，并因所涉改革的深入性和利益复杂性，需久久为功、攻坚克难。

### 崛美公益发展中心"呈香小院"项目

作为综合性公益慈善机构，江西省南昌市崛美公益发展中心积极响应国家乡村振兴战略，开创"呈香小院"项目，旨在通过打造"乡村公益综合体"探索贫困户住房援建和安置的新模式，以提升村庄人

---

[①] 马威：《城乡组织互嵌与乡村振兴的路径研究——基于湖北省 BL 村的实践调研》，《中央民族大学学报》（哲学社会科学版）2020 年第 2 期。

居环境和生态价值，助力乡村可持续发展。

在公益理念层面，"呈香小院"项目深入了解并关注贫困地区贫困农户及特困群体的住房安全与基本生活保障等问题，希望通过房屋修建、环境改造等方式建立以安置孤寡老人、关爱留守儿童、提供免费文娱场所、承接志愿者下乡及扶贫捐赠活动为主要核心功能[①]的综合性房屋院落，为贫困村庄民众提供多功能活动空间，满足不同群体在生活、文化、就医等方面的需求。

在具体实施与资源对接层面，"呈香小院"项目采取"驻贫困村第一书记推荐帮扶对象＋爱心合伙人决议资助金额＋崛美公益发展中心机构负责人跟踪、监督项目进展"的执行路径。此外，崛美公益发展中心整合建筑与设计行业的优势资源，获得了企业和相关研究机构公益性装饰涂料及户型设计方案的捐赠。崛美公益发展中心秉持"小微扶贫"理念，与腾讯公益、蚂蚁金服公益等网络众筹平台达成合作[②]，凝聚社会力量，开拓公益扶贫新渠道。

在资金来源与投入层面，"呈香小院"项目采用合伙人众筹形式，为符合条件的贫困群体提供每栋4万元的资金援助。截至2019年，"呈香小院"项目累计筹集资金105万元，撬动社会捐助320万元，共修建"小院"36栋[③]，切实改善了贫困户的居住条件，为他们的生活增添了色彩和希望。

## 二　县域"发展型网络"建设

社会组织对乡村发展路径提供支持的另一种形态是，推动基层"发展

---

① 中国社会组织动态：《扶贫项目"小而美"，却实实在在践行公益精神》，https://mp.weixin. qq.com/s/iWWthDWt7j74wc8nPjRj3w，最后访问日期：2019年12月17日。

② 中国社会组织动态：《扶贫项目"小而美"，却实实在在践行公益精神》，https://mp.weixin. qq.com/s/iWWthDWt7j74wc8nPjRj3w，最后访问日期：2019年12月17日。

③ 中国社会组织动态：《扶贫项目"小而美"，却实实在在践行公益精神》，https://mp.weixin. qq.com/s/iWWthDWt7j74wc8nPjRj3w，最后访问日期：2019年12月17日。

型网络"的建设。所谓"发展型网络"，是指一种具有发展和保护双重属性的社会联结网络。通过这样的网络，个体之间协作性增强，可以为网络贡献自己差异化能力，外界资源与本地禀赋也可以得到更充分的利用；同时，个体因着网络的联结，不至于轻易由于个人或环境扰动而受到影响，从而获得一种持续发展机制与积极保护性机制。

"发展型网络"在实践中的主体，可以是县级新型集体经济资产管理体系①、多种经济混合业态联合创业公司（如上海"百村公司"），而更为普遍的则是村级合作经济组织。2017 年中央一号文件提出，要加强农民合作社规范化建设，积极开展生产、供销、信用"三位一体"综合合作；2021年中央一号文件提出，推进农民合作社质量提升，加大对运行规范的农民合作社的扶持力度。发展壮大农业专业化社会化服务组织，将先进适用的品种、投入品、技术、装备导入小农户。支持市场主体建设区域性农业全产业链综合服务中心。深化供销合作社综合改革，开展生产、供销、信用'三位一体'综合合作试点，健全服务农民生产生活综合平台"。应该看到，同样是东亚小规模农业社会，日本、韩国和中国台湾地区都发展出了各具特色的综合性农业协会、农会等组织形态。

高强等指出，日本等国家的农协具有以下共同特征：以农村社区为基础，提供综合性服务；依托三级体系，建立双层经营体制；引入双重监管，构建多层次风险防范制度；区分成员资格，建立分级制度。② 黄宗智指出，所谓的日韩东亚模式，其特点绝对不是纯自发性的合作社，而是来自历史偶然巧合的由上而下的高度干预性国家农政与后来的民主化的联结，其能成功地形成以农民为主体的农协组织并纳入几乎所有农民，正是因为其原来的制度基础，这是中国今天真正需要借鉴、模仿的经验。③

---

① 吕程平、刘相波：《"中层结构缺失"与区域发展型组织——基于山西省大宁县股份经济联社的考察》，《哈尔滨工业大学学报》（社会科学版）2021 年第 2 期。
② 高强、高桥五郎、李洁琼：《日本"地产地销"经营模式与农协的作用——以爱知县尾东农协实地调查为例》，《农业经济与管理》2014 年第 1 期。
③ 黄宗智：《农业合作化路径选择的两大盲点：东亚农业合作化历史经验的启示》，《开放时代》2015 年第 5 期。

目前，十余年来不懈推动农民综合组织实践的北京共仁公益基金会与地方政府合作，推进县域范围内集体资产运营的"双层结构"，即涵盖"县级农村资产投资运营平台公司"与村级股份合作社。集体资产运营"双层结构"是县级乡村振兴的各项事业的总抓手，成为县域打通乡村产业振兴、人才振兴、组织振兴、文化振兴和生态振兴，实现县域乡村振兴各项事业协同推进、相互支撑的基本制度设计。在宏观层面，县级平台公司将作为有序开发全县空间生态资源和精准投资关键产业的有力抓手；在微观层面，新型集体经济管理公司将成为新型集体经济组织实现城乡要素高效流动的网络"枢纽"。

2021 年中央一号文件指出，把县域作为城乡融合发展的重要切入点，强化统筹谋划和顶层设计，破除城乡分割的体制弊端，加快打通城乡要素平等交换、双向流动的制度性通道；统筹县域产业、基础设施、公共服务、基本农田、生态保护、城镇开发、村落分布等空间布局，强化县城综合服务能力，把乡镇建设成为服务农民的区域中心，实现县、乡、村功能衔接互补。

从根本上讲，上述县域集体资产运营的"双层结构"制度设计在于解决小农户如何与现代市场、现代农业对接的问题。也就是，在碎片化、小规模生产、老龄化、知识和技能结构滞后的情况下，小农户如何与标准化、品牌化、规模化、智能化、数字化的现代农业对接的必然要求；是通过更高层级的利益联结机制，让普通农户分享到政策性收益、资产性收益和高端市场收益，提升农村居民人均可支配收入、提高农村居民生活质量、最终实现共同富裕的必然要求；是提升地区优势产业、有效整合优化各类资金资源、提升农业抵御自然风险和市场风险能力，推进一、二、三产融合发展的必然要求；是全面提升县域农产品品质、突破渠道瓶颈和品牌瓶颈、提升区域特色产品附加值水平、进军国内优质市场乃至海外市场、建立城乡消费者"短距"型消费链、实现农业供给侧结构性改革的必然要求。

# 第三章　数字化时代的乡村振兴

"数字化＋乡村振兴"风生水起，在商业模式上，电商平台、追溯体系和物流网络建设，融合市场行情评估、网络市场营销、融资服务、数字支付应用和线上线下互动等功能；在生产体系上，消费者专向定制、大数据搜集与处理系统、远程监控与控制、智能农业技术与专家指导等模块正快速加载。以广义数字经济为引领的，突破传统市场边界、行政区划、城乡分割甚至生产者与消费者界分的数字化农业序幕悄然拉开。

2020 年，如火如荼的数字经济在一定程度上发挥了减少疫情冲击、保证社会就业水平的作用。据报道，仅 1 月 20 日至 4 月 9 日，某知名电商平台新注册且有收入的新增骑手共 58.21 万人。这些新增骑手中，近四成来自餐饮等生活服务业，近三成来自制造业，还有一些人来自小微创业者。[①] 而随着移动互联网应用愈发深入广泛，人与人之间、城乡之间的交易与交往方式发生嬗变，传统农产品市场结构也随之发生深刻转变，大型电商平台、社交媒体平台、短视频平台纷纷成为农产品市场营销的主要媒介，显然 2020 年伊始突袭而至的新冠肺炎疫情加速了这个进程，并演化出一系列新型互联网营销模式，互联网及社交媒体平台本身的广泛联结性使诸如"众筹"、"可视化"、"社群营销"和"认养"[②] 等元素可以便利地与农业生产、销售过程对接，生发出崭新的生产形态与销售样态。

本部分将数字化技术在乡村振兴中的应用分为三种类型，分别为智能化农业技术、农村电子商务及数字化乡村治理。

---

① 郭宇靖：《美团：疫情中履行企业社会责任》，http://www.xinhuanet.com/politics/2020 - 04/11/c_1125842278.htm，最后访问日期：2020 年 4 月 11 日。

② 王楠：《精准扶贫背景下农产品营销模式创新与发展》，《食品工业》2020 年第 10 期。

## 第一节 智能化技术在农业中的应用

人类文明中每项具有全局意义的技术革新，本质上都可视为对人的生理及社会组织方式由表及里、由浅及深、由功能而本质的延伸、扩展与接替。

智能化农业被称为农业发展的最高阶段。[①] 就其本质而言，是对农业生产组织方式的机器智能替代。按照李道亮教授对农业智能化的总结，农业智能化意味着泛在的智能化，其不仅意味着农业过程全要素可被感知、传送并实现智能化处理与自动控制（农业物联网技术），还意味着农业全产业链、全过程、全域的泛在的智能化，即农业产前、产中、产后全环节的成本优化处理，以及农业生产相关人员、资金、物资、设备最优化配置。[②] 也就是说，"智能化"从单位生产范畴向全产业体系化范畴演进。这也就意味着，智能化农业不仅是机器智能对于原本经由人（农业生产者、农业技术专家等）进行的农业生产过程及专家支持机制的替代，也是对农业的社会组织方式的替代，还是对现有农业的社会存在基础的替代。

### 一 智能化农业技术

具体而言，智能农业系统是以农业资源库、农业知识库、农业决策信息库、共享交换库等构成为基本架构，在农业生产领域，包含农业自动化在设施农业的应用，精准定位、空间分析、动态监测、预测预报技术在精准农业上的应用，以及农产品质量安全监测与追溯服务；在农产品市场领域，包括农产品市场行情分析及播报、智能化物流应用及农产品电子商务应用和电子交易应用；在农业服务领域，包括农业综合信息服务平台，并提供数据采集、网上审批、协同办公、安全监管、预警监测、应急指挥等

---

① 秦志伟：《"农业4.0"：现代农业的最高阶段》，《江西农业》2015年第9期。
② 李道亮：《农业4.0——即将来临的智能农业时代》，机械工业出版社，2018，第22～23页。

政务服务。[①] 随着物联网、大数据、云计算等技术的快速发展，数字化与农业生产、管理、运营正迅速融合，基于环境感知、实时监测、交互联结、智能决策的综合性农业信息平台正在实现农业生产的全周期和农业经营全流程精细管理与科学调配。

（一）农业物联网技术

2005 年，国际电信联盟（International Telecommunications Union，ITU）发布的《ITU 互联网报告 2005：物联网》，正式提出了"物联网"的概念。而物联网最早可以追溯到美国麻省理工学院 AUTO-ID 实验室的 Kevin Ashton 教授使用的"Internet of Things"一词。根据国际电信联盟的定义，物联网是通过智能化传感器、射频识别（RFID）、激光扫描仪、全球定位系统（GPS）、遥感信息传感设备及系统和其他基于物 – 物通信模式（M2M）的短距无线自组织网络，按照约定协议，把任何物品与互联网连接起来，进行信息交换和通信，以实现智能化识别、定位、跟踪、监控和管理的巨大智能网络。[②] 农业互联网技术，则是在农业生产过程，运用物联网系统的各种感知技术，如温度传感器、湿度传感器、pH 值传感器、光传感器、$CO_2$ 传感器等设备，监测环境中的温度、相对湿度、pH 值、光照强度、土壤养分、$CO_2$ 等物理参数，通过后台仪表或软件系统实时显示，作为自动控制的参变量参与到自动控制中，为精准农业的调控提供科学依据，从而达到提升品质、调整生长周期、提高经济效益的目的。[③] 从如上定义可以看出，农业互联网技术中的信息收集、处理，作业流程自动控制及自我学习能力，实现了农业生产多样性存储由自然人向智能机器的转移。

（二）理解农业物联网的本质

人类生产就其本质而言，是信息与能量的循环与叠加，也就是说，生产端根据特定信息处理系统和多样性存储，通过生产工具对生产物资进行改造、组合、重构或培育，即将外部能量与信息经由有序性实践注入特定

---

① 刘健：《供给侧结构性改革：互联网 + 重塑农业产业链》，人民邮电出版社，2016，第 27 页。
② 李道亮：《互联网 + 农业：农业供给侧改革必由之路》，电子工业出版社，2017，第 71 页。
③ 廖桂平主编《农村信息化管理》，清华大学出版社，2018，第 263 页。

对象，使之具备生产主体所设计或期待的内部组织结构及外部形态，并具备某种价值属性，可以进入生产过程之外的经济过程产生现实经济价值；而就其过程而言，是由细分的信息－能量反馈环连缀而成的连续过程。生产端需要持续根据过程性信息反馈，实施、调整、改变有序性实践内容，使其最大限度地与信息处理系统的先期设计一致。①

多样性技艺信息的存储意味着柔性生产的可能，或者说，是赋予物的生产智能性的信息基础。利用此概念来表征直接生产群体，特别是熟练劳动力通过长时期的生产实践，对大脑记忆系统中积累的对于工艺环节和作业变化的信息进行存储。这样的信息存储，使熟练工人或农民可以应对在特定生产－信息环流中的信息空白，并对生产过程中的不确定性做出判断。这也就使这个群体在传统工业时代起着重要作用。②

在人类物的生产史的大部分时间，生产工具不具备智能性，很大程度上仅为人体功能性的延伸。物的生产的类型变化、构造设计、物料分配的计算等，都需要基于熟练工匠的生产工艺的多样性存储。自亚当·斯密时代开始，技术的进步就与基于对生产设备、材料、流程等信息的存储的判断、规划、自主性等权力的所谓生产中"思维活动"的分配相关。亚当·斯密本人已经在很认真地考虑，将生产中的智能性活动，由熟练工人分配给工程师。而这样一种分配的变化，实质上是对生产过程中权力的转移。

从传统农业方式来看，农户在长期感性实践中形成的关于作物、时令、土壤、气温、水分等农作物生长及相关环境变量信息构成的多样性存储，成为生产端在农业生产环节处理生产流程信息、进行有序化实践的智能基础。而以农业物联网为代表的农业智能化控制系统，不仅可以将传统的、默会的、高度依赖个体感性认识的技能型信息转化为机器系统所能处理的语言，还可以根据流程性信息、作业对象信息、外界环境信息的持续生产，

① 吕程平：《区隔、分化与集中：日本自动化技术导入的技术社会学考察与启示》，《哈尔滨工业大学学报》（社会科学版）2020年第2期。
② 吕程平：《日本制造的背后：直接生产群体生态埃三级水平变化及制度设计》，《山东科技大学学报》（社会科学版）2017年第4期。

自我学习大量信息，掌握其中规律，并寻求更优生产作业流程。

农业智能化作为智能制造在农业领域的延伸，体现着智能制造的一般特征，如安筱鹏所言，智能制造的基础是数字化，传感器、智能装备终端、工业网络、工业软件的大量使用促进了生产制造全过程的数字化，数据采集、传输、存储、分析和挖掘的手段相比于传统制造更加丰富，大量蕴含在生产制造过程中的隐性数据不断被采集、汇聚。相应的，农业知识软件化的过程，是隐性知识显性化的过程，是对农业生产中的各种知识进行的逻辑化、数字化和模型化，大量隐性知识被固化在各类软件和信息系统中。①

## 二 智能化技术在农业中的应用

《国家乡村振兴战略规划（2018—2022 年）》提出，要加强农业信息化建设，积极推进信息进村入户，鼓励互联网企业建立产销衔接的农业服务平台；加强农业信息监测预警和发布，提高农业综合信息服务水平。大力发展数字农业，实施智慧农业工程和开展"互联网 ＋"现代农业行动，鼓励对农业生产进行数字化改造，加强农业遥感、物联网应用，提高农业精准化水平。发展智慧气象，提升气象为农服务能力。《中共中央　国务院关于坚持农业农村优先发展做好"三农"工作的若干意见》指出，要加快突破农业关键核心技术；强化创新驱动发展，开展农业关键核心技术攻关行动，培育一批农业战略科技创新力量，推动生物种业、重型农机、智慧农业、绿色投入品等领域自主创新。目前，智能农业的应用领域包括用于监测植物生长与设备运行的远程监控；用于测量风速、雨量、太阳辐射等环境参数的气候监测与预警；用于跟踪家畜的空间定位方案以及跟踪物流和仓储情况的智能物流。②

2018 年以来，人工智能技术在农业领域"异军突起"，互联网巨头将农业视为智能技术大展身手的另一方舞台。京东在 2018 年先后与西北农林科

---

① 安筱鹏：《重构：数字化转型的逻辑》，电子工业出版社，2019，第 82 ~ 83 页。
② 夏霍、王静怡、管昕：《基于云平台和物联网的分离式智能农业系统设计》，《科技和产业》2019 年第 12 期。

技大学、中国农业大学等院校、科研院所、产业园区合作，推动数字农业产业应用，建设智能化种植养殖园区。阿里巴巴则在 2018 年年中晒出了自己的 ET 农业大脑计划，主打农业资料数据化、农产品生命周期管理、智慧农事系统和全链路溯源管理，将已在城市交通、工业生产等领域应用的智能技术应用于畜牧业、果蔬产业。腾讯公司建立"AI 生态鹅厂"，依托人脸识别和腾讯积木技术（T-Block），不仅可以对鹅饲养全程进行可视化远程管理，还可以做到对"鹅脸"识别建档，"个性化"、精细化喂养。[1] 华为则通过提供 ICT 技术使土壤实现数字化管理，助力盐碱地改良，推动以物联网、大数据、移动互联等为支撑的智慧农业发展。

### 三　农业信息监测与数据平台

利用农田各类传感设备采集作物生长和环境信息，监测农作物长势和环境指标，以此作为专业评估的依据，并与调控系统相连接，是农业智能化最具发展潜力的方向。作为工业和信息化部定点帮扶的四川南部县引进的田间节水自动化控制滴灌系统，针对当地旱涝不均、水肥管理亟待加强的情况，对农田关键指标进行监测，自动化控制田间用水，其主要设备包括水源监测控制系统、水池监测系统、砂石碟片自动冲洗设备、自动施肥机、田间灌溉自动控制设备、田间土壤墒情监测站、田间气象站、"水肥一体化"控制软件与云平台及手机 App、项目管理和控制信息中心设备。[2] 该系统可以适时采集、传输、处理田间数据，综合研判土地墒情、农作物长势、气候条件，并通过持续的数据收集制定适合一地"水肥一体化"的种植管理方案。目前，通过手机终端，不仅可以远程查看农田温度、湿度等环境信息，还可以通过指令设置对各项环境参数进行调控，这一技术[3]已经

---

[1] 马进：《一场无法回避的农业革命》，《农经》2018 年第 2 期。

[2] 李广超、张晓涵：《南部县节水灌溉产业扶贫工作思路与成效——以工业和信息化部定点帮扶四川省南部县为例》，《工业和信息化教育》2020 年第 10 期。

[3] 张萍、胡应坤：《基于 ZigBee 和 OneNET 云平台的智能农业温控系统》，《物联网技术》2021 年第 1 期。

较为成熟，并具备良好的兼容扩展性能。传感器获取的数据还可以上传到云平台，并进行各种类型的数据开发，组成基于云平台的智能农业系统。

在浙江德清，数字化技术将生态系统中的协同共生应用于现代农业种植、养殖循环中。"在此循环系统中，水从鱼池流出，经过物理过滤后，流经生物硝化罐通过生物反应器把氨氮、亚硝酸盐等有害物质转化为硝酸盐，然后流经蔬菜种植区，蔬菜将养分吸收，水质净化后，又回到鱼池继续养鱼。采用这种模式，蔬菜产量高于传统种植 5 倍以上，鱼类产量高于池塘养殖 10 倍，经济效益显著提高。并且没有废水排放，实现了水资源的持续循环利用。"①

统一的数字化农业平台将成为智能农业的基石，并可以此实现各类数据应用的协同，从而实现面向环境及市场变化的数据分析、模型预测与综合管理。以农业互联网为基础的气象灾害及病虫害预警服务、远程诊断服务、农产品安全追溯机制及农产品的精准分级机制，可以成为提升农产品品质和劳动效率的利器。在各地智能农业实践中，已经出现通过物联网信息服务平台，连通基于多学科知识的监控和传感设备以及区域气象信息、农产品市场变化信息，为各类农业生产经营主体提供面向田间精细化管理、专家技术支持、市场动态预测的跨领域应用。

值得一提的是，人工智能技术也在农业经营领域开疆拓土。国内已有财险企业通过对地区环境因素、气候因素、病虫害因素乃至市场因素等数据的综合评估，建立农业生产经营风险评估模型，为农业保险、农业金融提供数据支撑。一些互联网金融企业已经开始筹建针对家庭农场、农民合作组织、涉农小微企业的信用评估系统，整合分布于农业经营各个环节的静态数据，整合农业周边服务性资源，通过大数据和区块链技术，绘制农业经营主体信用图谱，为农业普惠式金融搭建量化监测平台。②

---

① 袁琳、安宁：《全域数字化打造"整体智治"县域样本——浙江德清全域数字化治理试验区建设综述》，《中国改革报》2020 年 12 月 4 日。
② 吕程平：《智能农业与当代农业农村发展》，《今日科苑》2019 年第 6 期。

### 数字农业企业的价值创造[①]

到 21 世纪中叶，世界人口将增长到 100 亿人以上。这种增长与城市化和中产阶层的崛起相结合，将增加对健康、公平生产和可持续的粮食的需求，并将倍增农业生产数量。为了实现这样的目标，我们需要从农场到餐桌的智慧解决方案。

我们预计农业企业数字化将在解决这一挑战中发挥关键作用。新的工艺和技术优化了种子选择、灌溉、施肥和作物保护；自动化设备推进了农业自动化，提高了资产利用率以及优化了粮食供应链以避免浪费。

但即使是在高科技经济中，农业仍然面临着天气、农作物和动物疾病以及大宗商品市场的大幅波动。预测分析和模拟技术能够优化风险缓解策略。数字技术正在把农场变成数字企业，把农民变成数字企业家。

农民站在由农业设备制造商、食品加工商和农化专家组成的复杂生态系统的中心。与此同时，消费者的行为正在发生根本性的变化。消费者是食品行业的焦点。他们想知道他们的食物的来源，以及它是如何生产和加工的，从而推动了对点到点的农业企业供应链透明度的需求。数字化转型是新的商业模式、创新的商业流程和新的农业企业运行网络工作的沃土。有了统一的数字平台，可以集成业务性和分析性数据，可以实时洞察业务流程。将这些结合起来，我们将可以应对数字化农业的挑战。

## 广州艾米智能农业

### 一　公司愿景

广州艾米生态人工智能农业有限公司（以下简称"艾米"）是一家

---

[①]　SAP Digital Agribusiness Whitepaper：《数字农业综合企业网络中的价值创造：变革和增长》，https://www.sap.cn/documents/2016/04/2242eae2 - 6a7c - 0010 - 82c7 - eda71af511fa.html，最后访问日期：2021 年 1 月 31 日。

以生态水稻种植与数字化解决方案为核心的国家高新技术企业，业务涵盖水稻生态种植、人工智能农业、现代农业产业园开发运营、研学教育四大板块。艾米致力于为稻田插上人工智能"芯片"，对传统稻田进行生态智能升级，让传统的水稻种植告别历史，改变4.5亿亩水稻的生产方式，提升稻田生产效率，缓解劳动力短缺，打造零农药、零化肥、零除草剂的环境友好型农田生态系统。艾米响应国家乡村振兴和科技兴农号召，将物联网、人工智能等现代科技应用到生态农业领域，建立信息采集系统、管理智能系统，打造自动化、无人化的现代智能生态稻田。

## 二 与公司主体业务的关联

艾米生态人工智能农业有限公司借助人工智能（AI）、5G等技术逐渐成熟的契机，经过6年积累沉淀，借助自身的大数据技术基础建立了生态水稻知识图谱和千万级的水稻图像数据集，研发了"农田大脑"和"数字农田"系统。[1] 其中，最具有代表性的是他们研发出的"数字农田"系统。"数字农田"系统是通过在田间部署各种各样的传感器、虫情灯、孢子捕捉仪等智能设备，实时监测田间环境数据和生长指标，并对数据进行综合评分，重点关注得分出现异常的区域。此外，系统还能通过田间部署的智能摄像头或无人机远程巡田来观测田间农情，利用自主研发的虫脸识别、草脸识别等AI模型智能识别病虫草害，结合物联网采集数据，及时预警、提前防治，达到防灾减害、减少农药使用的目的。

## 三 对基层发展的支持

根据国家深入贯彻乡村振兴战略和数字中国战略的思路，以推进数字技术和农业发展深度融合为主攻方向，结合《数字农业农村发展规划（2019—2025）》中的要求，广州市政府给予像艾米这样的人工智

---

① 《广州市黎明副市长调研艾米稻香小镇生态数字农田建设情况》，http://www.emihi.com/news/26.html，最后访问日期：2021年7月21日；艾米丨人工智能农业官网，https://www.airice.net/，最后访问日期：2021年7月21日。

能农业企业相关的对口政策，助力企业为当地打造数字农业示范点。

当然，在数字农业的发展中，基础设施的支持很重要。首先是大数据中心的建设，艾米生态农业在选中的区域配置了 2000 平方米以上的建筑空间以修建大数据中心，开展农田数据的收集与处理；同时，艾米引入一支人工智能农业研发团队，打造国家数字农田重点实验室，以及国家级生态农业大数据中心。

艾米拥有从化、增城、清远、五常等多个基地，并以此作为艾米生态人工智能农业的实验载体。位于广州市从化区风云岭的艾米农业公园，规划面积 1800 亩，[①] 目前稻田中已安放土壤温湿度传感器、土壤 PH 值、风向、风速、大气温湿度等多组传感器，并装配有稻田自动化灌溉系统、视频监控系统、农资管理系统，可利用传感及多种成像技术，实时采集图像、土壤、气象等信息传输汇集到云端，建立作物、土壤监测和局部精准气象数据库，实现对稻田的标准化生产智能监测，可对采集的图像、气象、土壤等数据进行专业分析，研发标准化种植方案。

### 四 参与成效

艾米以"让生活慢下来"为主题，于 2016 年 8 月 25 日启动了清远艾米石湖慢活小镇项目。[②] 石湖具有优越的地理环境，非常适合开展摩托车越野、越野车穿越、徒步登山、观星露营等户外运动项目。结合大规模的稻田风光和有机种植技术开发特色小镇，既能保护石湖良好的生态环境、帮助石湖恢复活力，又能促进石湖农业发展，为会员提供自然生态的休闲场所。

2017 年 7 月 1 日，艾米启动"增城艾米小镇"项目。充分利用当地优质资源，引流外来游客，让增城正式走上生态农业特色小镇、美

---

① 《艾米人工智能生态农业再创佳绩　农业智能化成必然趋势》，http://caijing.chinadaily.com.cn/chanye/2018-09/30/content_37010667.htm，最后访问日期：2021 年 5 月 4 日。

② 《艾米生态农业小镇为中国城市化建设融入乡村特色》，http://m.haiwainet.cn/middle/352362/2017/0712/content_31016053_1.html，最后访问日期：2021 年 5 月 4 日。

丽乡村发展快车道，成为创意农业田园综合体。艾米打造的特色小镇，融合了乡村旅游、文化教育、艺术打造、观光体验和乡村美宿等多种元素。作为我国城镇化建设中的全新探索，艾米特色小镇进行了创新和突破，为我国特色小镇的发展注入了新的活力。

# 第二节　农村电子商务

## 一　农村电商发展

2020 年中央一号文件提出"有效开发农村市场，扩大电子商务进农村覆盖面，支持供销合作社、邮政快递企业等延伸乡村物流服务网络，加强村级电商服务站点建设，推动农产品进城、工业品下乡双向流通"。[①] 据国家统计局数据，2020 年 1～6 月，全国网络购物用户人数比上一年增长 1 亿人，主要网络零售平台店铺数同比增长 3.8%，[②] 1～10 月我国实物商品网上零售额同比增长 16%，较社会消费品零售总额增速高 21.9 个百分点，占社会零售额的比重已增长至 24.3%。[③]

2019 年，全国贫困县网络零售额达到 2392 亿元。[④] 拼多多平台上商家注册地址位于国家级贫困县的年订单总额达 372.6 亿元。[⑤] 从淘宝村发展数据来看，截至 2020 年 9 月，119 个淘宝村分布于 10 个省份的 41 个国家级贫

---

① 《中共中央　国务院关于抓好"三农"领域重点工作　确保如期实现全面小康的意见》，http://www.moa.gov.cn/ztzl/jj2020zyyhwj/2020zyyhwj/202002/t20200205_6336614.htm，最后访问日期：2021 年 7 月 21 日。

② 《商务部：2020 上半年全国网购用户数比上一年增长 1 亿人》，https://baijiahao.baidu.com/s？id=1673629055438270129&wfr=spider&for=pc，最后访问日期：2021 年 7 月 21 日。

③ 《1—10 月份全国网上零售额同比增长 10.9% 吃类、穿类和用类商品增长咋样？》http://www.dzwww.com/xinwen/guoneixinwen/202011/t20201116_19952272.htm，最后访问日期：2021 年 7 月 21 日。

④ 《商务部：2019 年全国贫困县网络零售额达 2392 亿元人民币》，http://news.cctv.com/2020/05/18/ARTIEBIxZKeH8NmqpzC4jaG4200518.shtml，最后访问日期：2020 年 5 月 18 日。

⑤ 《2019 年拼多多农产品上行发展报告》，拼多多数据研究院，2020 年 4 月。

困县，比 2019 年末增加 56 个，增长 89%，年交易总额超过 48 亿元。其中 49% 的贫困县淘宝村位于中西部地区，网销产品以农副产品为主。① 中国邮政方面，截至 2020 年 8 月，中国邮政已开设覆盖 832 个国家级贫困县的扶贫地方馆，累计开展电商扶贫项目 3116 个，累计带动扶贫产品消费 25 亿元。② 农村电商是截至目前数字化浪潮对农村影响最为广泛的领域，它冲破了生产端与消费端的时空壁垒，以"即时""短链"效应减少了价值链的中间环节耗损；它将偏远的乡村和边疆的特产、大山中的珍馐拉到了面向世界的网络中央；它为新一代数字化、智能化和区块链技术的应用提供了广阔的想象空间。

## 二　农村电商发展的特点

农村电商发展，从互联网平台而言，有赖于大型商务网络对于农村市场的延伸；就其服务体系而言，需要层级化的电商服务网点和流通渠道；就营销模式而言，需要互联网思维发现、挖掘、重塑乡村资源与产品。而要从同质化、类型化、低端化的农产品销售、乡村旅游市场中脱颖而出，则需要依靠更精准的数据与市场分析、更具体验分享和参与感的销售模式。

### 1. 人际化、个性化内容融入产品设计

相较于工业革命以来以产品本身信息局限于特定指向的产品交易的模式，直抵客户终端的多媒体视听技术及其所营造的沉浸式体验，提升了信道容量，调动了人体的多元信息感知和处理系统。③

特别是 2020 年新冠肺炎疫情防控期间如火如荼开展的"直播带货"、"短视频＋农产品"和"县长直播带货"等网络销售模式，在直播过程中融入情感元素、故事元素、故乡元素、扶贫元素，迅速在受众与"主播"之间建立亲近感、认同感、信任感，并由此激发购买行为。据统计，仅"拼

---

① 《2020 中国淘宝村研究报告》，阿里研究院，2020 年 9 月。
② 《中国邮政启动电商节：扶贫地方馆覆盖 832 个国家级贫困县》，https://www.jiemian.com/article/5009465.html，最后访问日期：2020 年 9 月 20 日。
③ 吕程平：《生态文明的社会发展理论：广义信息、高质能量与人的发展》，东方出版社，2021。

多多"在新冠肺炎疫情防控期间推出的"市/县长直播带货"，在 2020 年第一季度，累计观看人次就超过 1.5 亿人次，累计吸引近 1100 万消费者参与直播购买，直接销售农产品超过 800 万斤，带动区域农产品产生 3200 余万份订单。截至 2020 年上半年，拼多多平台单品销量超 10 万元的农（副）产品数量达 1062 款，较上年同期增长 80%，平台农（副）产品活跃商家数量接近百万家，活跃买家数超过 3 亿人，消费者对农（副）产品的复购率高达 72%。4 月 9 日下午，刚摘帽的贫困县——新疆喀什地区麦盖提县委副书记、县长艾尼瓦尔·吐尔逊来到拼多多直播间，为当地的特色产品麦盖提灰枣代言，最终吸引了 69 万拼多多网友的关注，包括麦盖提灰枣在内的麦盖提特产共计销售出约 43 吨。①

值得注意的是，政府官员带货现象，在更深的层面上，还涉及在新一代数字经济背景下公共服务的转型，而这样转型的实现与政府形象的传播和重塑又是相互重合的。县长、市长通过网络直播平台为当地农产品销售带货，短时间内成功，是因为它打破了网友对于政府官员的刻板印象，让人眼前一亮，觉得官员亲民、可爱。也就是说，只有官员形象突破程式化的自我表达话语，在能够进入到网友的世界观和话语体系里时，才可能实现诸如助力本地产业发展这样公共服务的目标。

从这个意义上说，新媒体时代的"官员网络带货"体现了一种与互联网嵌套的网状治理的特征，政府公共服务的实现是在与网友的互动中进行的，或者说，正是网友的基于"信任、评价、感情、好奇"等多重情感因素的参与才使"隐在深山人不知"的地域农产品能够成为"爆款"，而新一代互联网技术与新一代网民群体又共同推动了政府形象重塑，或者从说政治沟通视角，网络带货中的官员形象嬗变。

从公共政策过程参与的视角来观察，上述"官员带货"放置于乡村振兴战略背景下，利用数字化网络，形成一种多元主体参与政策实践的"网

---

① 朱海波、熊雪、崔凯、汪三贵：《深度贫困地区农产品电商发展：问题、趋势与对策》，《农村金融研究》2020 年第 10 期。

络"，比如远离现场的民众通过每一次购物和收看，事实上都进入这个多元力量汇聚的网络中，而政府官员的角色在这里事实上在一定意义上被扁平化了。也就是，在趋于个性化真实的数字化交互网络中，只有其本人能够获得受众青睐，其推动乡村产业的目标才能实现。而其官员身份，事实上与他是明星或网红身份相比只是标签化的差别，并无明显权重的差别。这是种很有意思的现象：新生代网民群体看似是高度分散的，但在"官员网络带货"中，却通过网络结合成一个虚拟的实体，这个实体有巨大的、潜在的购买能力。也正因为这样，在"网络带货"的特定场域中，官员力量从资源的绝对主导，变为一定程度的扁平化。需要从形象到话语，到行动上"迎合"这样不可见又巨大的网民——新型消费者的力量，才有可能实现特定政策目标和政绩目标。从而，出乎意料的结果是，一种多元治理的形态的形成。

2. 从"短链效应"到"设计农业"

互联网的网状特征在一定程度上可以消除市场流通的中间环节，以及由于多重交易加剧的产销双方间的信息不对称，并借助可内置的评价机制，使"回归产品"成为可能。突破地理、区域、物理空间界限的多媒介展销，在增加信息透明度的同时，不仅为消费者提供了更多选择机会，也让个性化、非标化、小量化的产销模式成为可能。当这样的互联网特点与地域农业特点耦合程度较高时，就会产生叠加效应。如山西省"乡村e站"等"互联网＋农村"的新型扶贫模式，正是基于黄土高原地区小杂粮、干鲜果品等产品"产量小、特点突出、品质优"的特点与互联网"点对点"销售的相互契合而产生的。[①]

在本质上，工业化时代对于规模化、批量化的追求，是在特定技术和消费水平制约下，面对高昂的中间环节成本的理性选择。对于生产者而言，供销匹配成本、物流成本，成为横亘在满足多样化需求上的鸿沟；对于消

---

① 贾秀锦、王笑、牛晓菲、陈虹：《山西省农村电商扶贫问题研究》，《中国农业文摘》2020年第6期。

费者而言，信息搜寻成本、信任成本的存在，使其只能接受"千品一面"的现实。然而，数字化时代信息收集、处理、共享、分析平台的确立，以及分布化的"数字化信任"使上述"成本天堑"可以在云端"变通途"。从拼多多"农地云拼"来看，其是通过"拼购"模式，把原来在时间和空间上极度分散的需求，汇聚成一个个相对集中的订单。[①] 小众化的农产品，受限于种植规模及边际成本，无法进入传统运输物流体系，更不可能出现在超市等销售终端。而通过数字化平台匹配供给与需求，高昂的消费者搜寻成本演变为瞬时进行的供需匹配和随时随地可以进行的产品信息浏览，原本不可能实现的交易得以发生。

未来可以预期的是，反向定制的商业模式会向农业领域进军。当前更加追逐差异化、多样化的90后、00后已占据餐饮消费市场的半壁江山，生长于网络时代的新生一代，其群体性格与互联网世界的成长相互塑造，并在网络空间中拥有与其人口占比并不成比例的庞大话语权，还将愈发影响日益卷入数字化中的消费市场的生产取向与消费取向。而在消费品生产领域崭露头角的C2M（Customer-to-Manufacture），即消费者直连制造，已经突破了互联网"短链效应"中仍然暗含的单向输送特征，消费者的兴趣、偏好、个性乃至自我标榜的追求可以直接体现在产品设计中。而在农业领域，根据饮食习惯差异和对农产品品质的更高追求，消费者根据自己需求，通过众筹等交互方式向农业生产者发出明确的市场信号，后者参考众筹平台上的需求信息进行农产品品类选择与生产，[②] 这种模式事实上已经奏响了数字化消费者"设计农业"的乐章。

3. 体系化、数据化、智能化程度加深

电商经济已经从着力，构建去中间环节的"短链模式"，向以数字化、AI技术整合产业链转变，通过对产业链数据的采集、监测、优化，建设智能化物流体系。根据商务部研究院发布的《2020年中国消费市场发展报

---

① 王舟：《农地云拼：2020年拼多多的新农业故事》，https://baijiahao.baidu.com/s? id = 1687339475932830547&wfr = spider&for = pc，最后访问日期：2020年12月29日。

② 刘健：《供给侧结构性改革：互联网＋重塑农业产业链》，人民邮电出版社，2016，第190页。

告》，新兴电商平台依托技术、商业模式创新，重塑农业产业链，推动农产品流通体系实现跨越式发展；通过打造农产品标准化、规模化生产体系，构建农产品智能化物流体系；完善以电商为核心的农产品网络销售体系，从农产品的生产、流通与消费多个环节入手，重塑农业产业链，畅通农产品上行渠道。

智能化技术与物流配送相结合，推动了共享物流概念的落地，即通过信息平台将闲置的物流、仓储资源在行业间共享，获得相应经济收益，实现资源配置优化。目前，共享物流的主流模式包括共享仓储模式、共享运力模式和共享配送资源模式。[①] 共享仓储模式，即利用以大数据分析技术，统合需配送的商品，在特定范围内重组仓储、装卸、包装盒运输设备，统筹物流、人力和客户信息，设立仓储物流中心；共享运力模式，即以云计算和智能化调度，自动计算，配置运输车辆、路线和运输资源，以供需信息、货品信息等将物流系统各个节点相互连接；共享配送资源模式，则是利用云计算，在物流企业间共享配送地点、配送业务、承接主体等物流资源。

根据 SAP 中国首席数字官、副总裁彭俊松的建议，企业数字化物流建设应综合考虑各种因素。[②] 首先，数字化物流战略要与企业发展战略相适应。与工业、农业生产需求相衔接，打通产业部门与物流部门的信息渠道，通过信息化管理、自动化技术、智能化技术形成物流系统与生产系统之间的集成性。其次，要考虑数字化的发展趋势。在数字化技术从业务工具逐渐成为业务核心的趋势下，企业各项业务应在数字化平台的支撑下实现柔性化。也就是，使各项业务、流程更好地适应用户需求，为用户提供更好的使用体验，业务模式、业务流程根据消费者和用户需求快速发展、变化。而依托共同数字化平台上的物流服务，也将随着数字技术的引用与演进，实现

---

① 宋丽敏：《共享物流视角下农村电商共同配送运作模式研究》，《商业经济研究》2019 年第 8 期。

② 王玉：《SAP 对制造企业的数字化物流发展建议——访 SAP 中国首席数字官、副总裁彭俊松》，《物流技术与应用》2020 年第 5 期。

业务的柔性化创新。在此基础上，企业在搭建数字化物流时，需要从业务与数字化架构两方面来考虑：从业务上，需要考虑管理精益、作业高效、成本可控、系统可视、流程标准；从数字化架构上，需要考虑数字化平台的构建方式、互操作性、技术赋能能力，及数字化平台对流程创新的支持。

## 第三节　数字化乡村治理的三个层次

从国内外实践进程来看，数字化技术在基层治理、乡村振兴中的应用，可以分为三个层面，即在乡村社区管理层面的应用、在乡村治理网络建设中的应用，以及在促进乡村内生力量发育方面的应用。以上三个层面不论是从理论上还是从实操层面上看都不是截然分立的，体现了新一代技术应用的不同趋向与侧重，其深层的价值趋向也有所不同。就乡村社区管理而言，主要包括政策的贯彻与实施、村级事务管理、村集体资产管理与交易、治安与警务事务、交通情况监测、村规民约遵循情况的监督等。也就是说，侧重于自上而下的政策执行的辅助、公共秩序的维护，并可承担村庄集体资产的管理与运营。乡村治理网络建设，则更加强调以数字化技术构建联结多元治理主体参与的体系。推动村庄治理的网络主体，除基层政府和村两委之外，还可能包括外在市场主体、新型农业经营主体、公益力量、社区内部自组织等力量。数字化应用在乡村内生力量发育方面，是将数字化技术作为发育、生产乡村社会资本的机遇、路径与工具，形成凝聚社会建设力量的平台。

### 一　数字化乡村治理平台

一是社情民意的接办处理。作为数字化乡村的重要体现，数字化乡村管理平台通过区域统一的数据收集、反馈、处理平台，及时呼应民众诉求与呼声。浙东地区以网格信息收集队伍为基础，借助社会风险信息系统建设与整合形成了区域多功能性信息收集与处置能力，并以此为基础构建了治理信息存储－处理－回馈－多向链接体系。从治理信息的分类配置及区域治理现象的趋势性、周期性分析，到治理模块内部的运行与监测乃至模块之间的信息传输与协同，每次治理流程运行，都将形成新的过程性信息积累，这也就意味着海量的治理数据将对应着相应数量级别的流程性信息库，这样的流程性信息库与中端知识性数据库相结合形成了治理系统的自我学习能力和演替能力。正是在对复杂治理实践需求的动态适应与应对中，综治信息系统信息模块之间联通性、协同性、自我适应性也随之提升，治理信息生态系统渐具雏形，并逐渐形成了与复杂治理环境的共同进化，从而具备了应对突发公共安全事件的系统能力。上海朝阳村通过"多功能模块平台"，实现了产业发展、村庄治理、治安管理、游客流量、气象信息、科教文卫宣传等的可视化。[1] 随着数字化应用的深入，可以对村庄事务治理进行仿真与决策优化，并根据地理信息、气象信息、医疗信息、人员信息等，预判各种潜在社会治理风险。

二是可视化资源管理平台。乡村电子政务包括农村"三资"数据化管理系统、财务信息化管理、宅基地信息化管理等内容。[2] 通过采集乡村山、水、湖、林、田等各类资源，经由大数据、云计算、人工智能等技术处理，通过可视化平台呈现，成为明晰村庄资源资产的窗口，不仅让民众可以直观对村庄资产情况进行监督，还可成为城乡产权交易，产业规划布局，一、二、三产融合发展的有力工具。信息物理系统（Cyber-Physical System）的实质，在于对实体系统进行对称性的管理，即在虚拟网络空间构建实体系统的映射，使实体系统的信息被量化和透明化。在构建完成这种映射后，大量的运算和信息交换都可以在网络空间快速进行，产生的计算结果可以指导实体系统的运行。[3] 各地在实践中，以数字化资源平台为基本架构，承接村社房屋、土地、社员、外来资金入股村集体经济股份合作社，[4] 将之盘

---

[1] 金擎、王清、顾俊军：《乡村数字化建设推进村级治理现代化》，《上海农村经济》2020 年第 9 期。

[2] 廖桂平、唐小勇、旷彦昌、李建辉：《农村信息化管理》，清华大学出版社，2018，第 80 页。

[3] 李杰（Jay Lee）：《工业大数据》，邱伯华等译，机械工业出版社，2015，第 101 页。

[4] 鞠利：《乡村生态资源价值化路径》，微信公众号"大地之脊"，2020 年 4 月 15 日。

活用于土地运营、乡村民宿运营、生活生产物资采购、乡村公益事业，成为盘活生态资源价值、实现绿水青山到金山银山的转变路径。

## 二　数字化联结的治理网络

基层治理本质上可被视为对社会广义资源在不同人群、社会组织、功能性组织之间配置与运用的规制性通路系统。所谓社区权威性资源网络，是指"社会广义资源"的生产与配置。既有研究指出，"社会广义资源"是指特定社会、社区共同体、组织内成员所期望的，有关生存和发展的物质资源、浓缩型信息及关系到资源生产、分配和占有的，共同体内部的权威关系、荣誉、声望等。简单地说，如果将治理活动看作包括物质资源、文化资源、权威性资源的配置与再生产的话，那首先要拥有可以配置或再生产的"广义社会资源"。① 而唯有如此，乡村治理才有可能有效开展，民众才可能关注和参与公共事务。

数字化技术在乡村治理中的应用，是利用数字化网络的广泛联结、柔性结合、低成本交易、流程可视等特点，将包括村两委、工商企业、社会组织、基层民众在内的广泛的治理主体联合在数字化广义社会资源定义、配置与持续生产的网络中。通过内置数字化技术，各地在治理实践中涌现出来的"功德银行""村民公约红十条"等公益行为激励机制得到了全面的升级与迭代，并通过与经济主体、集体资产收益相连接，形成了具有更强约束力和参与接口的治理网络。浙江平湖市村级治理中的"股份分红＋善治积分"模式就是这样一种尝试。所谓"股份分红＋善治积分"，是将村民遵守公序良俗、村规民约、参与公共事务的治理积分与村级集体资产运营的收益分红挂钩。

"善治积分以社员户为单位，基本分为 100 分，设置加减分项目。2019 年，通界村共有 698 户社员户参与集体收益分配，其中 249 户因积极参与党建引领、清廉村居、文明创建、环境治理、垃圾分类、平安建设等获得加

---

① 吕程平：《制度通路理论及其在基层治理中的应用》，《开封大学学报》2017 年第 3 期。

权，占比达到 36%，加权总积分 72033 分，按每分 1.3 元计算，9.36 万元善治积分分红全部发放到加权积分户。通界村还在发布的农户善治积分指导性菜单的基础上，对加减分项目做了调整。如将开办乡村民宿、农家乐等列入加分项，鼓励农民创新创业；新冠肺炎疫情防控期间及时将防控志愿服务列入加分项。"①

善治积分实行定期审核、公示和告知的动态管理制度，其实质在于将物质性资源分配与声誉性资源相结合，这不仅仅是对所谓乡村熟人社会特征的功能化运用，更是在村级范围内构建了一个声誉评价的公共论坛，将村民对"面子"和"利益"的争强好胜转化为一种向善的治理动力。

"善治积分"更具想象力的发展，是在数字化技术介入之后。通过数字化技术破除信息壁垒，更多的业务线得以与村庄治理中的"沉默信息"相勾连，使原本只是关乎村内治理事务的"积分评价"得以通过多种路径发挥多重功能，充分体现了信息的无限性特征。平湖在当湖街道通界村、钟埭街道沈家弄村试点"善治积分贷"，也就是平湖农商银行将村民在村经济合作社的股权数、善治积分与授信额度相连接，根据善治积分实行差异化的利率优惠政策，村民治理积分越高所获得的授信额度越高，享受的利率优惠力度越大。在这个意义上，村庄治理积分事实上形成了一种农户信誉评价机制，成为外界经济主体降低经济合作活动风险和不确定性的有效资源。以此为契机，以善治积分为基本数据资源，通过数字化治理应用平台及"善治宝"等可视化终端，越来越多的市场主体、社会单位与基层治理实现动态连接。

据报道，已有农合联（供销社）、农商银行、大润发超市、永辉超市、移动公司、华数公司、人财保险等多个市场主体，根据自身主营业务线推出了基于治理积分、信用评价的各类服务优惠项目。②

---

① 金睿敏：《平湖"股份分红＋善治积分"模式全国推广》，http://www.pinghu.gov.cn/art/2020/8/26/art_1528160_55244557.html，最后访问日期：2020 年 8 月 26 日。

② 浙江省平湖市农业农村局：《"小积分"撬动"大治理"——浙江省平湖市乡村治理创新》，《农村经营管理》2020 年第 11 期。

村民通过"治理宝"应用程序，可以在手机终端查看自身治理积分情况和村内排名、可享受的权益以及可参加的村庄公共事务。也就是说，村数字化治理终端，一方面，提供公共的声誉评价和利益转化机制，并以此为联结网络沟通外在市场主体，有效地将内在信息转化为外在资源，将外在主体基于理性的经营活动转化为村民内在治理动力；另一方面，数字化治理终端还提供了朝向基层治理水平提升的广义社会资源的再生产机制，通过不断提供参与村庄公共事务的渠道，群众可以持续选择进入公共治理促进进程，而个体以声誉评价机制和利益挂钩机制为面向的理性参与行为，又助力村庄治理良性发展，从而形成了以村级治理信息数字化应用为根基的自我持续的治理网络。

## 三　数字化乡村与社会资本培育

社会资本被认为是科尔曼（James S. Coleman）在 20 世纪 80 年代引入社会科学，并被经济学、社会学、管理学广泛应用。在科尔曼等人的见解中，社会资本本质上被认为是资本的一种形态，是新资本理论在人力资本概念之后的一种推进。自此概念被引进之后，对于其究竟为何的认识就存在诸多见解，这些见解之间存在着微妙的差别。斯蒂格利茨（Josehp E. Stiglitz）认为，社会资本至少包含四方面的内容：一种产生凝聚力、认知力和共同意志的共识；一种关系网的集合；声誉的聚集；有关管理的组织资本。[①] 事实上，这四个维度可以被视为是从两个不同的应用维度，即作为信息模式的社会资本与作为关系网络的社会资本，进行的观察。在数字化浪潮中，这两个层面通过多重数据挖掘、连接与计算，以及协同网络的重建与管理等，可以实现作为社会建设资源的社会资本的重建与持续再生产。

作为信息模式的社会资本，本质上是人群之间的共享的信息库[②]，或者

---

① 约瑟夫·E. 斯蒂格利茨：《正规的与非正规的制度》，载帕萨·达斯古普特、伊斯梅尔·撒拉格尔丁编《社会资本——一个多角度的观点》，张慧东等译，中国人民大学出版社，2005，第 75 页。

② 吕程平：《生态文明的社会发展理论：广义信息、高质能量与人的发展》，东方出版社，2021。

说共识，包含声誉与评价的累计，以及具有相似共识并被赋予成员身份的个体间的互动规范，而在经济或社会运行中，基于这样人际信息模式的应用，产生经济或社会价值。正如福山（Francis Fukuyama）所认为的，特定的价值观与社会准则……是任何类型合作事业赖以存在的先决条件，[①] 从而可以被称为一种"资本"。此种"资本"已经展现出与新一代技术等连接的可能，并经由新的路径产生，从而使其社会价值和经济价值属性显化，并建构一种新型的信任关系。

事实上，社会资本最重要的价值即被视为降低人与人之间建立信任的成本。科尔曼的研究特别注意社会资本的社会关系属性，认为"社会资本存在于两个或多个参与者的结构中"[②]。这样一种存在于关系之中的"资本"，具有相应的经济功能，如提高市场效率、提升特定群体内部的信用水平，从而使交易得以实现等功能。或者说，社会资本提升了结构内部的相互责任与行为预期。而目前利用新一代区块链技术，对合作经济有着浓厚兴趣的前沿科技探索者正在试图以更具时代性的方式推动广义社区（可能包括村民、新市民与更多元的参与力量）内的社会资本建设，从而为乡村振兴提供某种长久确实的底层制度设计。

## 区块链与合作经济发育[③]

2021 年，中央一号文件第十三条"推进现代农业经营体系建设"强调：生产、供销、信用"三位一体"综合农民合作社是农民发展有效的组织方式。目前中国迫切需要合作经济来促进农村综合化发展，开展"三位一体"的综合合作试点，健全综合平台。CUN 是将区块链

---

① 弗朗西斯·福山：《大断裂：人类本性与社会秩序的重建》，唐磊译，广西师范大学出版社，2015，第 18~19 页。

② 詹姆斯·S. 科尔曼：《人力资本创造中的社会资本》，载帕萨·达斯古普特、伊斯梅尔·撒拉格尔丁编《社会资本——一个多角度的观点》，张慧东等译，中国人民大学出版社，2005，第 20 页。

③ Coopunion Global LTD. 等：《Coopunion Network 白皮书：基于合作经济理念的新一代网络基础设施》，https://www.coopunion.net/#/developer/whitePaper，2021。

技术与合作经济理念相结合的分布式、开放式区块链网络。其采用更体现合作经济原则的组网形式，为全球合作经济提供基础设施，支撑数以万计的机构开展业务，并服务数以千万计的会员，保护其隐私。CUN 从区块链底层技术进行创新，在共识机制、激励机制、隐私保护、身份认证、多链跨链五个方面做出了技术改进，这些改进符合合作经济理念且具有实际落地意义。CUN 具有高性能、高灵活度、高度去中心化且激励均衡的特点，可更好地融入合作经济生态应用。用户加入并维护 CUN，可获得作为网络分配依据的 Coopunion Network Power（CUNP，一种基于 CUN 的贡献记录积分），其激励规则和选举机制相比主流区块链项目更加兼具效率和公平性。

在科尔曼时代的技术水平下，由于人与人之间的信息不对称，特别是要获取合作对象的倾向性信息，以及准确、完整记录、存储、保护团队既有个体化贡献信息面临着高昂的制度成本和实施成本，从而难以在合作成员之间形成信任关系和达成相应的共识，这也就意味着要实现一定范围内、提升整体福利水平的集体行动是十分困难的。科尔曼观察到，在一个崇尚为集体利益摒弃自身利益的行为准则的群体中，有一种通常使人们为公共利益而工作的社会资本，并往往通过一小群具有奉献精神、内心高尚和相互受益的成员来推进新生社会运动的发生。在更经常的情况下，社会组织（志愿者组织、俱乐部、学习圈、社会各种文化圈层）"承担"着社会资本生产的任务，并推进着社会资本的应用。这些组织通过持续的互动，建立圈层内部的关于成员倾向性信息及行为的信息储备，而文化机制则倡导具有某种面向的价值，在两者的共同作用下，不同程度的合作行动可以出现。然而，推动信任建立和共识达成的努力具有的公共利益属性，推动社会资本的参加者通常只获得少数利益，这实际上导致人们社会资本投资不足。那么在数字化时代，在更新的技术边界下，作为人们产生合作与交易根基的社会资本，是否可能发生"数字化嬗变"？

这里的关键是如何在合作者中达成"共识"。区块链技术则有可能成为一种"社会共识"建立机制。在数字化转型进程中，在合作方平等参与交易、交易记录可追溯且不可篡改、交易规则共同制定且获得认可、交易合约可信且可以数字化方式保证其履行的基础上，可以建立凭借数字化程序和算法来达成共识的机制，[①] 从而以网络态结构持续生产社会资本。

同时，在数字化时代，数据分析、区块链等技术还可能与社会资本内嵌于人际关系网络中的行为模式的属性将结合。索洛（Robert M. Solow），认为社会资本是注入信用、合作与协调的意愿、能力及即使无人监督仍致力于公共努力的习惯：所有这些行为模式和其他行为模式，根据综合生产能力获得一种报偿。[②] 显然，这样的行为模式之所以得以实现正是因为其内嵌于一定的具有约束或激励属性的社会关系之中。而在数字化时代，以个体贡献为基础的通过共识算法实现的、互为激励的社会关系，以及自动执行的智能合约等机制被寄予更加透明、独立于单级权威、避免恶意修改的希望，从而减少了个体的机会主义倾向。进一步讲，突破合作信息壁垒的数字技术，有可能在新的技术可能性边界下，突破"共地悲剧"的诅咒，致力于社区共同福利改善的"集体行动"也更有可能出现。

## 四　数字化转型与基层社会资本重建

从国内城乡服务数字化转型过程可以观察到两种趋向。一是数字媒介交往与真实人际交往的隔离，而对于数字化交往的高度依赖或沉迷，甚至产生了一种数字化身份与真实身份的冲突。就城市社区而言，一方面是充满了碎片化建议、意见或抱怨的、热闹却高度无序的微信业主群，另一方面是致力于推动正向改变的集体行动，甚至真实的对话都无从开展，街居组织的动员能力基本仅限于少数"积极分子"。二是在数字化转型的公共议程中，由于多元主义立场及多元主体的参与缺乏，其呈现一种"单向强

---

① 赵刚、张健：《数字化信任：区块链的本质与应用》，电子工业出版社，2019，第25页。
② 罗伯特·M. 索洛：《关于社会资本与经济绩效的评注》，载帕萨·达斯古普特、伊斯梅尔·撒拉格尔丁编《社会资本——一个多角度的观点》，张慧东等译，中国人民大学出版社，2005，第9页。

化"的趋势。一些群体的数字化技术适应性与现实需求被忽视，部分人群实际上被技术裹挟，早已习惯的生活方式和社交方式逐渐消泯。曾经是"熟人社会"和守望相助的社区的乡村加速解体，而推动社区发展的内生参与力量愈加难以形成。数字化转型不应意味着让民众满足于虚拟空间的交往，也不应成为加剧特殊人群自我封闭取向，阻断真实的、人与人之间关怀与互助的无形墙壁。恰恰相反，数字化应当降低民众的沟通、交往成本；应当提供更加透明、符合并增加多方权益的合作机会，增加合作实现的可能性；应当成为近邻或远隔的人们寻求支持与提供帮助的推动力量。

在德国东威斯特法伦利普地区，乡村治理的数字化转型成为创造数字化生活空间、强化邻里互助的契机。[1] 这里的智慧乡村项目以推动广泛的合作传统、使居民对数字化转型具有积极参与意愿和具有活力的乡村社会团体为目标。项目在十个村庄实施，内容包括本地信息发布和线上交易平台建设，配备数字化设施的公共交通设施建设，涵盖数字化农业、信息安全、紧急呼叫系统、无人机培训等内容的数字化能力课程建设，以及匹配社区多样化能力与需求的邻里互助自组织建设。其中一些组成部分，还具有与商业合作对接的空间。为避免一些城市服务数字化推进中缺乏考虑老年人和特殊群体需求的情形，智慧乡村项目从一开始就致力于加强乡村的互助互惠、让数字化转型服务于社区民众的生活与交往。这样的努力在项目实施的初始阶段就加以贯彻，每个村落的数字化项目实施方案，都有村民广泛的参与和讨论。在一些地区，65%以上的居民参与了村民互助项目，从而增强了村庄的凝聚力，有利于社区公共空间的维系。智慧乡村项目还鼓励社区内部的志愿精神，让居民在自我服务中实现价值。一些数字化服务的项目在周期结束后，将继续由村庄志愿者负责后续运行，并通过数字化网络与更广阔的相邻区域建立沟通与合作。

多方协作的数字化网络，有助于促进人际联系网络与相互合作关系，

---

[1] 李依浓、李洋：《"整合性发展"框架内的乡村数字化实践——以德国北威州东威斯特法伦利普地区为例》，https://kns.cnki.net/kcms/detail/11.5583.TU.20201014.0850.002.html，最后访问日期：2020年10月15日。

并形成作为社群内部横向联系网络的数据平台，从而提升帕特南所述的"社区生产能力"。数字化信任系统，应包括如下技术要素：通过交易方加密数字签名验证方式保证交易数据的来源可信；引入分布式数据库、链式数据结构、哈希算法等技术，通过多方参与和验证的方式提高交易记录的透明度和不可篡改性，实现交易内容的可追溯，保证交易记录可信；引入共识算法来实现共识规则的交易结果一致，保证交易规则可信；引入智能合约技术，通过计算机系统准确地按照约定内容执行合约。①

以此来看，上述传统社会资本理论认定的"关系属性"与"信息属性"可以在数字化时代实现统一。就关系属性而言，新一代技术有助于形成更具广泛参与和信息均势的社会准则的制定与实施，从而形成数字化时代的"公民约束网"。正是一系列相互依赖的"横向联系"促进了协会成员相互利益的协调和合作。② 这样的关系网、社会准则及制度架构，可以促进差异化资源相互连接，产生新的经济价值，成为经济活动得以开展的重要前提。就信息属性而言，基于分布式账本数字交易存证、非对称加密算法技术的签名转发，以及通过共识算法建立的数字化规则共识和通用证明机制，使斯蒂格利茨指出的群体共享观念、理念等，可能以一种"去中心化"的主体数字化合作形态呈现。

风生水起的区块链技术正深刻影响并重新定义着对于人际一切交往的"信任根基"，且已经开始在乡村振兴、扶贫等领域崭露头角。区块链的共识机制、防篡改机制、共同监管机制、可追溯机制在集体资产股权配置、政务民主监督、基层干部考核、贫困人口识别等乡村治理领域有着广阔的应用空间。有学者提出，可通过家庭或个人数据上链的方式来构建一套更公开、透明的家庭收入数据库，再利用共识机制来完成整体数据的比对与筛选，以提升贫困治理的精准性。同时，随着扶贫数据会成为一个完整的

---

① 赵刚、张健：《数字化信任：区块链的本质与应用》，电子工业出版社，2020，第27页。
② Ismail Serageldin, and Christiaan Grootaert：《定义社会资本：一个综合的观点》，载帕萨·达斯古普特、伊斯梅尔·撒拉格尔丁编《社会资本——一个多角度的观点》，张慧东等译，中国人民大学出版社，2005，第57页。

时间轴数据库，数据的偏差与消除都会受到网络的实时监控。① 同时，应该看到，区块链技术要在乡村振兴中深度应用，就需要建立完善的信息管理、整合和共享机制，以及要有具有相当信息素养的基层工作人员。

就现阶段而言，还可利用区块链技术，根据各地不同的乡村发展特点与需求或贫困特征，双向匹配与能力结构、资源履历相契合的基层干部②，并可依据共同监管技术建立独立于各种干扰的考核与问责机制。而区块链防篡改和分布式记账技术，及所有节点都拥有的平权化的监督，有助于实现村务信息更加公开、提升各级公共财政扶持的可见度，为村民参与公共事务赋能，防止村级集体资产管理中的"一言堂"和"黑箱操作"；民众可以清晰、准确地发现侵蚀公共利益与个体权益的行为，在一定程度上避免广泛存在的机会主义行为。同时，基于既有社区贡献的权益证明和股权证明机制，可以有效减少人们不当获利的动机与可能，提升有效交易与合作发生的概率。而这些都将促进有益于社区发展的共同体实践的发生。而更为前沿的展望是，通过分布式、开放的区块链网络，采用更体现合作经济原则的组网形式，为全球广义社群合作提供基础设施。③

---

① 罗志华：《区块链技术在精准扶贫领域中的应用与思考》，《山西农经》2020 年第 20 期。
② 湛泳、唐世一：《区块链技术促进精准扶贫的创新机制研究》，《宁夏社会科学》2018 年第 5 期。
③ Coopunion Global LTD. 等：《Coopunion Network 白皮书：基于合作经济理念的新一代网络基础设施》，https://www.coopunion.net/#/developer/whitePaper，2021。

# 第四章 "乡村人才振兴"与职业 农民兴起<sup>*</sup>

为贯彻落实乡村振兴战略的总体部署，研究团队面向农村创业者（合作社带头人、家庭农场主、农业企业主等）和村两委成员，围绕乡村振兴的人才需求、人才培育中遇到的现实困境等问题进行专题调研。

本次专题调研利用农村建设实验点和培训网络发放问卷 235 份（其中有效问卷 231 份），访谈了各类农业经营主体带头人、基层干部、村两委成员共 58 人。本研究将围绕"乡村振兴的人才需求""目前引入乡村人才面临的困难和问题""对'乡村人才振兴'的政策建议"三个部分进行。

广义来讲，"乡村振兴人才"包含基层治理类人才、经营性人才（含技术类人才）和公共服务（文教、卫生等）类人才三类，局限于可利用的资源，本研究只针对第二类"乡村振兴人才"即经营性人才展开讨论。

本研究发现，当下乡村创业者都需要具备一种多维度的思考能力和学习能力，因此需要为乡村创业者提供持续的学习机制。能力建设机制可以通过农村综合化组织建设来形成，也可以通过多元的人才支持机构来提供。新型集体经济组织，应当成为乡村振兴的基本切入点和落脚点，集体资产的保值和增值是夯实村两委治理能力基础、推进农村社区普惠性发展的有力保障，也是实现长效性人才引入机制的必然要求。人们对于政府类人才培训的评价呈现两极化倾向。有超过一半的受访者表示未参加过此类培训。政府资源的投入与各种"潜规则"相结合，扭曲了政治资源分配空间，使

---

\* 执笔人：吕程平。调研团队成员：白亚丽、王维行、李龙、裴雕、王凯琳、杨光耀、杨洲、钟澜。北京大学习近平新时代中国特色社会主义思想研究院乡村振兴中心、北京共仁公益基金会、北京梁漱溟乡村建设中心为本研究的调研提供了统筹协调。

得普通创业者的境地更加艰难。村庄发展方向常随着领导者的注意力的转移而转移，这使得一些项目的开展受到政府官员任期的影响，打乱了产业自身规律。政府的"嫌贫爱富"倾向与其巨大的资源配置能力相结合，形成了一种人才支持上的"马太效应"。

## 第一节　乡村振兴的人才需求

### 一　经营性人才需求

（一）新型农业技术人才不足，凸显农业供给侧提质困境

从乡村实践者的角度来看，"农村经济发展最缺乏哪类人才"？27.3%的受访者认为缺乏新型农业技术人才，认为缺乏开拓市场人才的比例为20.8%，认为缺乏经营管理人才的比例为17.3%。技术人才的缺乏，一方面反映出引入外部专业技术力量面临较高成本，本土知识生产和扩散机制严重不足；另一方面，随着城市消费群体品位的提升，人们对于供给侧农产品品质的要求日趋严苛，细分市场竞争激烈。

除了传统的种植养殖技术外，一些新型技术也备受人们青睐，特别是对于一些从事特色农业的创业者来说，无人机驾驶、农业机械、农产品检测、土壤检测、土壤改良等技术显得尤为重要。

（二）市场营销、设计人才引入困难，影响农业全方位发展

"乡村创业过程中的人才需求"（见图 4-1），是创业者面临的人才困境。人们对这个问题的回答呈现多样化趋势，其中，认为市场营销和市场运作人才缺乏的比例合计超过30%，为占比最多的。访谈中，市场营销、设计人才的需求被很多农村创业者提及，这显然与各种新型业态在乡村的兴起相关。从村规层面讲，这类人才包括乡村发展规划设计、乡村房屋艺术设计人才；从微观角度讲，则包括网络直播、产品文化包装、文宣人才。随着市场需求的多元化与精细化，各类产品的设计与营销也日趋专业化。

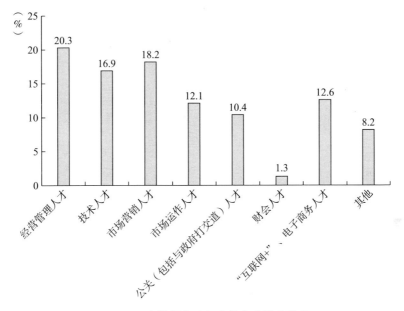

**图4-1 乡村创业过程中的人才需求情况**

（三）小型经营主体专业人才缺乏，深度发展受制约

对于合作社、小型农业企业等农业经营主体来说，财务人才和管理人才缺乏问题比较难以通过正式的劳动力市场得以解决，"没办法给人家开很高的工资，以致人才来不了，来了也留不住"。对于"创业过程中专业人才缺乏"的问题，通常的解决办法是创业者自己学习、掌握相关能力，其次为现有团队内部培养、雇用退休专业人士等替代性办法（见图4-2）。

（四）本土资源转化能力受青睐，差异化发展成共识

在乡村创业者最应具备的能力方面，高达42.4%的受访者认为发掘转化本土资源优势能力最重要，其次为群众组织动员能力和市场开拓能力（见图4-3）。一些来自西南偏远地区的受访者认为，"村庄在深山地区，但自然资源优越，少有污染，其实有很多可以发展的产业，但缺乏有想法、有魄力的人来做"。人们对发掘转化本土资源优势能力的重视，在一定程度上反映了新时代乡村发展的多元可能性，乡村创业者需要用更开放的思维去思考差异化的创业路径。

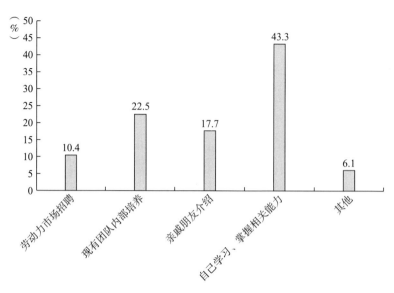

图4-2 专业人才（如技术人才、财会人才、市场营销人才）
缺乏的通常解决方法

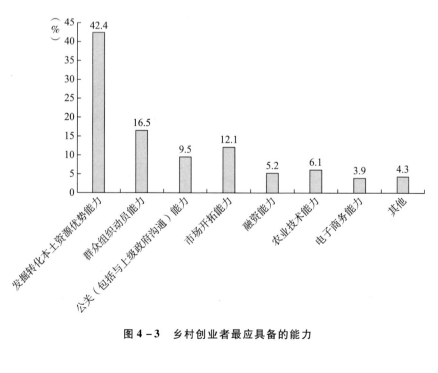

图4-3 乡村创业者最应具备的能力

（五）基层持续性学习机制供给不足，交流机制受重视

对于小规模创业者来讲，如何被乡村社会接纳，处理好与本地精英的关系，成为与技术能力、创意设计等同等重要的因素。群众组织动员能力、公关能力这类"软实力"，同样是乡村人才不可缺少的。从这点来看，相比于外来人才，本土人才更被很多受访者看好：后者更了解本地自然资源，有更多的本地社会关系网络，更容易融入本地文化。同时，在很多已有成功创业经历的返乡青年看来，当下不论是外来的还是本土的创业者，都需要具备一种多维度的思考能力和学习能力，这就需要为乡村创业者提供持续的学习机制。一些受访者认为，既然创业过程中要找到真正踏实、懂行的人才难上加难，那就要把自己培养成这样的人，通过不断培养新能力、学习新技术充实自己。外出学习被认为是"速成"培育人才的好办法，"可以接触到最新理念、前沿的发展思路，得到精神和物质支持。在学习中能够结识许多志同道合的人，交流经验，互相学习"。同时，对于各地成功经验的学习，可以启发人们从多功能性视角挖掘乡村新业态。

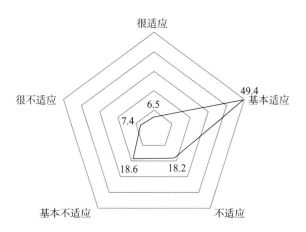

图4-4　团队能力与创业发展各方面需求的适应情况

## 二　通过村庄发展能力建设强化人才引入自主性

既有研究指出，社区建设能力、社区治理水平在根本上取决于社区可动用的整体性资源和资产水平。新型集体经济组织，应当成为乡村振兴的

基本切入点和落脚点，集体资产的保值和增值是夯实村两委治理能力基础、推进农村社区普惠性发展的有力保障，也是实现长效性人才引入机制的必然要求。① 从本次调研的数据来看，在人们对于"村两委在推动本村发展过程中最缺乏的能力"的认识上，集体经济运营能力（35.9%）被受访者提及最多，其次为发掘本土资源能力（21.2%）和市场拓展能力（12.6%）。

从制度层面来看，一方面，村庄集体经济在运营层面的制度尚在探索中，村庄集体经济发展缺乏"名正言顺"的整体性运营力量；另一方面，村一级缺乏相应的财权，资金使用受到制约，这成为村庄发展的掣肘因素。重庆某村一村委会成员表示，该村获得了当地农委50万元试点资金，却因为财务上的种种限制而无法使用。

鉴于大量的中西部地区的村庄缺乏村集体产业，根本无力承担人才引进的成本，发展村集体经济和产业基础是"乡村人才振兴"的应有之义。一些村干部提出了"政府给提供基本工资+村里给分红"的思路，同时，村集体负责解决人才的吃住问题。要想打破村庄在人才引入上的被动局面，"充实集体经济很关键，避免向上要项目的被动性，有了自主的资金池才能有主动作为的空间"。

对于村两委在乡村振兴中的作用，来自基层创业者的看法与村两委成员的看法存在微妙差异。然而，不论是哪一类人群，他们都认为村两委主要成员应具备创业精神与"公心"。而现实情况是，随着中西部农区人口大量流出，村委会主任常常年纪较大，思想较保守，且陷于各种上级工作任务难以抽身，实难成为创业主导力量。一位身为基层干部的受访者表示，政府的政策设计取向应该是主动引导乡村的组织建设，选好、培育好村党支部书记，同时，要将单纯的项目支持转变为对集体经济股份经济合作社的支持。

---

① 吕程平、陈晶晶、刘相波：《社区综合性发展：构建"精准扶贫"长效机制》，《哈尔滨工业大学学报》（社会科学版）2018年第2期。

## 通过村庄组织化建设培育人才：山西永济
## 生态联合社的案例①

  永济市的生态联合社在经历了波折的摸索后形成了一种统分结合的大规模生态农耕种植模式。生态联合社现有 12 名主要工作人员，每个人负责 50~150 户不等。其主要的工作为提供技术服务和农村调研，工作人员每周都会下去，查看作物的情况并反馈，统计农户的变化信息以及种植的作物、改良的土壤的数量，及时提供给市场部。在管理方面，生态联合社采取的管理形态是把农户生产所涉及的土地纳入统一规划，但是由农户自行经营，生态联合社提供深入细致的服务，在生产的各个环节上以及涉及的种植种类上提供到位的服务，具体的组织形式主要是由底下的几十家专业合作社来开展各项工作，同时每家专业合作社又有协会，配有经验丰富的辅导员，每家专业合作社主要负责相关种植的社员的技术咨询、农机使用、销售服务等相关的服务。具体的管理模式主要体现为"五个统一、一个独立"，即在同一个地块上由生态联合社统一使用农资、统一提供机耕，再加上技术培训的统一，达标后统一销售，整个生产这块由社员自己独立管理。生态联合社之所以能大规模地开展实践，有赖于该地区自 21 世纪初以来发展起来的蓬勃向上的农村组织化。20 多年来，农村组织化过程为生态农耕合作提供了组织、文化、人才和思想准备。这里每周都会举行分组学习和讨论活动，各类参访专家被邀请为社员讲座。讨论会、辩论会等形式多样的学习活动成为制度化安排。而很多专业合作社骨干则是从妇女文艺组织中逐渐成长起来的。

---

① 吕程平、白亚丽、梁少雄：《共同体理性的重建与新经济社会学范式》，《学术探索》2017年第 8 期。

## 三　对于各类人才培训的评价

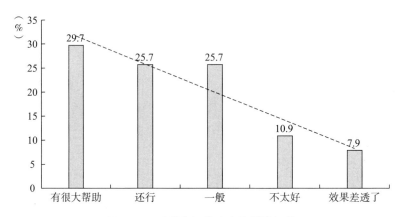

图4-5　对所参加的政府培训的评价

对于政府培训的效果，人们的评价呈现两极化倾向。一些受访者认为"部分培训有流于形式的问题，只是找群人来完成目标"。同时，政府培训的官本位、形式主义倾向，对"合作文化和精神不重视"等，也受到人们的诟病。另一些创业者则获得了政府支持的系统培训机会，"参加这些培训可以拓展资源网络，能够拓宽合作社成员的眼界，培训中组织相关从业者进行分享和交流是最受欢迎和实用的活动，特别是一些销售平台老总的分享，使人受益匪浅"。从具体数据来看，近1/3的受访者认为各类政府培训有很大帮助，认为一般的受访者超过了1/4。另有近18.8%的受访者认为效果不太好或效果差透了。当然，更需要注意的是，有超过一半的受访者表示未参加过此类培训。

同时，一些民间公益组织开展的乡村人才培训，因为形式灵活、重视多种形态交流、身份平等等，得到了创业者们的较高评价。一位返乡创业者这样评价北京梁漱溟乡村建设中心举办的系列农民培训。

整个培训对我来说，收获还是蛮大的。我从农村走出来，当我自己又想回到农村的时候，在北京梁漱溟乡村建设中心遇到一群同学的时候，乡愁也好，情怀也好，我觉得是一种升华，他们现在好多人依然在坚持，所以我就觉得他们身上这种东西，是理想主义的天堂，我感觉有很多人他们真的是在为自己热爱的东西在做努力，在那样生活着，这个是最鼓舞人的。然后我也知道北京梁漱溟乡村建设中心相当于提供了志愿者服务，我觉得还有这么一批人在为这个事情在一直努力地做，我非常感动。

## 第二节　引入乡村振兴人才面临的困难和问题

"乡村振兴人才"需求及人才引进所面临的困境，根本上是当前乡村各个层面的特征在人才领域的映射。限于篇幅，本研究不计划对学界和政策界老生常谈的资金、项目投入问题做更多探讨，而是聚焦"乡村振兴人才"引入的制度环境与文化环境。

### 一　乡村人才的生存韧性

诸多基层工作者和创业者都强调乡村人才的生存能力，这并非单一的能力因素，除了必要的运营管理水平和农业生产技术外，还包括一种精神上的韧性或者说抗逆境能力。相比于城市，乡村的文化生活缺乏、交际网络不发达，没有对农业农村的持久喜爱，人们很难耐得住寂寞。本研究的附录报告针对全国新型农业主体进行了调研，发现农业的长周期性和内在风险性，使得近一半的小型企业创业者在初期的一两年总要遭遇来自市场、技术、筹资等方面的困境，能否在首个生产周期挨过寒冬，考验着基层创业者的社会资源储备能力与意志力。

### 二　人才引入面临的文化阻力与村庄政治

很多一线创业者提及了另一个层面的阻力——一种能实实在在感受到的文化压力。一位返乡青年直言："社会价值观认为城市是好的，乡村是差的，这对大家产生了潜移默化的影响。"在具象化的人际交往层面，"年轻人不外出，就是混吃等死"，这样的认识早已深入乡村社会的内在评议体系。同时，这种阻力又常表现为一种乡村相对保守性带来的排斥力，特别是对于初出茅庐、社会资历尚浅的青年返乡者们而言，村庄政治和派系纷争几乎成为其难以逾越的壁垒。

此外，一些创业者指出，乡村社会"各种规则不透明，有一些比较复杂的利益勾兑"。在一些情况下，政府资源的投入与各种"潜规则"相结合，扭曲了政治资源分配的市场空间，使得普通创业者的境地更加艰难。有的创业者表示："项目申请中的关系人情严重，许多项目和钱没有能落实到真正在做事的人手上。"这样的规则不透明、不公开，实则比缺乏资金支持、缺少基础设施，更成为乡村人才引入的障碍。

"后顾之忧"也是很多打算进入乡村创业的青年人所要面对的，除了创业本身的风险大、回报周期长等因素，户籍、子女教育、来自家庭的压力等，都让人才"回流"更加艰难。

目前，乡村也有各种类型的短期发展支持力量，体制内的如脱贫攻坚时期的帮扶单位驻村工作队，体制外的如零星的、以政府购买服务等形式引入的专业性力量，这些力量虽然能在短期内为村庄发展带来活力和机会，为村庄的精神文化面貌带来新的气象，但都不同程度地面临可持续性或"娜拉走后怎样"的问题。

## 三 政府"嫌贫爱富"倾向与人才支持上的"马太效应"

在现实情景中，政府有着巨大的资源配置能力，如何获得来自政府的支持，成为很多创业者绕不过去的话题。一些基层实践者坦言，村庄的发展方向常常随着领导者注意力的转移而转移，这使得一些项目的开展受到政府官员任期的影响，打乱了产业自身规律。

宏观规则形塑微观行为，在很多乡村创业者看来，与政府的公关能力显得尤为重要，一些创业者由于缺乏与村两委、政府的互动，游离于"政府的注意"之外。一位返乡青年自述，他性格内敛，与村两委沟通较少，他的生态农场在创办后的三年多时间里未获得工商注册登记；另一些创业者则体味到不少"人间冷暖"："如果不具备一定社会关系或不能带来多少资本进村，可能回村会面临'拳头打在棉花上'的尴尬境地，村两委及上级政府并不会关注你的实际能力，也不会给予相关的政策倾斜。如果你没在当地任个什么职，就压根说不上话，因为这个话还没到你这里已经被打回去了。"这使得很多年轻的返乡者往往处于一种政府"不闻不问、不理不睬"的尴尬局面。

一些中小型农业经营主体带头人表示，政府有着明显的"嫌贫爱富"倾向。"上级政府和村两委要考虑政绩，更倾向于有规模的投入，对于小规模的创业并不看重，也很少主动提供支持，除非是创业的成效被看到了，上级政府才会重视，在这样的政绩观下，一些小型项目的内在价值被忽视了。"

这样的"嫌贫爱富"倾向与政府巨大的资源配置能力相结合，形成了一种人才支持上的"马太效应"。土地使用上的优惠、资金支持和基础设施的完善等都向"能人和名人"倾斜。这些本地精英，有着广泛的信息渠道和资源网络，从而能够更多地获得"政策红利"。近年来，社会对于"话题经济""流量经济"的热捧，又从另一个角度加剧了资源流向的不均衡性。"比如说大学生回去创业，能有多少热点、多少流量？如果说是哥伦比亚大学毕业的，或是上过央视新闻的，那就可能引来大量关注和资源。"

如何在乡村振兴中带动更多人致富，成为人们对于"乡村振兴人才"的更高期待。一位合作社带头人认为："村的传统的个人主义思想观念不容易改变，但这是必须改变的，否则合作社就失去了意义。合作社管理应当注重合作文化的作用，通过文化聚人，依靠人开展合作事业，发展产业。不能本末倒置。特别是合作社的带头人应有长远眼光，只有有了洞察力和判断力才能不迷失，才能坚持下去。"

## 第三节 对"乡村人才振兴"的政策建议

针对本次专题调研反映出的人才需求情况与人才引入面临的困境，本研究扼要地提出如下政策建议。

## 一 将人才引入工作与农村整体发展能力建设相结合

作为乡村振兴诸项工作的一个侧面，人才振兴工作只有内嵌于乡村发展整体机制和组织建设，才可能达到持久性的效果。所谓乡村发展整体机制，既包括新型集体经济运营机制的完善，构建体现"村社理性"、融合"治理－发展－福利"功能的村庄运营主体，也包括以"综合性合作组织"为代表的村庄内生组织的发育。根据研究团队的既有研究，相对于外部性的人才支持力量，村庄自主的内生性发展机制将为乡村振兴人才提供良好的生长土壤，并具有良好的人才适切性、低成本性、低风险性、高融入性等特征。从政策视角来看，应打破目前条块分割的支持局面，使人们深刻认识到乡村发展的系统性、关联性与整全性。

## 二 重视中小型乡村企业创业者的现实需求，打造本土乡村人才联络机制

在返乡创业初期，创业者们往往处于孤立无援的境地，这是创业周期中最为脆弱的时期，生产性风险、市场风险与文化阻力、村政压力互相叠加。本研究发现，近一半的小型乡村企业创业者在初始的一两年都会处于这样的境地。在现实情景中，基层人才支持政策的"锦上添花"多于"雪中送炭"，虽然"锦上添花"有立竿见影的政绩效果，然而只有切实关注、关心那些真正热爱农村、农业的创业"逆行者"，才能让乡村成为创业热土，才能打造"百业兴旺、人才济济"的局面，才能避免政策红利的"精英俘获"。

此外，目前基层返乡创业人才仍处于"零散分布"状态，应当形成本地乡村人才联络合作机制，让创业者通过联络网络相携互助。

## 三 应形成多元化乡村人才培育机制，鼓励民间主体发挥促进多层级、多角度人才建设的作用

从本次专题调研来看，政府类培训项目在乡村人才培育工作中发挥了

相当的作用，特别是其专业性、政策性与正规性得到了创业者们的肯定。同时，形式化、任务化、形式单一等问题是政府类培训项目明显的短板。如有案例所展示的，当下中国一批长期致力于乡村发展的本土公益机构的人才建设工作体现了体制内培训中难得一见的综合性、灵活性与价值性。这些本土公益机构强调将乡村人才建设、发展能力提升与"生产合作、生活共济、文化共生、生态共享"的发展愿景相结合，提供形式多样的参访、交流和参与式技能训练，并在潜移默化中以志愿精神、献身精神感召返乡者，事实上，这是在以"身心形"的整全性教育培育、服务乡村振兴人才建设。

## 第四节　职业农民的兴起：价值观与市场方式的更新<sup>*</sup>

习近平同志指出，要推动乡村人才振兴，把人力资本开发放在首要位置，强化乡村振兴人才支撑，加快培育新型农业经营主体，激励各类人才在农村广阔天地大施所能、大展才华、大显身手，打造一支强大的乡村振兴人才队伍，在乡村形成人才、土地、资金、产业汇聚的良性循环。[1]

关于传统农民与职业农民的区分，美国学者沃尔夫认为，传统农民以追求生计为目标，是一种身份的继承；而职业农民则将农业作为产业，是一种自由的选择。[2] 学界一般认为，职业农民在经营方式、市场方式、规模化程度等方面都与传统小农户有明显差别，并将其视为理性经济人的代表。郭智奇认为，职业农民是以从事农业生产经营为职业，具有较高科学文化

---

<sup>*</sup> 　清华大学社会学系、北京群学城乡社区发展研究院为本研究提供了部分研究资源。米瓜（甘肃）农业科技有限公司的谢海龙为本研究提供了问卷分发系统。问卷主要通过各地农业系统的线上微信群进行分发。职业农民评定工作由当地政府完成，其中初级由县级政府评定，中级由市级政府评定。

[1] 　《习近平：乡村振兴战略是一篇大文章》，《新华每日电讯》2018年3月9日，第1版。

[2] 　Eric R. Wolf, *Peasants* (Englewood Cliffs: Prentice - Hall, 1966), p. 25.

素质和专业职业技能，有较强自我发展能力和市场竞争意识的群体。[1] 朱启臻等学者认为，作为职业农民群体主要构成类型的家庭农场经营者，已经具备懂技术、有文化、会经营并以农业为主业的特征。[2] 以上研究从定性角度出发，提出了对职业农民群体的规定性认识，指出了其在能力、经营方式与规模上的特点。

对于一个新兴社会群体的考察，可以从内在价值属性与外部行为属性两个角度入手。本研究依托区域性调查、深度访谈等手段，探讨职业农民在价值观上与传统农民究竟有怎样的不同，其在创业过程、经营方式、市场方式等方面又有哪些鲜明的特征。

## 一 概念界定、调研方法及样本基本特征

在本研究中，作为调研对象的职业农民是指以农业生产为主要收入来源，且农业种养殖在当地达到"相对规模"的农业经营者。

本研究所使用的数据、素材主要来自清华大学社会学系对北京、山西、陕西等地职业农民的问卷调查、结构访谈及自述文本分析。有效问卷为120份，皆为当地政府分类等级中的初级或中级职业农民。自述文本为开放式设计，包括创业经历、对农村现状的认识等问题。本研究所涉及的变量包括职业农民的基本经营信息、价值取向及市场方式。问卷及开放性问题共包括25个变量（见表4-1）。

表4-1 职业农民价值观及市场方式观测问题描述

| 潜变量 | 观测变量 | 观测问题 |
| --- | --- | --- |
| 基本情况（BC） | $BC_1$ | 您的农场（公司、合作社）创办了多长时间 |
| | $BC_2$ | 您取得经营土地的来源 |

① 郭智奇：《大力发展农民职业教育 培养高素质职业农民》，《中国农业教育》2011年第1期。

② 朱启臻、胡鹏辉、许汉泽：《论家庭农场：优势、条件与规模》，《农业经济问题》2014年第7期。

续表

| 潜变量 | 观测变量 | 观测问题 |
|---|---|---|
| 基本情况（BC） | BC_3 | 您的工作状态 |
| | BC_4 | 农场的地租成本占总成本的均值 |
| | BC_5 | 您的农场（公司、合作社）的经营形式 |
| | BC_6 | 生产量最大的两种农副产品 |
| | BC_7 | 创始资金来源 |
| 价值观（PFV） | PFV_1 | 对农村现状的认识 |
| | PFV_2 | 在创业过程中，您认为重要的因素有哪些 |
| | PFV_3 | 您认为要实现在农村更好的发展，需要哪些条件，可以采取哪些措施 |
| | PFV_4 | 您认为目前农村面临的最大问题是什么 |
| | PFV_5 | 目前支持您从事该农业项目的原因 |
| | PFV_6 | 您认为如何实现农民收入增长目标 |
| 市场方式（MS） | MS_1 | 产品如何进入市场 |
| | MS_2 | 电商平台（淘宝、微店、京东）等的销售额占多大比重 |
| | MS_3 | 通过电商平台销售的商品有哪些困难 |
| | MS_4 | 对于农产品市场，下面哪些与您的感觉相近 |
| | MS_5 | 农场农产品的最主要的两种销售模式 |
| | MS_6 | 您的产品中是否包含生态健康产品（限制使用农业化肥） |
| | MS_7 | 您目前经营过程中遇到的主要困境是什么 |
| | MS_8 | 您的企业是如何打开市场的 |
| | MS_9 | 您的企业的市场范围 |
| | MS_10 | 农场在客户关系上存在哪些问题 |
| | MS_11 | 农场在流通环节面临的最大问题 |
| | MS_12 | 农场农产品物流环节成本占总成本的比重 |

整体来看，50%的接受调查的职业农民已经从事农业1~3年；22.5%的职业农民从事农业3~5年；经营农业5年以上和不满一年的比例分别为12.5%和15%。

从土地使用情况来看，在接受调查的职业农民中，利用自有土地进行农业生产的比例达到40%；"部分自有土地，部分通过租赁或流转获得土地"的比例为38.3%；全部通过租赁或流转获得土地的比例为20.8%。

在职业农民的工作状态方面，全职运营农场的占 58.3%，呈现较高的专业率。同时，23.3% 的职业农民仍在政府或事业单位上班，16.7 的职业农民在工商企业任职。在调研中我们发现，职业农民兼业化往往是农业产业链延伸和经营多元化的一个表征。这就是农业创业者选择的所谓的联营模式，即由创业者提出种植、养殖标准，交给当地农业企业、合作社生产。此种模式能让有一定资金和社会资源积累的创业者迅速扩大规模、降低成本。而联营的关键是要找"志同道合"的合作伙伴。创业者会更多地发挥其在市场拓展、渠道建设方面的优势，并通过入股企业或合作社的方式，保持与生产端的密切联系。

创业资金来源呈现混合性，最主要的几种筹资举措依次为：银行或信用社贷款（62.5%）、自有资金（58.3%）、亲戚朋友借款（40.8%）、政府项目资助（40.8%）、合伙人入股资金（26.6%），以及从合作社核心成员那里筹资（17.5%）。

## 二 职业农民的价值观

职业农民群体对农村农业现状与市场结构有着清晰的认识，他们意识到小农发展面临的结构性制约：农户付出最多劳动，却不是农产品经济效益最主要的受益者，市场中间环节赚取了大部分利润。这就造成了一种恶性循环，农民只能外出打工谋求生计，根本无心经营土地。即使他们自己不曾意识到，他们的创业行动，可以被视为对市场结构的一种突破。比起前辈农人，这个群体更加积极地介入市场，并试图通过种种努力重新构建市场结构。本次调研以开放式问题的方式提出，"要让农民实现收入目标，需要哪些条件，可以采取哪些措施"。通过文本分析我们可以发现，有26.8% 的职业农民提及应该从提高农产品品质、提升农业附加值入手，而其中有超过四成的职业农民提出要在农产品有机种植方法上做文章，满足城市消费者对健康食材的需求；排在第二位的是"改善农产品市场渠道"，其中又有 46% 的人认为，应该通过乡村旅游、参访等方式增进生产者与消费者之间的了解，使双方相互信任，搭建直接与消费者对接的销售渠道。

此外，有 10.4% 的职业农民认为应当提高区域农业特色产业对农户生产的带动水平，打造品牌经济，延伸农产品产业链，注重区域间的差异性和地区优势品种。11.9% 的受访者认为，应该提升农业科学化水平，及政府、社会服务主体在各个环节的技术服务能力。职业农民认识到，农业生产者应当评估种植、养殖方案的合理性，避免盲目种养、跟风种养给整个区域带来不利影响。7.5% 的职业农民认为应当提升农业从业者的素养，更新知识水平和农业发展既定思维。可以看出，职业农民不愿再被市场大潮裹挟前行，而希望增强自身的主体性，预测、把握、利用市场趋势，继而成为市场的驾驭者。

谈起"对农村现状的认识"，很多出身农村的职业农民表达了对普通农户农业技术素养的忧虑：农村教育极其落后，一般农民在放弃了传统的农业技术后，对现代农业所必需的农技知识缺乏了解，甚至"连最基本的土壤肥力测试、酸碱度等测量都不是很明白"。现代农民基本技能的训练极度缺乏的背后，是农村基层积极向上的、注重知识与精进的风气的缺乏，相反，"竞劣"的文化风气作为一种日常的状态被人们接受了。一位职业农民这样描述自己所在村子的情况："日常文化生活相当贫乏，无非聊天看电视，更严重的是，一些贫困的地区赌博成风，一年务农收入、外出打工收入，几天内全部赌光。"显然，在这样一种文化中，农民们很难生出对农业生产的"匠人"般的尊重之心。

在这样一种文化底色下，职业农民对于知识与创新的重视就显得很亮眼。与同辈相比，他们更加相信知识的力量，一位在水果种植和家禽养殖上都做出了一番成绩的职业农民这样描述自己的体会："在整个创业过程中，不管从'香蕉王'到'村长'的称呼转变，还是从'生态土鸡长'到'香猪王'声誉的提升，都让我深深地认识到一个重点：知识就是力量，知识就是生产力。只有不断学习和创新，事业才有生命力，这是我对自身和生态产业的认知和要求。多年来，我始终坚持这一观点，并且不放弃每次学习的机会，一直在实践中不断创新理念。"同时，从职业农民群体的农业创业经历自述中可以看出，他们一般保持着高度的政策敏感性，并深谙机会主义地利用政府各种扶持举措和政策倾斜来壮大自身的套路，如在一些以合作社方式经营的案例中，创业者会主动迎合政策导向，吸纳一部分当地贫困农户进入合作社，增加其收入。这样有利于与政府保持良好关系，从而增加获得相关政策支持的机会。

职业农民的出现在一定程度上体现了人才向农村的回流，有相当一部分职业农民在城市有较为稳定的工作，他们选择进入农业领域并非完全迫于生计压力，而是认为自己发现了新领域中蕴藏的机会，或是一种新的生活方式。如果说，传统农民是以"生存逻辑"为基本行为模式的话，职业农民则将一种更加进取、对市场机会更加敏锐的精神带入农区。或者说，他们已经不再是秦晖笔下"前工业时代人的一般存在形式"，而更类似于韦伯或熊彼特对于"资本主义精神"的描述。

对此，职业农民自身也有明确的认识，一位农村创业者写道："小农意识本身不善于创新，不善于对共同面对的市场、生产等事务进行讨论，寄希望于政府或外界力量的思维，制约了农业、农村的发展。"相较于此，职业农民群体更具有所谓的商业头脑，善于抓住机会。作为职业农民中的佼佼者，一些活跃的农业领域的企业家，即在改革开放初期抓住机会，率先从事特色种植或经纪人业务，并成为当地首批"万元户"。这些人有着较强的风险偏好，重视搜寻各种外部市场信息，愿意尝试新事物。他们往往是当地新品种的首批规模种植者，并成功赚得"第一桶金"。

新生代农民更具专业性，更加注重知识的重要性，他们会从各种渠道收集信息，以解决自己面临的经营管理难题，评估项目的可行性，研判生产经营中的各种风险。他们会成为农业技术培训和参访活动的常客，活动参与较多后，他们就邀请高校教师、市对口部门相关人员"参观指导"，寻求技术难题的解决方案，并在这个过程中拓展人脉。他们从不缺乏对机遇的良好直觉，特别是一些在城市打拼多年的、有较强的市场分析和信息收集能力的职业农民，能够精确分析当地有较大市场潜力却尚未被认识和开发的产品。在"入道"之前，他们往往已经做了不少功课，并利用在城市积累的社会资源，对未来产品的定位人群、销售途径做了一番初步的规划。

从其创业历程的案例分析来看，能够准确把握市场、动态设计产品定位的农村创业者，往往是那些既对城市市场有充分了解，又没有和乡土完全断开联系且对家乡风物特产有充分了解的人。也就是说，同时拥有城市和农村两套知识体系的创业者，更容易脱颖而出。他们对不断推出的惠农政策了如指掌，也懂得要充分发挥自身在掌握新技术、新理念上的优势。他们寻求 O2O 等打破传统的模式，来获取更高的价值。他们属于不安分的群体，似乎不大习惯"朝九晚五"的工作，自主创业的想法一直萦绕在他们的脑海中，于是命运或性格把他们推向更具挑战的领域。

随着城市中高端消费群体对健康食材、食品安全等话题的重视，越来越多的职业农民开始做生态、有机品牌。他们的产品诸如"土榨亚麻油""高寒杂粮""生态牛肉"等，琳琅满目。在本次调研的职业农民中，约有34.2%的人进行了不同类型的生态农业尝试。这种由市场需求驱动的转型，体现了农业供给侧结构性改革的要求。在此过程中，一些职业农民开始接触到更为"先锋"的农业理念。一位曾对传统农业"高风险、低盈利"的恶性循环苦恼很久的从业者，在接受了一次以"社区支持农业"为主题的培训后，重新发现了农业的意义，他说："CSA、生鲜电商、乡村建设……原来有这么多新鲜词，农业不应该是独立存在的，不该是为了生产而生产，应该与乡村建设、食品安全、环境保护等紧密联系，与消费者建立联系，是农业自求发展的内需，也是社会价值的体现。"生态农业往往也是一些从城市回来做回农夫的返乡型职业农民热衷的一个方向，其中，除了有对生态农产品市场看好等经济因素外，他们也有对现实的食品生产状况的忧虑和一种城市中产阶层自救的信念。想法归想法，在从事农业生产的节骨眼上，找到志趣相投、共同创业的伙伴，既是最关键的机遇，也是创业的真正开始。这样的结合，是优势互补，也是互相激励。有位踟蹰很久的返乡青年在遇到了一直在家乡做特色养殖的中学朋友后，才补齐了自己在技术上的欠缺；而最终让一位充满食品安全忧虑和对城市产生疲倦感的一线城市年轻白领妈妈下决心回到老家做有机农业的，是她的一位有同样想法的做环保的朋友。

从调研结果来看，以专业合作组织为经营实体进行运作的职业农民占到三成左右，这就意味着他们往往处于供销商和一般农户的中层。他们更注重通过产品的品质打开高层次市场，这就要求其能够将自身对于产品的理解贯穿到从生产到销售的每个环节。对于生态产品来说就更是如此，因为其直接抛弃了一般农户熟悉的粗放化生产套路，需要对农作物或饲养品种进行精细化管理。抛弃了固有套路，把一种并未得到广泛认可的、"颠覆传统思维"的技术体系付诸实践，也就意味着各种未知风险随时可能会出现，从品种选择、疾病防控到消费者信任的建立，职业农民往往要亲力亲为。

## 三 职业农民的市场方式

来自市场渠道的困扰，甚至超过资金压力，成为职业农民面临的最主要困难（见表4-2）。作为既有市场结构的外来者和突破者，职业农民要迎接怎样的市场挑战呢？从调研数据来看，职业农民要面对的不仅是来自消费者多样化选择渠道的竞争压力，更有来自市场中间环节的利润挤压，以及对于"劣币驱除良币"市场"潜规则"的无奈。具体来看，对于问题"对于农产品市场，下面哪些与您的感觉相近？"，65.8%的职业农民感觉到"鱼龙混杂，假冒产品挤占真正的好产品市场"；73.3%的职业农民认为"消费者对农产品价格、品相的传统观念难以转变"；74.2%的职业农民选择了"消费者可选择渠道多，竞争压力大"；57.5%的人觉得"难以把握消费者需求、口味、偏好等信息"。另有，45.8%的人认为"中间环节控制市场，农产品生产商盈利低"。面对销售困境，互为表里的差异化市场策略和消费者需求导向的产品设计策略是职业农民最主要的两种应对手段。

表4-2　目前面临的最主要困难（多选）

单位：%

| 选项 | 比例 |
| --- | --- |
| 生产技术（病虫害防治等） | 43.33 |

| 选项 | 比例 |
|------|------|
| 销售渠道 | 66.67 |
| 缺乏资金 | 62.50 |
| 内部管理与人力资源 | 41.67 |
| 宣传及品牌 | 44.17 |
| 农场综合设计 | 23.33 |
| 物流及储藏 | 39.17 |

### （一）寻找差异化市场

对于那些采用了更加精细化生产工艺的职业农民来说，如仍借助传统市场渠道，显然要面对可以预期的损失。在地化的由各级中间商构成的收购序列，只接纳以低廉生产方式生产出的产品，这才可为其提供利润空间。从这个角度来讲，相对于技术上的困境，如何为产品找到符合定位的消费市场和人群，建立差异化市场格局，成为很多职业农民面临的最为棘手的问题。从市场范围上看，职业农民的产品主要经销地域较为均衡，在不同层级市场都有相当比例的存在。从经销方式来看，职业农民一般采取多管齐下的销售方式，几种主要的销售方式为：大型网购平台（53.3%），直销（包括会员制直销购买和配送）（50.0%），卖给销售大户（48.3%），进入普通超市（47.5%），进入特色产品专卖店（46.7%），进入杂货店、菜市场、集贸市场（35.0%），企业收购（18.3%）。可以看出，虽然实体销售方式仍占相当比重，但直销、网络销售等新兴方式已经得到了广泛的应用。这也是职业农民发挥自身网络技术、外部资源优势，寻求差异化市场的一种经营尝试。

一个有意思的现象是，销售方式与职业农民从业时间存在关系，在笔者主持的针对全国范围内的生态农场主的调查中发现，采用朋友圈销售的方式在从业时间不到3年的生产者中最为普遍，占到七成以上，而随着在行业中的资历增加，这种依靠亲朋销售的方式逐渐被取代。与之相对，依赖固定会员制的直销方式，在3~5年的从业者中最为盛行，达到近一半的水平。而对于刚刚入行的生态农业农户来说，会员制则相当罕见。这也很好理解，毕竟稳定的会员直销有赖于农场的口碑。[①]

一般做农业生产的职业农民会选择品种差异性和品质优胜的策略，但这就需要对产品的市场需求和定位有所分析。一位已获得葛根粉生产绿色认证的年轻创业者，本来对产品品质很有信心。但结果产品在一般市场上的销量却低得惊人。他分析市场后发现，消费者很难区分该产品的质量差异，且其并非快消品，也没有立竿见影的保健效果，很难形成有效的黏性顾客群体。另一位拒绝使用膨大剂等化学制剂的水果生产者，则因为初期果实太小，直接被商家拒绝收购。在既有的销售体系背后，是一套默认的生产流程、定价机制和利润分配路径，并形成了强大的市场势力。与此相对，消费者群体对于什么样的产品是可靠的、可信的、可以接纳的，已经形成了一套认知模式，即"市场意识形态"。很多企图以新产品为突破口的职业农民在首个种植－销售周期里往往都面临着如何突破"市场势力"与"市场意识形态"的压力。

要想在差异化的消费者群体中，使其建立对特定产品在认知基础上的信任，突破既有的"市场意识形态"，对于职业农民来说并非易事。从他们初期的市场开拓经历来看，可以说是使出了十八般武艺，如街头推介、在当地报纸或生活论坛刊登广告、利用自媒体推广、先吃后付费、到农场参观体验等。对于"如何打开市场"，最常见的几种方式依次是：自己去外地跑市场（62.5%）；依靠大型龙头企业（50.83%）；依靠政府项目支持（50%）；依靠朋友拓展市场（22.5%）。对于大部分处于创业初期的职业农民来说，市场机会主要是由他们自己去"硬磕"的，而随着社会资源的积累，他们则有更多机会进入龙头企业的市场网络或借力政府的推介渠道。

另一些职业农民尝试通过打造自身形象来赢得消费者好感，比如通过参与政府扶贫项目，或给城市低收入群体赠送产品等方法引起公众关注，并通过各种途径让消费者对产品有更多了解。一个切实的经验是，"取得消

---

① 清华大学社会学系全国生态农场研究项目组：《生态农场发展报告》，2017。

费者信任后，销售问题就会变得简单"。一般来说，资金规模小的创业者，在初期主要采取通过亲戚朋友、家庭资源等滚雪球的方式。但即使如此，从本次调研来看，约有30%初始资本量很小的职业农民仍要在创业的前两年挨过损失惨重的亏损期。

（二）消费者需求导向

随着有着更强支付能力的城市消费者群体的崛起，批量式、趋同化的农业产品逻辑正逐渐被一种更以特定消费者群体需求为导向的，特征化、类型化的生产逻辑取代。在这个过程中，所谓的中产阶级群体的消费审美与社会心理状态共同塑造着产品的形态。对城市消费群体有更多了解的职业农民敏锐地注意到大城市居民对于食品安全和质量的需求。在调研案例中，一位在大城市有稳定工作的创业者，以"半农半 X"的方式，动员家里人和乡亲们种植适宜当地气候的猕猴桃新品种，坚持不打膨大剂和除草剂，并尝试发展土鸡、沙参等多种产品。他利用自己在城市积累的人脉和消费者资源，对接企事业单位和各种家庭主妇群体，保证了产品销售渠道。

一般来讲，中产阶级有着更强的社会参与意识，这就使得以此群体为瞄准的生产活动需要由单向式输送变为双向交互。而互联网及社交媒体的应用，又为此提供了技术可能性。在一些资本较为雄厚的职业农民的案例中，职业农民通过"互联网＋农业"及线上线下推广和销售的模式，将优质农产品对接城市中高端消费群体。在确立初步的消费群体后，及时收集客户反馈信息、持续改善产品质量变得更为迫切。在这方面，微信等即时沟通工具的运用，方便了职业农民对客户资源的把握与动态需求回应。

真正进入消费领域，职业农民们才发现城市消费者群体千差万别。一位职业农民写道："虽然大家每天都担心食品安全，但却很少有人从自身出发为解决这件事情真做点什么。好像总等人来解决，又总怀疑。"一些客户很喜欢有机蔬菜的口感，但抱怨绝对品类太少；另一些客户不喜欢精简包装，希望更精致。从事特色品类产品生产的职业农民，为了提高产品的市场接纳程度，往往通过线上产品故事讲述、线下交流、农场参观等方式进行消费者引导活动。这类活动主打"健康养生、安全食材"理念，看似

"很美丽"，却也有耗时长、扩散慢、需长期积累的特点。特别是一些小规模的职业农民，本身接触到城市中高收入群体的机会就相对有限，通过微信等社交媒体推广的效果也就很难尽如人意。从"在客户关系上存在的问题"一题的回答来看，存在的问题主要包括：无法满足客户对产品品相、包装的需求（56.67%）；无法满足客户在口味上的需求（50%）；难以接触到中高端消费群体（46.67%）；无法满足客户在官方认证上的要求（45.83%）；无法满足客户多样化的品种需求（45%）。

随着城市消费群体需求的多元化，农业的多功能性特征近年来越发突出。在受访的职业农民群体中，已经出现主动将郊野旅游、体验采摘、亲子文创活动与既有种植、养殖相结合的案例。这里又分为不同的层级，比较初级的形式是以游带销，即通过消费者在区域旅游，带动农产品销售。在此模式中，农产品销售仍是基础收入来源，区域旅游起到吸引消费群体的作用。在升级版本中，一些职业农民已经逐渐从以农业为主向民宿、健康休闲、家庭体验等方向转型，此时农业更多地成为一种背景，而对其收入贡献最大的部分，则由第三产业承担。从这里也可以看出，这些从事有机农业、文创民宿创新、智能化农业等新兴业态的职业农民在推动农业经营业态创新上的生力军作用。

（三）网络工具的应用

通过淘宝等电商平台销售被认为是职业农民一个较突出的特征，在受访的职业农民中，有六成表示他们通过不同形式的网络工具销售农产品，其中15%的职业农民超四成的销售额通过电商平台完成（见表4-3）。然而对于产品趋同的小生产者来讲，由于价格更趋透明、选择转换成本低等，淘宝等电商平台的竞争压力甚至会高于实体竞争。加之品类电商间以量换价、恶意竞价，更让一些"涉网不深"的职业农民难以承受。一位返乡做山药种植的年轻职业农民这样描述自己遇到的困境："我们本地的山药，收购价格大概在3块钱一斤，淘宝上敢卖到20块五斤，还要包括人工和售后。说实话，运气好了可以挣个辛苦钱，运气不好售后多了肯定会赔钱。"从调查结果来看，对于问题"通过电商平台销售商品有哪些困难"的回答，排在前两位的分别是：不熟悉电商运营技巧、缺乏经验（79%）和运营推广要花费大量资金（65%）。

表4-3 电商平台（淘宝、微店、京东等）销售额农户占比情况

单位：%

| 电商平台销售额 | 10%以下 | 10%~40% | 40%~70% | 70%以上 |
|---|---|---|---|---|
| 农户比重 | 35 | 50 | 14.17 | 0.83 |

即使有良好竞争优势的产品，在电商平台如何扩大产品销量、如何保证物流畅通、如何处理和消费者的关系，都是需要职业农民认真解决的问题。职业农民们常常是在与挫折的较量中摸索经营之道。一位涉足生鲜干果销售的职业农民，由于最初没能把握好物流时间，致使大量干果腐烂，最严重时每天要处理上百条顾客投诉，用他自己的话说，是到了"几近崩溃，一度想放弃淘宝店撒手不管"的状态。但经过激烈的思想斗争后，他选择认真向每一个顾客解释，并最终按照承诺在新果下来后如数补偿，从而收获了大量忠实顾客。网络购物特有的消费心理与审美需求，不仅要求年青一代的职业农民们将构成网络消费群体特质的文化符号融入产品设计和宣传，更要学会在即时的、碎片化的互动中把握消费者品位与心态的细微变化，努力在流变的交互中建立某种更趋持久的关系。

（四）总结

职业农民群体的出现，本身是我国当前城市化、工业化、农业农村发展进入新阶段后，社会结构性变革的一个缩影。资源要素由以城市为中心趋向，向城市-新型城镇-乡村多向趋向转变，人才流动由农村-城市单向流动，向大城市-中小城市-乡村地区多层级的多流向转变，同时城市中产阶级群体的兴起对食品品质提出了更高要求，人们更愿意逐山近水而居，从而出现了一定程度的"逆城市化"现象。职业农民群体往往既是如上变化的组成部分，又是在这种资源、人员流动中寻求立业机会、满足相应需求，或针对相应问题的解决应运而生的一个群体。本研究通过对职业农民的考察，发现这个群体在市场意识、农业生产业态创新及农业多功能

性发挥、城乡生活选择等方面都具有可识别的、不同于传统农民的价值取向；其主要从事具有消费者导向特色和较高附加值的种植业、养殖业，并积极利用互联网平台、精准市场定位等手段开拓市场。这个群体增强了农业发展对于外界市场机遇、政策环境的敏感性，同时也为我国农业供给侧结构性改革、农产品价值提升、产业链条完善等的实现提供了人力资本储备。

# 第五章 "多维一体"的县域乡村振兴体系

"多维一体"的县域乡村振兴体系，力图形成一种以新型集体经济县域双层结构为核心和基本制度设计，产业振兴、人才振兴、组织振兴、文化振兴、生态振兴"多维一体"的矩阵式县域发展格局。其中每个分领域的发展和振兴，都融入、结合了其他领域的因素，或为其他领域提供制度基础，从而形成了互为协同、互为支撑的县域乡村振兴发展格局。

## 第一节 组织振兴与集体资产运营"双层结构"

在县级层面，应建立新型集体经济资产管理体系。具体而言，在县委县政府领导下，新型集体经济资产管理体系由县级合作经济总社（以下简称合作经济总社）、县级农村资产投资运营平台公司（以下简称平台公司）构成。在村-镇层面，自下而上地构建了村级股份经济合作（联）社（以下简称村级社）及其控股的村级新型集体经济资产管理公司、乡级合作经济（联）社。

县级层面的合作经济总社与平台公司、村级社、村级新型集体经济资产管理公司构成了县域集体资产运营的"双层结构"。其中，以国有资产、集体资产、社会资产入股或投资设立的县级农村资产投资运营平台公司，属于混合所有制性质。县域集体资产运营"双层结构"是县级乡村振兴的各项事业的总抓手，是县域打通乡村产业振兴、人才振兴、组织振兴、文化振兴和生态振兴，实现县域乡村振兴各项事业协同推进、相互支撑的基本制度设计。在宏观层面，应将平台公司作为有序开发全县空间生态资源和精准投资关键产业的有力抓手；在微观层面，应将新型集体经济资产管理公司作为新型集体经济组织实现城乡要素高效流动的网络"枢纽"。

## 一 "双层结构"的基本制度设计[①]

成立县域乡村振兴领导小组（以下简称领导小组，也可由县全面深化改革领导小组承担县域乡村振兴的责任）。领导小组由县委挂帅，由涉农主要相关部门一把手构成。县级新型集体经济资产管理体系接受领导小组管理。需要强调的是，乡村振兴涉及农业发展、基层治理、基层党组织与人才建设、科技成果转化与应用、建立新型集体经济、空间资源修复与利用、政府和社会资本合作共建、资源交易平台建设、文化旅游产业发展等方面，建立跨越单一部门的总揽性、统筹性的联席委员会显得尤为必要。

成立县级合作经济总社，受托管理县域范围内的集体资产，实施乡村振兴战略。其下设立生产服务部门、资产运营部门及信用服务部门等。由各村股份经济合作（联）社出资构成合作经济总社所管理的集体资产。组成的资产量化到各社，作为各村级社享受资产运营收益分配的依据，所有权归各村级社所有，但经营权归合作经济总社所有。[②] 合作经济总社注册成立合作经济总公司（以下简称总公司）作为营利法人实体和财务单位管理运营集体资产。总公司负责合作经济总社资产的投资、运营，以及县域范围内的资源收储、统筹、交易等。总公司参股平台公司。

对于相对贫困地区，各部委、省（区、市）等对口支援单位以项目资金入股合作经济总社。合作经济总社吸纳村级社、涉农部门、金融机构、涉农工商企业等为社员单位。

平台公司的资产主要由国有资产、集体资产组成，国有资产控股，总公司参股。国有资产部分，可由县域国有资本运营公司履行国有资产出资

---

① 本节部分内容受益于与北京共仁公益基金会白亚丽、北京大学习近平新时代中国特色社会主义思想研究院乡村振兴中心特邀研究员逯浩、中国人民大学农业与农村发展学院罗士轩博士的讨论。

② 参见《山西省大宁县合作经济联合总社章程》。

人代表职责。[1]

合作经济总社兼有集体经济组织、合作经济组织（农民专业合作社及其联合社）、社团组织的性质，享有相应的不同渠道的政策支持。[2] 平台公司则具有混合所有制性质，负责国有资产、集体资产的委托管理。因此，新型集体经济资产管理体系体现了党的十八届三中全会中关于"允许更多国有经济和其他所有制经济发展成为混合所有制经济。国有资本投资项目允许非国有资本参股。允许混合所有制经济实行企业员工持股，形成资本所有者和劳动者利益共同体"三个允许的决策部署。

合作经济总社为村级集体经济组织（村级社及村级新型集体经济资产管理公司）、农业经营主体和农户提供政策指导、产业规划、信息技术、电子商务、销售渠道、农业生产标准及质量、信用及农业保险等方面的服务。

合作经济总社下设生产服务部、集体资产运营部、信用服务部、工程部、市场服务部、人才服务部等部门，为涉农部门提供投身乡村振兴的协同平台，提升行政资源综合使用效率，提升涉农政策支持和项目资金的整合力度，为县级乡村振兴规划、农业产业发展规划提供基础性的制度设计。

合作经济总社根据业务领域下设分委员会，可包括产业推进委员会、金融保险委员会、青年创业委员会等，分委员会吸纳金融保险、供销社、龙头企业、专业合作社、文创公司、咨询机构等作为会员单位。分委员会可依托合作经济总社或总公司开展相关业务。

村级新型集体经济资产管理公司，受村级社委托，作为完整意义上的营利法人实体，管理运营村集体资产。以全县 324 个村级新型集体经济资产管理公司为村级集体资产管理、产业发展、集体经济保值增值、普惠发展、内生动力激活以及支持村级各项事业发展的微观主体。同时，根据区域产业发展中心级，鼓励各种资本形态通过入股进入镇级、中心村、明星村资

---

① 丁传斌：《地方国有资本运营法制探索》，北京大学出版社，2017，第 191 页。
② 罗士轩：《乡村振兴背景下农村产业发展的方向与路径》，《中国延安干部学院学报》2019 年第 1 期。

产管理公司，形成资本的集聚效益、产业的规模效益、区位的集中效益、资源的优化配置效益、人才的聚合效益、业务链条的协同效益。

需要指出的是，平台公司与村级新型集体经济资产管理公司两级运营主体都具有混合所有制的性质。就平台公司而言，其是以国有资产、集体资产为主的，并有一定比例的社会资产。而村级新型集体经济资产管理公司既包括村级资产的折股量化，也包括由集体经济组织运营和管护的财政投资或科技部专项项目投资形成的资产，以及入股的社会资本。

应以县委、组织部、农业农村局等为总领，制定支持县域集体资产运营"双层结构"发展的措施。应整合财政、农业农村、民政、国土、生态环保、供销等相关部门力量，将合作经济总社和平台公司作为推进涉农各方面工作的重要抓手，为其提供全方位支持。各部门应在涉业务领域为新型集体经济资产管理体系发展提供良好的成长空间。

## 百村公司：国有经济带动集体经济混合发展

2013 年，上海奉贤区 100 个经济相对薄弱村，每村出资 10 万元（各占 1% 的股份），共同参股成立上海百村实业有限公司，建立全区经济薄弱村共有共育共享的联合发展平台，委托区属优质国企——上海奉贤投资（集团）有限公司运营管理，相继购置了三期百村创业园的物业。截至 2018 年，村创业园累计纳税 14.5 亿元，分红 3.2 亿元。不仅引来实体型企业承租物业，还有大量商贸型企业落户缴税，原本近 9 亿元的原始资金连年增值。百村实业市场估值已达 15 亿元，村均增加经营性资产 1500 万元以上，是原始股金的 150 倍。而每年给各村的分红，也从最初的 30 万元增至 90 万元。2018 年 7 月，上海百村科技股份有限公司正式成立。该公司覆盖奉贤区全部 176 个村级集体经济组织，集体资产累计出资占股 88%，奉投集团代表国资占股 12%，公司以现代企业股份制公司为架构，同股同权，完全市场化运行，在全国范围内创新提出以国有资产带动集体资产混合发展，通过壮大集体资产从而带动村民富裕的农村造血帮扶新机制。[1]

## 集体产业镇级联营公司

北京平谷区大兴庄镇运用农村集体产业用地统筹利用试点政策，着力盘活低效闲置资源，组建镇级联营公司，采取"乡镇统筹、集体所有、农民持股、长期收益"的模式，按照减量发展思路，将疏解整治出来的集体产业用地指标谋划发展，壮大村集体经济，促进农民增收。塔洼"金塔仙谷"精品民宿作为发展集体经济的一个项目，今年5月1日开始运营，每年保底收益60万元，由联营公司按股权分配给各村集体，从而让集体获得收益和分红，让群众受益。[2]

## 二 "双层结构"的职能划分

根据目前县域振兴涉及产业、领域的范畴和规模，可以划分"双层结构"的职能。

在县级层面，合作经济总社（合作经济总公司）侧重于低风险项目的运营。参与县域内优质产业发展规划、论证、设计，统筹推进地方优质产业，如红枣、山地苹果、枣畜养殖业、旅游等，并逐渐在农村电子商务平台建设、产业引入、产权交易平台建设、农资统购、产品统销、质量监控、品牌运营与市场开拓、人才发掘与管理、技能培训、农业信息及政策咨询等领域发挥关键作用。各社员单位可利用合作经济总社信息和组织优势，开展信用评级、贷款、农业保险等业务。中远期可考虑生态银行、绿色债券等业务。

---

[1] 李一能：《100个经济薄弱村"凑份子"入股创业园 奉贤"百村模式"实现脱贫"三级跳"》，https://baijiahao.baidu.com/s？id=1636940545377173126&wfr=spider&for=pc，最后访问日期：2019年6月21日；《上海百村科技股份有限公司揭牌仪式隆重举行！》，https://www.fengxian.gov.cn/gzw/001/20180717/001002_b9b85705-815a-4bde-aa4e-5cec4b139bec.htm，最后访问日期：2018年7月17日。

[2] 方彬楠：《"疏整促"让平谷菊花小镇居民更幸福》，https://baijiahao.baidu.com/s？id=1685043038809669108&wfr=spider&for=pc，最后访问日期：2020年12月3日。

平台公司应在当地特色、支柱产业及发展薄弱环节用力，着重投入那些具有明显外溢价值属性，企业不愿投入、难以产生明显经济效益，但却对于地方产业内涵式、长久发展至关重要的"掉链子"环节，如技术引进、生产服务体系、人才技能水平提升、区域品牌运营、政策对接、前沿产业信息发布、潜在消费者群体对接、媒体造势等。

平台公司负责县域内支农、涉农财政资金的受托管理和经营；收储具有产业开发价值的林地、坡地、经营性设施、民居、古树等，并对其进行管理、运营或委托他方运营；运营新老城区间、城区与农村间的多重地票交易，将生态修复、城镇建设空间布局优化、"城乡联动"城市建设通盘考虑；在沿黄生态脆弱地区实施坡地多层级生态修复与开发；参与本地自然资源开发。平台公司可以通过整合财政投资或以部分运营收益设立各种专项基金，如防返贫保险基金、青年返乡创业基金等，减少财政依赖，探索乡村振兴持效机制。重庆自 2008 年开始，开展了地票改革试验，通过将农村闲置、废弃的建设用地复垦为耕地等农用地，腾出的建设用地指标经公开交易后形成地票，用于重庆市为新增经营性建设用地办理农用地转用等，实现了统筹城乡发展、促进生态产品供给等生态、经济和社会综合效益。①

以"双层结构"打通城乡区隔，实现资源、人员流动的城乡一体发展。同时，面对农村老龄化严重的趋势，实施"以地换房"，在农户自愿的前提下，以农户宅基地、耕地、林地等置换所在镇或县城集中养老公寓，具体置换系数根据公寓价值和地票价值确定。由村级新型集体经济资产管理公司、平台公司完成对于置换宅基地、农地的收储，并考虑由置换土地经营性收益缴纳城乡居民养老保险、医疗保险、大病保险，确保迁居群众无后顾之忧。②

平台公司通过投资、入股等方式，介入本地具有较高盈利率的稳定行业，为本地农户提供内生增收路径，使其享受发展红利；通过县级资产交易平台（二级市场），以项目发包、联合运营、公私合营等方式，吸引社会

---

① 中国人民银行研究局编著《绿色金融改革创新案例汇编》，中国金融出版社，2020。
② 逯浩、温铁军：《生态资源价值助推乡村振兴》，《中国金融》2021 年第 4 期。

资本进入具有市场开拓性的领域，如全域旅游、康养民宿类项目。在这个意义上，平台公司事实上发挥着一种"资源银行"的作用，而整全化资源收储形成的"资源池"，为其设计优化组合的开发项目包、对接社会资本合作开发或市民多样化生态产品需求提供了可能性。也就是说，平台公司具有"双向融资"的功能。一方面，平台公司以其受托管理的国有资产、集体资产或收储的林地、坡地、民居、古树等资源设计项目包，通过二级市场吸引社会资本。同时，村集体在吸引村民把分户占有的资源性资产按照约定比例做股到村集体的基础上，作为空间资源所有者，对外引入其他投资主体，获取整体性、非标性空间资源开发收益，并以国家财政投资到村形成的交由村集体并对村民做股的资产，入股扶贫工厂、扶贫农场，获得相应收益分配。①

另一方面，一级村级、二级县级的资产管理运营平台，可以发挥合作投融资机构的作用，即将农户的分散资金集合为"组织合力"。县级政府应鼓励并以倾斜性政策支持村级新型集体经济资产管理公司和平台公司发挥融资作用，进入本地具有较高盈利率的领域，使得农户获得投资性收益。投资盈余除按社员权回馈农户和特定支持贫弱群体外，留存公积金作为村级治理与公共服务财政基础。对于没有特别资源禀赋、农作物品种缺乏市场竞争力、交通区位一般的传统农区——这其实是大多数的中西部农村，上述路径是除了发展特色农产品、利用差异化市场提升产品附加值这类经常提及的做法外，将"组织力"本身作为一种发展资源的路径。②

特别是对于中西部尚无集体经济收入的村子来说，应在股权配置及优先顺序上，鼓励其以自有资金或财政投入，通过平台公司进入产业项目。

平台公司应以产业发展规律为主导，以实现资源价值化效益为导向，打通地域、部门界限，发挥"集中力量办大事"优势，以大产业、大健康、大旅游、县域多维度循环等为题材，形成"农业＋畜业＋养生＋深加工＋

---

① 温铁军：《生态文明战略下的乡村振兴——首届世界乡村复兴大会的发言》，《山西农业大学学报》（社会科学版）2021年第1期。

② 吕程平、温铁军、王少锐：《深度贫困地区农村改革探索：大宁实践》，社会科学文献出版社，2020。

文旅""文化＋认养经济＋民宿开发＋坡地经济""林业＋饲草＋中草药＋酿酒＋电商""地票＋资源收储＋双城建设＋老年公寓"等全产业链条。各村级集体资产运营方，在平台公司统筹下，根据其发展基础、交通区位、资源匹配等，参与到项目链条，或将其资产委托平台公司运营。后者可将"资产包"设计为"项目包"，通过产权交易平台，对外挂牌，吸引市场运营主体。也可以单株古枣树通过竞拍、期货或不动产交易等形式，探索农村资源"三级市场"。平台公司可以与民营社会资本设立 PPP 项目公司，作为 PPP 项目的发起人，由政策性银行或商业银行等提供融资支持，通过整合旅游和土地资源，实现交通沿线旅游资源一体化开发。[①]

村级新型集体经济资产管理公司及中心村、镇级新型集体经济资产管理公司，按照宜分则分、宜总则总的原则，根据本村资源禀赋、区位优势发展光伏发电、种植养殖立体循环、山地水果、林下经济、酿酒、小杂粮、花卉、中草药等种植与加工等产业，并应筛选出一部分发展基础好、产业辐射能力强、特色突出的领头村（中心村），使镇域内乃至县域内的集体资产以入股、设备出租、委托管理等方式向已经形成较强自我发展能力的村级新型集体经济资产管理公司聚集，并形成更大的就业带动和增收效益。同时，在县域乡村振兴领导小组统一规划和合作经济总社的指导下，各村级新型集体经济资产管理公司可以形成基于产业链的、基于产品项目的或基于资源板块的联动。在股权分配上，体现倾向性的益贫属性，设立普通农户、建档立卡农户、兜底农户等多元化股权，在公开、透明的前提下完善村集体收益分配机制，留出公积金用于村集体经济滚动发展，留出公益金用于村民分红并为贫苦户提供救济、社区意外灾害保障制度。

## 三 "双层结构"的制度优势及意义

"双层结构"是指，县级层面的合作经济总社和平台公司，与村级社、

---

① 《关于促进交通运输与旅游融合发展的若干意见》，http://www.cnta.gov.cn/zwgk/tzggnew/201703/t20170301_816112.shtml，最后访问日期：2017 年 3 月 1 日。

村级新型集体经济资产管理公司。

在县级层面，合作经济总社与平台公司的职能各有侧重，以规模优势、政策优势、信息优势、金融优势、人才优势和平台优势负责全县范围内的"三农"政策承接与执行，推动农业农村高质量发展，是保证脱贫攻坚与乡村振兴有效衔接、乡村振兴与城乡统筹有机衔接及"双星联动"城市格局构建的重要依托，是县域乡村振兴战略实施的基本制度设计，并将成为实现"百亿园区、百亿枣畜、百亿文化旅游"三大目标、建设"全域旅游"和沿黄文化旅游生态产业带的重要制度支撑。

根本上讲，"双层结构"的制度设计在于解决小农户如何与现代市场、现代农业对接的问题，是碎片化、小规模生产、老龄化、知识和技能结构滞后背景下小农户与标准化、品牌化、规模化、智能化、数字化的现代农业对接的必然要求；是通过更高层级的利益联结机制，让普通农户分享到政策性收益、资产性收益和高端市场收益，提升农村居民人均可支配收入，改善生活质量，最终实现共同富裕的必然要求；是发展地区优势产业，有效整合优化各类资金资源，提升农业抵御自然风险和市场风险能力，推进一、二、三产业融合发展的必然要求；也是全面提高县域农产品品质，突破渠道瓶颈和品牌瓶颈，提升农畜牧产品、山地水果、小杂粮附加值水平，进军国内优质市场乃至海外市场，建立城乡消费者"短距"型消费链，实现农业供给侧结构性改革的必然要求。

## 第二节　产业振兴的三个维度

### 一　"双层结构"助力产业振兴、城乡互动

当前，我国各地已经有了一批较为成熟的通过村级集体经济组织集中流转、经营或出租闲置、撂荒土地、厂房等资产，发展现代农林业、立体循环及文化旅游业的案例。"双层结构"是在乡村振兴的新时代背景下，将这样的经验做法深化、机制化和推广化。各地脱贫攻坚进程中涌现出的村

级集体经济发展壮大的案例可以说是对现代市场的"层级性"的直觉认知在政策实践层面的反映。

所谓市场的层级性，即不同收益水平市场之间是呈层级化分布的，不同层级之间相对区隔，每个层级的差异代表着参与主体收益量级的差异。简言之，分散的、较低数量级的低质资源拥有者是不可能成为高层级市场的真正游戏者的。单个农民带着细碎化的林地、农地或资金，不可能直接进入规模化运营的收益市场，更不可能进入资源资本化收益的市场层次。[①]而"双层结构"扮演着"资源银行""做市商""PPP项目发起人"等多重角色，打通了城乡间要素双向流动的"梗阻"，形成了资源价值化及价值放大化的机制。

通过"双层结构"，完成了城乡资源要素产权制度的"双层"改革。就农村而言，盘活村集体或农户拥有的各类土地资源、集体建设用地、闲置学校、荒废厂房、生产设施、宅基地、古木、枣园等各类资产，估价成资本，以及各级财政投入农村的产业扶贫、乡村振兴等资金和其所形成的资产，折股量化为村集体和各成员股权，引导农民自愿投资村级社，再由村级社以入股或委托经营的方式，交由合作经济总社及平台公司管理。社员单位也可以将自有土地、物业等资源交由平台公司管理，同时利用县级资源池吸纳社会资本，投资农业规模经营、坡地经济开发、全域旅游、枣园认养、民宿开发等多元业态。同时，平台公司可以按照一定置换比例，在县城新城区留出村级集体经济发展用地，为其提供物业收入来源，让村级集体经济也能分享城市开发红利，让农民也能成为"城市开发商"的股东。平台公司还可以与融资担保公司合作，为有意向参与项目开发的社会资本提供融资担保服务，降低融资成本，提升资源流动性。

从而一方面，实现了城市资本下乡、全域资源统合，实现了空间资源的整体性红利；另一方面，实现了村民股权"进城"，使其进入城市开发获

---

① 吕程平、温铁军、王少锐：《深度贫困地区农村改革探索：大宁实践》，社会科学文献出版社，2020。

利空间。"痛则不通、通则不痛",通过"三级市场""双层结构"打通城乡间要素双向流动的壁垒,在资金、资源、要素流动、整合与优化中创造价值,并让价值增量更多地惠及普通百姓。如绍兴市柯桥区夏履镇双叶村以党支部为主体,实施闲置农户收储计划,统筹盘活闲置农房,打造"民宿＋生态文化体验"项目,并集中聘请专业酒店管理团队运营"周家大院"民宿群,"集体搭台、农户参与、资本唱戏"。[①]

## 二 机制创新促进县域乡村振兴

以"双层结构"落实县域各类乡村振兴规划。县域乡村振兴领导小组、合作经济总社统筹协调县、镇、村三级产业发展,将上位目标任务层层分解,根据地区产业基础、资源条件制定镇或村级股份经济合作"3＋X"产业规划。通过政策统合、集体统辖、资源统筹、技术标准统一,降低生产服务供给的边际成本,提升资金使用效率,让传统的单家独户的农业经营主体,也能借助集体经济组织提供的技术、市场、信息服务,从而具有市场优势、规模优势、成本优势、技术优势。

构建网络化的地域产业格局。在产业链上相互协同支持,在技术上实现区域微循环,将更多的价值链留在本地。应特别注意,农业、畜禽业、山地水果与本地其他特色产业之间不是简单的累加关系,而更可能是交互融合、衔接、组合的矩阵式关系,要探索不同产业门类间的耦合、"互利共生"关系。这种联系不仅是一般意义上的上下游、供需双方或配套产业层面的,也可以是产业集群前端、过程、终端各种投入品、副产品、产品之间的循环;不仅局限于第一产业之间、第一产业与加工业之间,还可以是"六次产业"融合的,可以尝试在产业循环全链条引入康养、旅游、教育、民宿因素,提升传统产品文化附加值和可传播价值。这不仅可以延伸产业链,形成更具市场韧性的地域发展网络,也是生态文明建设的内在要求。"一花独放不是春,百花齐放春满园",地方产业结构的形成是一地的资源

---

① 王猛、邓国胜等:《中日韩乡村振兴的创新实践》,中国社会科学出版社,2020,第22页。

禀赋、交通区位、产业链配套衔接与技能结构等因素长期交互作用的结果。日本、韩国的村镇发展提倡的"六次产业化"，实际上就是探索不同产业之间连通与协同发展的可能，并积极面向现代城市消费者的品位、需求等因素，从而活化乡村文化与乡村产业。

根据地方既有优势积累和产业基础结合市场需求自然"生发"出的产业，往往具有更强的适应能力和持续发展能力。陕西榆林市王宁山村以循环经济为模式，激发附加产业活力，建立了一条"有机红枣—红枣原浆酒—酒糟—原生态土猪—发酵有机肥—有机红枣"的生态循环经济产业链，通过全方位开发利用红枣价值，培植出资源共享、优势互补、协调发展的黑毛猪养殖业，同时大力推行"合作社＋基地＋贫困户"产业化的发展模式。①而在县域范围内，构建网状产业支撑格局这种超出单个农业经营主体甚至村镇能力范畴的事，正是合作经济总社和平台公司发挥作用的领域，是将县域内已然星罗棋布并渐呈燎原之势的特色产业、集体经济建设的"点"连成"网"。

注重发展镇域、村级主导产业，并通过"双层结构"收储散落在县域范围内的分散土地、集体建设用地、厂房、民居、古木、果园，形成资源池，根据镇域、村级特色和发展规划，优化组合资源池内的各种资源要素，设计成各具特色、相互配套的"项目包"，并经由县级资产交易平台挂牌，吸纳社会资本，形成"镇镇有主导产业、村村有特色产品、户户有增收项目"的格局，构建起"长短结合、多点支撑、全面覆盖"的产业体系。

应充分认识到具有全域重大发展意义的资源价值化工作，要以合作经济总社作为推动重大潜在资源变现的第一主体。这类资源不仅是指有形的山川水土，更包括无形的地理标志、社会声誉与评价、市场开掘空间、题材运作空间、文化风俗、技术能力等。后者正是因为其无形性而具备了几

---

① 《"圪蹴起"的红枣，富起来的枣农》，http://www.shaanxi.gov.cn/xw/ztzl/zxzt/tpgjsqzxd/hl-gj/xyfp/201911/t20191123_1511061_wap.html，最后访问日期：2021年6月8日。

乎无限的价值化能力。要认识到，互联网时代的市场价值，不仅取决于一般意义上的生产成本，更取决于产品、服务本身与上述无形资源相结合的形式与程度。如散布于各地的农业文化遗产、历史文化名人遗迹，就属于具有全域重大发展意义的无形资源，或者说符号资源。笔者于 2020 年暑期在河南偃师乡野游历，方圆不到 5 公里的范围内分布着夏都二里头遗址、汉魏洛阳故城遗址、吕不韦冢、灵台遗址、关公冢、杜甫墓、永宁寺遗址等古迹，但其中许多或湮没于黄土，或荒废于沟渠。如此丰富的历史资源，背后是承载着大量民族文化记忆的无形资产，却缺乏具有创造力的机制将其价值化，不免让人扼腕叹息。

**图 5－1　偃师吕不韦冢**

通过"双层结构"的运营体制、通过"三级市场"的机制创新，可以更加充分地发挥县域无形资源的价值扩大效应和价值衍生效应。应注重文化遗产、无形资产的符号价值。温铁军教授在陕西榆林调研时提出了千年古枣园内涵价值的竞价拍卖机制。可以由县级集体资产运营方扮演"做市"角色，对接第三方专业伙伴机构，动员社会资源和媒体资源，阐释、背书、提升、扩散枣园符号价值，并经由一线交互媒体平台，产生"舆论场热点"效应。在此基础上，细分、深化千年枣园内涵价值（健康、生态、文化等），即将其"题材化"。将符号价值与特定人群的消费心理、群聚心理、攀比心理相衔接，并通过竞拍实现网络群聚空间的变现，同时，沉淀客户资源与社会传播的品牌记忆，而其更重要的衍生价值在于，本地周边产品（单株枣树、民宿、中草药、红枣、牲畜）乃至地域本身的市场期望价值的提升。

也就是说，通过交互媒体平台推动的"竞拍过程"有可能实现"双层"价值化。其一，千年枣园本身的文化内涵价值显化；其二，在更深的层面上，形成地域"晕轮效应"，实现围绕地域名牌的社会联想效果，为"古葭州"地理内涵赋值。这样的符号增值过程又可以在多维度上和更广的范围内与地域产业发展相结合。

## 三　科技力量引领农业供给侧结构性改革

广义的科技力量对于地区产业的带动作用，在县域层面在于科学规划产业布局，科学设计技术支持体系，科学对接互联网、电商平台、智能农业等"黑科技"，提升终端销售层次；在中观上，以主导产业应用技术为主线，依托企业、科研机构力量，探索生产、加工、仓储等全环节技术突破，实现产业延伸及增值；在微观上，则在于培养、激励有着一定科学素养和技术敏感性，执着于农牧业品质提升和农业生产模式改进的现代新型农业经营者队伍。

面对县域农林业、畜牧业存在的不同程度的管理粗放、技术人才匮乏、务农人员老化的问题，应将"中央引导地方科技发展资金项目"等科技支农项目与合作经济总社对接，统筹规划全县科技支农资源，通过"上级支持＋合作经济总社＋村级社＋企业＋农户"等形式，针对各地优质产业，在品种引进、技术标准制定、基础设施改造、生产规程把控、病虫害防治、有机标准认证、电商平台运用、深加工工艺升级改造、农业微循环、新型农业经营主体培育等环节强化科技带动作用。

要通过科技兴农机制创新带动县域经济在周边地区中拔得头筹，做出高科技含量、做出特色、做出品牌，要做到"人有我优、人有我强"。聚焦于有一定产业基础和运营实践的精细领域，统筹规划不同相对优势门类的叠加创新，通过新品种引进、基因优化、高附加值加工技术、坡地循环经济等措施发挥相对优势领域潜能作用；应紧跟国内国际科技潮流，充分发挥合作经济总社在科技支撑、信息服务、前沿引领、灾害预防等方面的全局性作用，使其成为地区特色产业、细分品种的科技高地；以本地核心产业优势，带动周边集成创新，通过新型集体经济资产管理体系，及时总结、推广县域内跨界创新、结成创新技术成果和产业发展经验。要发挥合作经济总社的统筹作用，在科技成果推广上不搞"一窝蜂"、不搞"窝里斗"、不搞"恶性竞争"，拒绝"竞劣效应"，要因地制宜、因村制宜，探索科技成果与一地特质的自然地理水文环境的"嵌入性"，探索区域内特色产业、"亮点"联动、协同可能，以低成本技术深化和服务深化做出精品。本着大胆创新、小步实验的方针，将已经取得可喜成绩的本地农业科技成果，抓紧在适度范围内推广，探索深度开发和经营模式。

应充分挖掘、培养、发现本地内生的科技人才和技术创新力量，每年，合作经济总社应从经营收益或上级拨款中专门划拨出一定的经费，设立科技创新专项基金，针对当地不同时期的本地产业发展关键技术，鼓励科技攻关，加大激励力度；特别应该注重对本地懂技术、善钻研、爱农业的"乡土科技人才"的挖掘和奖励，通过机制创新，促生本地内生的科技创新动力，要建设真正能扎根大地的、"生于斯、长于斯"的农业科技创新力量。

## 四 创新市场方式带动产业振兴

合作经济总社要借助准体制内的优势，将脱贫攻坚阶段形成的产品推介会、特优产品展销、对接主流媒体和影视界资源等经验做法，以更加创新的方式继续推进，并将其机制化、专业化，要将新媒体时代的市场培育作为最具产业发展"正外部性"，即外溢价值的生产性社会服务工作，使合作经济总社成为地区产业市场中最大的培育者。

特别应注重发挥"党建＋合作经济总社"的制度优势，让党建不做"花架子"，能达到切实的经济社会效果。如可以由县委组织部牵头联系省会城市或周边大城市的街道、社区党委，动员小区居民，对接合作经济总社，以县级优质农产品、禽畜产品、林果产品"直供"省内小区。在初始阶段，可以先从机关、单位社区等有较好组织基础的地方做起。这也就发挥了党组织在城乡两头的"组织功能"，即以体制内资源为市场拓展做背书，降低沟通成本、信任成本和交易成本，缩短供应链条，将更多的收益留给村集体经济组织和广大农户。

更进一步，可以借鉴国内已经初具规模的社会生态农业CSA模式，发动周边城市消费群体建立有机、高质量食材的购买组织网络，与本地合作经济总社形成紧密联系，并通过消费者探访考察、联谊活动、主题亲子活动等加强消费者与生产者之间的联系纽带和信任基础。同时，这也是将产业链从农副业向文化旅游、民宿方向深化的重要先行路径和潜在消费群体基础。

疫情期间，各地举办了各种"消费扶贫"活动，引导社会各方面力量，解决农产品难卖的问题，防止人们因疫情返贫。上述城乡消费者机制化的联结设计，可以说是"消费扶贫"的2.0版本。在这里，也可以借鉴日本在1970年代兴起的"地产地销"活动。"地产地销"与国内的"消费扶贫"都包含促进农产品销售、带动农户参与、城乡互动等内容，由于其与日本版的"农民合作组织"——日本农协紧密配合，在农业社会服务体系建设、弱势群体就业、市民教育、市民农业以及基层内生能力建设等领域都取得了明显效果。通过日本农协推动的"地产地销"我们可以明确地看到，通过地方资源的再生、城乡群体的联结与市场空间的拓宽，基层内生能力的增强、地方特质农业多元化经营水平的提升以及城乡联系乃至民众间情感纽带的加深等都会成为基层自主发展与地方活力孕育的基础。

注重海外市场开拓。以枣类市场为例，虽然国内市场趋于饱和，但海外红枣市场却有着巨大的消费潜力。2018年我国红枣出口8万吨，不到当年红枣产量的 0.3%，而 2018～2019 年红枣出口量不断上涨，出口价格较上一年上涨了 2.06 倍。县级乡村振兴相关部门应推动成立供销进出口贸易有限公司，合作经济总社可采用与县供销社合作、增持股份等方式参与到本地特色产品国际市场探索的进程中。充分利用体制内资源、科技实力和规模优势，对标欧盟 EU、美国 NOP、日本 JAS 有机认证，先期试点有较好产业基础的村级社开展高标准产业基地建设，开展有机认证转化。在此期间，与人才振兴工作相衔接，提高合作经济总社外贸市场开拓、对谈能力，熟悉质量标准、贸易流程和电商销售路径。将高利润率的海外市场的开拓打造成提升全境枣业品质、惠及广大枣农、壮大集体经济的优质工程。

## 第三节　人才振兴拉动乡村振兴

中共中央办公厅、国务院办公厅印发的《关于加快推进乡村人才振兴的意见》指出，乡村振兴，关键在人。坚持把乡村人力资本开发放在首要位置，大力培养本土人才，引导城市人才下乡，推动专业人才服务乡村，吸引各类人才在乡村振兴中建功立业，健全乡村人才工作体制机制，强化人才振兴保障措施，培养造就一支懂农业、爱农村、爱农民的"三农"工作队伍，为全面推进乡村振兴、加快农业农村现代化提供有力的人才支撑。

在县域乡村振兴实践中，应通过组织建设和机制创新，落实党管人才原则，让党委在乡村振兴各项事业中发挥切实作用；要以新型集体经济建设、农业新型经营主体建设、"互联网＋农业"等途径为人才在基层建功立业创造空间，培养懂经营、愿意投身乡村发展的涉农企业家队伍；要完善激励机制、权益配置机制、晋升机制和流动机制，让各类优秀人才能够在农村的广阔天地里实现价值、创造价值；要发挥科技人才在农业供给侧结构性改革、基层治理、农业技术推广中的重要作用，通过与高校、社会组织等主体共同建设人才培育基地、乡村建设学院等形式，广泛培训各类农业实用科技、信息化技术人员和经营管理人才，让众多一线工作者能成为懂经营、懂技术的"土专家"。

## 一　党建引领＋区域集体经济组织

在脱贫攻坚期间，各地通过各种形式的基层党建工程，有效带动了村干部、第一书记、驻村干部、产业带头人、技术能手等人才队伍在基层各领域大展身手。在乡村振兴阶段，应进一步发挥党建在乡村人才建设中的作用，在"双层结构"关键岗位人事选任、考核、激励、提拔等环节中，让有公德心、敢干事、能干事、能取得群众信任的人才脱颖而出、干出一番事业。事因人而兴，特别是首任合作经济总社和平台公司等机构负责人的选择，对于这个新生组织的后继发展起着重大作用，应慎之又慎。

发挥党组织在合作经济总社及平台公司中的作用，在新型集体经济资产管理体系运行的各个环节强化党建引领，保证正确的政治方向。可选拔具有相关经历的领导担任合作经济总社理事长，全面负责合作经济总社各项经营管理事务，统筹社员单位和相关部门工作。

平台公司应建立现代企业制度，设立董事会、股东会、监事会。将党组织建设内置于平台公司内部治理架构，将人才振兴工作与平台公司领导班子选拔、任命、管理工作有机结合。结合人才振兴板块，引入专业经理人制度，按照业务能力与政治过硬相结合、市场驾驭能力与政治素养相统一的原则选拔"双层结构"各层级负责人。实行党建嵌入法人治理结构，明确党组织在法人治理结构中的核心作用，探索党管干部原则与董事会选聘经营管理人员有机结合的途径和方法[1]；加强党建，落实主体责任和监督责任；落实党管干部原则与市场机制相结合。健全完善党组织参与重大问题决策的机制[2]。在合作经济总社及平台公司决策、执行、监督的各个环节发挥党建引领的作用。

---

[1] 《国务院办公厅关于进一步完善国有企业法人治理结构的指导意见》，https：//www.sohu.com/a/138165123_151247，2017 年 5 月 4 日。

[2] 仁达方略管理咨询公司：《国有资本投资运营公司的管理》，中国财富出版社，2020。

## 二 机制创新为人才提供广阔空间

"双层结构"本身就提供了一个阶梯化的优秀集体经济运营人才的上升机制。

应引入现代企业管理制度，特别重视管理人员薪酬制度改革，强化以"政治素养＋经营能力""德才并重"为导向的激励制度，可引入市场化经理人选拔机制，切实落实管理、技术等生产要素参与收益分配，以管理型人力资本、实用技术型智力成果作价入股，并设置具有竞争力的最高入股比例。形成让管理者将促进县域乡村振兴和集体经济发展的宏大目标与个人价值实现、获得合理报酬的微观目标相结合，吸引优质、专业人才投身合作经济发展事业，充分调动创业者的主动性和创造性。中西部地区乡村振兴战略的实现，需要久久为功，难以"毕其功于一役"，通过股权设置形成的利益联动机制，有助于形成经营者以长期主义、理性主义的视角审视战略决策，避免短期主义、机会主义行为，也有益于建立对于合作经济事业的认同感。同时，考虑到引入专门管理人才的较高成本，通过经理人持股计划，保持其在薪酬结构中的相当比例，管理人员收益在很大程度上通过市场运营实现，有助于控制县级资产管理平台的运行成本。

基层党组织的治理能力决定了乡村治理的成效，基层党组织应当成为新时代农村工作坚实的"战斗堡垒"、广大农民利益的代表者、农业发展的推动者、农村治理的主导者。[①] 应将在脱贫攻坚中形成的农村基层党组织党建工程引向深入，与"双层结构"建设相结合，落实新修订的《中国共产党支部工作条例（试行）》明确规定的"村党支部要组织带领农民群众发展集体经济，走共同富裕道路"的岗位职责。在村级集体资产委托管理协议中，应规定每年从合作经济总社收益和村集体分红资金中，拿出一定比例注入县级乡村振兴"资金池"，其中就应包括对于在乡村振兴各项事业中表

---

① 陈明明、吴国清：《乡村振兴视域下农村基本党组织治理能力探索》，《农村经济与科技》2019 年第 13 期。

现突出的优秀干部职工、技术带头人给予奖励。在村级新型集体经济资产管理公司的试点中，要为其营造适宜的成长环境，赋予"带头人"更多的自主权，将运营集体经济发展的业绩与个人所得清晰挂钩，可以设置运营收益权作为激励管理人员和职工勇于奋进的措施，并使综合薪酬水平对优秀人才保持足够的吸引力；让"探路者"没有后顾之忧，不要让敢做事的人"流汗又流泪"，将精神激励与物质激励相结合。

应当指出，村级新型集体经济资产管理公司不同于村级社等集体经济组织，其负责人不必然由村两委成员担任，而应以市场业绩，即维护和发展集体资产的业绩为根本标准，实现能上能下、能进能出；改变在一些村庄集体经济发展过程中存在的、"干不干一个样、干好干赖一个样"的状况。同时应设立监督机构，对公司财务状况、经营管理活动等予以监督。

## 三　打造县域乡村振兴人才创业平台

成立乡村共创工作室，可作为合作经济总社的下属机构。其功能在于，汇聚各界力量对接乡村振兴的全方位需求，构建多方参与的共赢式基层发展格局。让乡村共创工作室成为为社会资本、工商企业、社会组织进入乡村振兴领域的桥梁和路径。发掘、展示具有潜质的乡村项目、生态资源和乡土文化，让"沉睡"的资源、具有广阔前景的产业和优秀的基层创业者能脱颖而出。匹配各类资源、社会资本与智力服务，孵化、辅导、优化、壮大乡村优质创业和社会建设项目。为乡村基层创业者提供长期性、陪伴式、社会化的支持机制，联结各领域投身乡村的工商企业、社会资本，提高项目抗风险能力，扩大多层级盈利空间。同时，为广大乡村创业人士、市民下乡群体、基层干部和一线工作者提供相互联结、交流学习的平台。

乡村共创工作室要链接两类主体：乡村振兴一线建设者＋多元支持力量。所谓一线建设者，是指新型集体经济合作社、新型农业经营主体（合作社、家庭农场、新农人等）、社区自组织（教育、环境保护、养老、文娱类自组织）、治理类组织（村两委、乡贤理事会、老年协会）等。所谓多元支持力量，是指中央及各部委涉乡村振兴的支持者、大型商业集团（房地产企业、数字化农业企业、金融企业、渠道企业、社交媒体平台）、社会资本、各类社会资源拥有者（离开乡土的外出企业家、干部、知青、下乡市民、学生）。乡村创业平台，可以成为乡村振兴资源的孵化装置，发掘、整合、创意化、价值化、利益兼容化在地资源，设计项目产品，并促成各类一线乡村振兴主体与外界资源主体对接，达成合作意向。

## 第四节 生态振兴"联动"县域整体发展

### 一 探索生态产品的价值实现形式

2010 年 12 月，国务院印发的《全国主体功能区规划》提出："生态产品是指维系生态安全、保障生态调节功能、提供良好人居环境的自然要素。"这是国家层面首次提出"生态产品"概念。2021 年 2 月 19 日，中央全面深化改革委员会第十八次会议审议通过的《关于建立健全生态产品价值实现机制的意见》指出，建立生态产品价值实现机制，关键是要构建绿水青山转化为金山银山的政策制度体系，坚持保护优先、合理利用，彻底摒弃以牺牲生态环境换取一时一地经济增长的做法，建立生态环境保护者受益、使用者付费、破坏者赔偿的利益导向机制，探索政府主导、企业和社会各界参与、市场化运作、可持续的生态产品价值实现路径，推进生态产业化和产业生态化。

生态产品的供给有其自身特点，生态产品价值的实现是基于自然生态系统本身的整全性、系统性、空间性和多元性特点的。这就需要具有"整体理性"和整全的资源占有能量的主体将分散、零碎的自然资源使用权或经营权集中流转、集成运营、专业管理，实现多元价值开发。通过农村资产投资运营平台公司对县域内各类自然资源的集中收储，形成规模、成系统的"资源池"，本身就可以发挥类似"资源银行"的功能，让分散资源发挥集成效益，可以进行各类资源之间的衔接、组合、重构与优化，形成具有创新开发型潜力的"资源－项目包"，通过"二级市场"面向社会资本发包，形成"分散化收储、整合项目化合作"的模式。可以借鉴 PPP 以成立项目公司，借助专业、具有相关运营实力和管理经验的社会资本力量，打通生态资源的价值实现路径。同时，"资源银行"应对多样化和个性化需求保持足够的开放性，可以推出类似"一块枣园一间宅""单株古枣树""我在乡村有间房"等面向分散消费群体的"旅游＋养生＋民宿"产品。

"三级市场"理论提供了区域各类资源的层级化、价值化路径和整全开发的策略。① 对村级集体经济清产核资，将耕地、林地、厂房、荒山、荒坡、荒滩等入股到村级新型集体经济资产管理公司，将各级财政投入的脱贫攻坚、乡村振兴类资金，量化为村集体和村民持有的股金，并设置"土地股""管理股""资金股""集体股"等，体现不同类型资源的贡献，同时结合"人才振兴"吸纳致富带头人进入村级新型集体经济资产管理公司，完善激励机制。省市财政支持的集体经济项目，如高标准农田、设施农业、山地苹果、养殖加工等，所形成的资产是确权到村集体经济组织的。在平台公司成立后，可以通过财政投资、资产经营权入股的方式，实现国有资产的保值增值（见组织振兴的相关内容）。"二级市场"的实质是将打包资产的部分权利（主要是经营权）让渡给外部主体，以此获得多方收益权。平台公司可将上级扶持类资金，转化为对优质运营项目的财政专项投资，并量化为股权。遴选具有较大开发潜力，包含了村民、村集体、平台公司各类资源（林地、荒地等）、资产（厂房、资金等）权利组合的"项目包"，通过招投标形式与社会资本对接；并可动员本地各类金融机构，以绿色信贷模式，确定对应项目的信用额度，提高集体经济的市场博弈能力。

## 二 探索绿色金融产品促进生态文明建设路径

绿色金融发展体系是通过绿色信贷、绿色债券、绿色股票指数和相关产品、绿色发展基金、绿色保险、碳金融等金融工具支持绿色转型的制度

① 《温铁军等：乡村振兴背景下生态资源价值实现形式的创新》，https://www.chinathinktanks.org.cn/content/detail/id/fmpqn920，最后访问日期：2019年3月29日。

安排。绿色公司债券是由股份有限公司或有限责任公司依照《公司债券管理办法》及相关规则发行的、募集资金用于支持绿色产业的公司债券。贵州、新疆、江西等中西部省份，正在探索通过绿色金融产品，引导区域绿色产业发展和产业转型。贵州省注重绿色惠农信贷产品，重点支持都市现代农业、有机农业、农村水利工程、农业生产排污处理等农业产业项目，并成立了绿色金融综合服务平台。江西省则以建立国家绿色工业园、发展环境权益交易市场等为切入点，以腾讯等大企业为引领，推动绿色金融与科技相结合。新疆从区域能源战略枢纽定位出发，通过绿色金融发展风能等可再生能源及光电相关产业。在绿色债券方面，发行地方政府债券，支持符合规定的绿色工业性项目；支持发行中小型企业绿色集合债，提高中小绿色企业的资金可获得性。[①]

陕西省的绿色金融支持领域包括可持续发展、绿色能源、高质量农业发展、城市基础设施建设等，涉及黄河流域水利设施建设、清洁项目建设、可再生能源利用、循环经济、现代农业等一批项目，并通过PPP模式，支持城市基础设施改造和绿色产业发展；政策性金融支持榆林地区开展绿色信贷，2019年底中国农业发展银行榆林市分行向榆林绿能新能源有限公司发放3.4亿元生活垃圾焚烧发电扶贫项目贷款，主要用于处理榆阳区、横山区、高新区、科创新城等片区的生活垃圾及污泥，预计每日可处理生活垃圾1300吨、污泥100吨，每年垃圾焚烧发电量将达到1.6亿度。[②]

从县级层面来看，应在新城基础设施建设、绿色能源开发、古城复原和开发、红枣深加工项目、文旅产品开发等领域探索绿色金融产品和绿色金融政策的对接。平台公司成立后，在推动县域绿色金融发展方面具备明显优势。由于绿色金融产品标准制定、绿色认定涉及各个产业领域的专业性，需要发改、工信、住建、农业农村、环保等各个职能部门的支持，并

---

① 史英哲：《中国绿色债券市场发展报告（2019）》，中国金融出版社，2019。

② 何平、郭小园：《金融"造血"斩穷根 农发行榆林市分行投放17.34亿元扶贫信贷资金助力脱贫攻坚》，https://www.sxdaily.com.cn/2020-06/05/content_8565251.html，最后访问日期：2020年6月5日。

需防止政策套利，保障金融资源的精准投放。① 而合作经济总社及平台公司恰恰提供了绿色金融产品标准制定、认定、评估统筹机制，事实上提供了"双层结构"框架内借助绿色金融开展农旅产业发展、有机农业、坡地经济等项目的"可信性承诺"，增强了市场内部的确定性，并可以较方便地实现绿色金融产品与财政补贴的衔接。同时，通过"双层结构"，由村级集体经济推动的高附加值农业发展、高标准果园建设、人居环境改善等项目可以依托绿色金融产品，发展"林权"抵押，"两权"抵押，股权、专利权、收益权等权利质押②，从而加大金融服务向基层倾向的力度，实现金融普惠性与绿色的双向并进。当然，在开发本地绿色金融产品的过程中，首先要考量信贷自身规律及经济上的可行性，保证风险可控。

2016 年，贵州乾朗交易中心与汇生林业签署战略合作协议，开展降香黄檀活立木交易，5～8 年生的单株降香黄檀活立木的价格为 2.5 万元。2017 年 8 月，罗甸县办理了第一本降香黄檀单株活立木不动产权证。2018 年 9 月，贵阳银行、贵州乾朗交易中心与汇生林业在 T2F 商业模式创新的基础上，联合推出全国首款为林木类不动产商品设计的绿色金融产品——爽绿贷·活立木按揭贷。2018 年，中国人民财产保险股份有限公司贵州省分公司、贵州乾朗交易中心、汇生林业联合推出我国首例个人购买的商业性珍稀树木保险，保额为 20000 元，保险期一年。③

表 5－1　陕西省绿色信贷政策进展

| 时间 | 机构 | 政策 |
|---|---|---|
| 2010 年 10 月 | 西安市环保局 | 《西安市环境保护局绿色信贷工作管理办法》 |
| 2016 年 12 月 | 安康市人民政府 | 《安康市绿色金融示范市建设工作方案》 |
| 2018 年 3 月 | 陕西省人民政府 | 《陕西省"十三五"节能减排综合工作方案》 |

---

① 宋珏遐：《从试验区看县域绿色金融发展要点》，《金融时报》2021 年 1 月 28 日。
② 杨扬、李桦、姚顺波：《经验资本及林地规模对林农信贷的影响：来自集体林改试点省福建的调查》，《西北农林科技大学学报》（社会科学版）2018 年第 2 期。
③ 黄颖：《罗甸县单株活立木交易调查报告》。

续表

| 时间 | 机构 | 政策 |
|---|---|---|
| 2018 年 9 月 | 中国人民银行西安分行 | 《陕西省银行业存款类金融机构（法人）绿色信贷业绩评价实施细则（试行）》 |

### 表 5 – 2　陕西省成立的绿色基金

| 基金名称 | 沣西新城绿色城市管网建设基金 | 陕西中政企合作基金 | 沣西新城绿色海绵发展基金 |
|---|---|---|---|
| 时间 | 2016 年 | 2017 年 | 2018 年 |
| 基金规模 | 10 亿元 | 45 亿元 | 12 亿元 |
| 备注 | 陕西首只绿色城市管网建设基金 | 陕西省首只 PPP 基金 | 陕西省首只绿色海绵发展基金 |

资料来源：王波、刘颖：《陕西省绿色金融发展困境及其突破》，《西部金融》2020 年第 6 期。

### 表 5 – 3　国内主要绿色债券标准体系项目范围

| 标准体系 | 项目范围 |
|---|---|
| 中国金融学会绿色金融专业委员会 | 节能；<br>污染防治；<br>清洁能源；<br>清洁交通；<br>生态保护和适应气候变化 |
| 国家发展和改革委员会《绿色债券发行指引》 | 节能减排技术改造项目；<br>绿色城镇化项目；<br>能源清洁高效利用项目；<br>新能源开发利用项目；<br>循环经济发展项目；<br>水资源节约和非常规水资源开发利用项目；<br>污染防治项目；<br>生态农林业项目；<br>节能环保产业项目；<br>低碳产业项目；<br>生态文明先行示范实验项目；<br>低碳发展试点示范项目 |

资料来源：《绿色债券支持项目目录》《绿色债券发行指引》。

### 三 发展坡地经济和生态林产品

在我国西部地区，在资源紧约束的背景下，将乡村振兴与生态文明建设统筹考虑显得尤为重要。从黄土高原地区来看，黄土高原坡地治理是科学发挥当地自然禀赋、探索生态保护与特色产业培育相结合的可行路径之一。黄土丘陵沟壑区小流域内沟间地面积占流域面积的45%～75%，侵蚀量占流域总沙量的14%～60%，沟谷地面积占总面积的25%～55%，侵蚀量占流域总沙量的38%～86%；黄土高原沟壑区小流域内沟间地面积占流域面积的40%～80%，侵蚀量占流域总沙量的5%～15%，沟谷地面积占总面积的20%～60%，侵蚀量占流域总沙量的80%以上。

在陕北黄土梁峁丘陵区北段，沟、涧、坡、梁、峁纵横交错，并呈叶脉网状分布，黄河沿岸土石山区、丘陵沟壑区、风沙区交替分布。因此，着眼于县域整体，以完整水文、生态单元为治理对象，山、水、林、地、路全面规划，草、灌、乔、农、林、牧统筹兼顾，将治坡、治沟与生态修复、产业发展一体化考虑显得尤为重要。

21世纪以来，西北沿黄各县开展水土保持项目工程，形成了以县为单位、以小流域为单元的水土保持综合治理模式，建成了多个示范流域。同时应当看到，由于坡地植被总量及布局不合理、草地及林地屏障作用不足以及自然因素持续侵蚀等，水土流失、水土沙化现象仍然较为突出。特别应当注意的是，耕地的零碎化经营，事实上破坏了水文生态系统的连绵性，给生态修复、后续产业发展都带来了一定不利影响。

应以地区环境承载力为核心考量，采用多种生态治理手段，多种方式协同开展、节约利用土地资源、调整土地结构，"宜林则林、宜草则草、宜梯田则梯田"，实现土地利用良性循环。① 这与朱显谟院士在1980年代初提出的黄土高原国土整治"28字方略"——"全部降水就地入渗拦蓄水，米

---

① 高腾：《生态脆弱地区乡村聚落环境营造发展研究》，西安建筑科技大学硕士学位论文，2005。

粮下川上塬，林果下沟上岔，草灌上坡下"是一致的，本质上也是系统思维在黄土高原地区生态－农业发展中的体现，也就是根据不同微观地理、水文、地形特点，因循生态系统内在联系与规律，将生态治理与农业发展综合考虑，将水土保持与林业、作物特点统筹考虑，因地制宜、因水制宜，发展草灌、林果、米粮产业，形成系统整体复合效益。

在合作经济总社和相关部门的统筹指导下，可在既定绿化造林的规划内，利用集中收储的坡地、退耕还林地，引入社会资本，通过发展更具多样性的复层混交结构，利用植物共生、生态位时空分化优化坡地种群结构，按照生物生态学及生态经济学要求，调控树、草及多种植物的构成，引入适应本地自然环境、具有经济价值的乔木、灌木、草类和药用作物[1]，达到"乔灌草和针阔叶相结合，生态结构稳定"的效果，全县森林覆盖率稳定超过 20%。同时应注意到，不能片面追求人工林草的高生长量、高经济价值，要注意群落生产力和密度对于土壤的复杂影响。研究表明，在适合灌木林生长的地区栽种乔木林，在只适宜栽植耐旱乔木树种的地段栽植耗水速生树种，都会加剧土壤干旱化。[2]

在这过程中应注重发挥"双层结构"在统筹小流域综合治理，农业、林草资源合理利用与结构优化以及山地苹果、小杂粮等生态农业综合实验区建设中的作用。着眼于通过生物、工程、农技等措施的配套应用[3]，达到园地、耕地、草地等功能区块的协同和生态系统循环。通过土地集中流转、整体化管理，实现生态修复与后续资源开发、产业发展等环节协同设计、一体规划。

通过构建人工生态系统，开发、培育类野生环境的高品质林药、林农、林草产品。打造中海拔、长日照优质食材带。形成自然景观优美、生态价值优良、经济价值凸显的区域坡地生态经济带，从而将黄土台塬变为绿水

---

① 赵光耀等编著《山坡地生态稳定与经济持续发展技术研究》，黄河水利出版社，2008，第 16 页。

② 刘贤赵、宿庆、何福红：《黄土高原小流域林草植被覆盖与果园建设生态水文效应研究》，科学出版社，2013，第 15 页。

③ 蔡金升等编著《黄土高原生态修复及后续产业发展研究——以宁夏南部山区为例》，中国农业出版社，2013，第 26 页。

青山，让"绿水青山变为金山银山"。

## 四 生态建设与制度建设的耦合

新中国成立 70 多年来的农业农村发展历史，使我们深刻认识到，应保持正常与系统环境、资源环境和生产力水平动态适应的灵活性与创造性，"宜统则统，宜分则分"，避免割裂人类生产 - 生活与系统环境内在联系的一刀切式的政策。对于与生态系统联系密切的农业，特别是对于处于资源严峻紧约束的黄土高原地区来说，应特别注意生产关系与生态功能中微观区块内在联系的适切性。

榆林米脂县高西沟村在 1958 年人民公社化后，土地归集体所有，高西沟村利用之前数年摸索的"沟坡兼治"，根据土地不同用途，对全村土地统筹规划、整合利用。结合牲畜对饲草的现实需求，将开垦梯田、种果树、种牧草相结合。在全国"学大寨"期间，并没有盲目照搬"土石山区"垒石造田的经验，仍坚持整山治水方法，并发展出在"黄土高原丘陵沟壑区"进行土地利用的"三三制"，即三分之一土地种草养牧、三分之一土地种树造林、三分之一土地种粮务农。[①] 他们修筑水平梯田，拦蓄水土，并开展"生态工程"：山顶栽树，沟沟坎坎栽材林；阳坡种杨槐、椿树，荒坡种柠条，沟条种果树。形成牧草、畜牧、粮食生产的良性循环。更难能可贵的是，1979 年后，高西沟村在巨大的政策压力面前，并没有将土地一分了之，而是留下一部分集体土地，并在果林上保持了集体管理与个人经营相结合的双层责任承包制。1660 亩生态林则仍旧归集体所有，禁牧禁伐。2000 年之后，在退耕还林的背景下，当地将高西沟经验推广总结为"一亩粮、一亩林、一亩草、一只羊"。而高西沟村则实现了向生态型林业、经济型牧业和自给型农业的自然生态村转型。目前，高西沟村通过利用 70 多年接力奋斗形成的良好生态资源（69% 的林草覆盖率）、"窜入云霄的层层梯田、沟

---

① 1972 年，在高西沟 200 平方千米土地中，耕地 70 平方千米、林地 76.7 平方千米、草地 66.7 平方千米，人均土地实现 0.13 平方千米。（李芹：《生态脆弱区耕地集约利用评价及农户集约行为模拟研究》，西北大学硕士学位论文，2013。）

渠紧锁的坝系工程"发展特色旅游，被称为"青山绿水塞上江南"。[1]

初始资源禀赋在陕北地区并无特殊之处的高西沟村能够通过四届党支部三代人努力实现穷山沟的蜕变，本质上是将符合生态－农业系统规律的整体理性与组织机制设计相统一，并在这个过程中重视农民主动性、创造性的发挥，以及村民对村务运行的监督与参与。[2] 也就是说，应坚持乡村振兴的整体观，认识到乡村发展与生态系统的紧密耦合关系，生态文明建设、农业发展、组织机制建设与村庄治理等侧面相互嵌套、联动，缺一不可。这也与本研究所强调的"产业－组织－人才－生态－文化"多维一体的，相互深入、相互支撑、相互成就的乡村振兴体系是一致的。

表5－4 陕北黄土丘陵沟壑区山坡地林草植被配置模式

| 地貌部位 | 坡度 | 林草配置模式 | 林分结构特征 | 功能作用 | 林草植物种 |
|---|---|---|---|---|---|
| 缓坡 | <15° | 梯田农林复合带状防护林 | 梯田、林带 | 防蚀、防风 | 杜梨、柠条、沙棘 |
| | 15°~25° | 梯田农林复合果园 | 梯田、带状山地果园 | 防蚀 | 苹果、梨、桃、杏、红枣、葡萄 |
| 陡坡 | 25°~35° | 水平沟牧草带、带状乔灌林或乔灌木林 | 乔灌林带状配置 | 涵养水源、防蚀 | 杜梨、臭椿、柠条、沙棘、文冠果、山楂、紫穗槐、怪柳、苜蓿、草木樨、沙打旺 |
| | >35° | 适度稀植乔灌木林 | 乔木品字状、灌木带状配置 | 固定沟坡 | 沙棘、紫穗槐、火炬松、侧柏、刺槐、臭椿、河北杨、白榆树、小叶杨、柠条 |
| 沟沿 | — | 灌木防护林 | 灌木防护林带 | 防止沟头前进 | 柠条、酸枣 |

资料来源：赵光耀等编著《山坡地生态稳定与经济持续发展技术研究》，黄河水利出版社，2008，第198页。

---

[1] 高腾：《生态脆弱地区乡村聚落环境营造发展研究 ——以陕西米脂县高西沟村落为例》，西安建筑科技大学硕士学位论文，2005；米脂高西沟村：《青山绿水塞上江南》，《榆林日报》2020年7月17日；百度百科高西沟村。

[2] 康爱军、王怀军、宋炜、赵小军：《60年坚守60年传承——米脂县高西沟村践行党的群众路线纪实》，《榆林日报》2014年3月17日。

表 5 - 5　2000～2010 年榆林市土地转移流汇总

单位：平方千米，%

| 转移流代码 | 转移流 | 百分比 | 累积百分比 | 转移流代码 | 转移流 | 百分比 | 累积百分比 |
|---|---|---|---|---|---|---|---|
| 12 | 657573.0 | 23.18 | 23.18 | 35 | 73263.2 | 2.58 | 88.76 |
| 32 | 641359.0 | 22.6 | 45.78 | 16 | 57219.2 | 2.02 | 90.78 |
| 13 | 517432.0 | 18.24 | 64.02 | 34 | 4776.8 | 1.68 | 92.46 |
| 36 | 211150.2 | 7.44 | 71.46 | 15 | 41631.1 | 1.47 | 93.93 |
| 31 | 186539.7 | 6.57 | 78.03 | 14 | 24728.5 | 0.87 | 94.80 |
| 63 | 155093.4 | 5.47 | 83.50 | 62 | 23889.0 | 0.84 | 95.64 |
| 23 | 76039.3 | 2.68 | 86.18 | 21 | 23798.7 | 0.84 | 96.48 |

注：1 - 耕地；2 - 林地；3 - 草地；4 - 水域；5 - 建设用地；6 - 未利用地；12 为耕地转林地。

资料来源：马彩虹：《土地利用变化与生态系统服务权衡》，科学出版社，2018，第 43 页。

下　篇

# 案例一 SAP 支持乡村振兴

## 一 SAP "全环节" 支撑农业数字化转型

农业数字化意味着农业生产、加工、供应、运输、销售等环节的全面信息化管理，实现企业内部资源与外部资源的数字化连通，业务领域与财务领域的智能化协同。作为世界领先的数字化企业生态系统建设者，SAP 与政府、大型农业企业及农户合作，在农业全产业链流程中提供数字化转型方案，让"信息"成为农业"产、供、财、运、销"全环节提质增效的基本生产要素。SAP 助力农业企业从数据中挖掘增值潜力，以数据打通种植、采购、物流、仓储、销售、追溯等环节的壁垒，提升全产业链管理水平。在此过程中，基于数字化的高度渗透能力和融合能力，企业在实现各流程环节紧密连接的同时完成了对传统经营模式的颠覆，实现了产业内部的数字化统合与产业生态的协同。

### （一）农牧生产智能化

在农业生产领域，SAP 开发的智能农业系统已经实现对农业生产过程的实时监测，对农作物日常管理的灌溉、水肥等作业实施智能化和精细化管理。借助 SAP 数字化农业创新应用系统，对农业资源和农业活动一体化运营。该系统可以收集、处理、展示各类农业作业相关数据，包括种植亩数、作物类型、种植状态，可经由传感设施获得水肥、气温等环境信息，并根据感应数据自动调整灌溉、施肥等作业任务，还可以基于环境及市场历史数据，对产量、病虫害、墒情、气候风险等进行自动化预警，统筹处理生产过程与天气过程、市场过程的动态关系。

与 SAP 保持合作的国内大型企业已经将该系统应用于农业作业监测、人员调配和管理。该系统将农户、农技人员、质量管控人员、综合管理人员等纳入一体化种植任务分配、监测和管理进程。系统收集、分析和处理来自农田传感器的数据，根据农地水肥状况精益化计算水肥投入量，并向技术人员发出相关提示，指导进一步作业。农户通过终端设备接收来自技术人员的种植指令。此外，该系统还可以实现多元系统的良好连通性，无人机、智能农业作业机器可以便捷地与智能化系统建立联系，以农业物联网技术提升农业管理水平。

SAP 农业种植 ERP 解决方案具有广泛的兼容性，能够以较低成本与各类农业运营方式深度整合，为"公司 + 基地 + 农户""公司 + 合作社 + 农户""公司 + 基地"等模式提供较完善的成本控制、质量监控、风险管控、仓储分析方案，支持多类型种植、养殖成本核算和财务系统。在多维度绩效管理、产品不良分析、利润分析和低损耗质量追溯等环节[1]提供迅速、高回应能力和智能化水平的精细化运营方案。

---

### 专栏　SAP 与奶业龙头企业合作

基于自身国际级数字化管控技术、信息化手段及 50 年专业积累，SAP 为中国农畜行业龙头企业提供从农场到餐桌的数字化管理体系。通过建立精益管理、智能经营的数字化平台为集约化、规模化发展的现代农业企业提供全产业链数字化支撑，提升产业链协同程度、降低核算成本[2]。

SAP 目前正与国内大型有机原奶企业——内蒙古圣牧高科展开合作，为其数字化转型提供核心管控和业务平台，提升整体运营效率和产业链上下游协同效益，并在智能技术驱动下打造智慧牧场，以此为基础优化牧场运营成本，建立专业化管控的现代养殖和有机奶经营体系。

---

[1] 佑硕企业管理：《基于 SAP Business One 的农业种植 ERP 解决方案》，https://baijiahao.baidu.com/s? id=1624076284454191070&wfr=spider&for=pc，最后访问日期：2019 年 1 月 30 日。

[2] SAP：《SAP 携手圣牧高科打造数字化的智慧牧场》，https://news.sap.com/china/2020/09/090901/，最后访问日期：2020 年 9 月 9 日。

双方的合作将在三个层面推进：第一，破除大型农企在各业务线上存在的数据孤岛，建立成本核算的业财一体化系统，将精细化成本控制通过数字化管理渗入从前端牧场到后端运营组织的每个交易环节和财务流程；第二，在产品生产、运输、销售等每个价值域形成完整、连贯的协同体系，贯通畜牧草场与乳业企业之间的供应链整合，提升规模化协同水平和市场应对能力；第三，推进企业全面智能化升级。利用先进数据存储、运算、控制和追溯解决方案，提供全流程数据化和智能化管理。在产品质量监控、温度管控、存储环境、运输设施管理等环节，以及在收储、加工、包装、批发、经销、分销、零售等环节推动精准化、智慧化管理，打造全链条的智能化现代龙头企业样板。

## （二）农产品加工数字化

在农产品加工、仓储和物流环节，SAP 为大型农业企业量体裁衣，通过将业务流程细分为几十个节点，涵盖计划制定、采购订单、采购收货、订单执行、生产质检、原料入库、成本核算、财务总账、信用检查、外向交单、物流运输等①，以此为基础推动生产过程管理、设备资源管理的智能化建设，提升企业效率，降低生产和流通成本。SAP 还提供面向粮食等大宗商品大型农业企业的风险管理解决方案，涉及商品期货交易、贸易执行、仓储管理、财务管理、对冲管理、敞口管理、运输交付、市场风险监测、信用额度管理、会计核算等一系列综合服务，实现包括采购、销售、套期保值等在内的大宗商品全环节、全周期管理，并针对农业企业在运营中面临的风险特征制定差异化的风险应对策略。

---

**专栏　SAP 推动食品龙头企业数字化转型**

SAP 正在推动中国龙头食品企业——天味食品数字化转型与企业智能

---

① 张辉：《后疫情下 ｜ 农业行业的"新"机遇与创新》，https://news.sap.com/china/2020/07/070201/，最后访问日期：2020 年 7 月 2 日。

管理平台建设。作为中国调味品协会的理事单位、农业产业化国家重点龙头企业，天味食品致力于川味复合调味料的研发、生产和销售。随着行业对安全的原材料、敏捷的供应链、优质的产品、受信赖的品牌形象、以及协同产品技术与创新、品牌与渠道建设的需求，企业迫切需要通过标准化、自动化、智能化技术，实现多品牌、规范化、集团化的业务战略，满足其规模发展需求，在快速增长的市场中保持行业领先地位①。

借助SAP S/4HANA Cloud（ERP云）、SAP Cloud Platform（云平台）、SAP Analytics Cloud（分析云）和SAP Success Factors（HR云），天味食品将全面提升采购、生产、销售、物资、财务、人力资源等方面的管理能力。通过搭建核心业务系统架构，形成对于全业务域的智能实时监控和绩效评估体系，以全链条大数据服务为企业战略决策提供数据支持。SAP HR云还将为企业培养适应数字化转型与业财一体化需求的信息化人才与业务人才。

在生产领域，SAP将为天味食品提供高度整合的产品安全体系，在全供应链和生产环节建立完备的检测、质量管控与追溯机制，以数字化协作和可视化管理，形成高效透明的精益化管理能力，形成基于深度数字集成企业生态协作体系与食品安全保障机制，以此为根基，提升品牌认知度，打造"以客户和品牌为中心"的全渠道营销格局。

### （三）企业业财管理一体化

基于财务、业务、生产数据的深度挖掘与应用，SAP数字化管理服务系统为农牧企业提供坚实支撑，让数据创造新价值，适应农业企业的现代化管理需求，提升业务部门、财务部门的数据管理能力，并在存货核算、生产成本管控、交易管理等各个板块完善侦测、评估和应对风险的能力。通

---

① SAP：《SAP携手天味食品，「数字化」美味飘香云端》，https://baijiahao.baidu.com/s？id = 1663278801978217214&wfr = spider&for = pc，最后访问日期：2020年4月7日。

过一体化信息化管理系统，可以对财务系统、资金系统、业务系统的整合化管理，即以业财融合体系对生产成本、财务流程、业务链条实行全过程管理。通过财务大数据技术，利用云计算和人工智能实时处理多维度数据、多类型数据[①]，集成业务信息与财务信息的采集、整合与运算，支持企业业务管理、市场分析和风险预测需求。

利用 SAP 大宗商品管理（SAP Commodity Management），可有效降低大宗商品管理的难度，提前化解财务风险。SAP 大宗商品管理支持采购、销售、现货、内部管理及企业间背靠背合作等多种业务场景，涵盖了包括农产品交易在内的大宗商品交易核心流程，提供了成熟的定价策略、合同管理、库存、财务与风险监控计划[②]。企业可以通过数字化平台，集成管理各类业务数据与财务数据，处理海量多态数据，清晰把控财务和交易过程，形成内部价值链管理体系。目前，SAP 大宗商品管理已经与遍布全球的 200多家农业、牧业等领域的大宗商品贸易商、加工商和消费商建立了广泛的合作关系。SAP 大宗商品管理具备四大特色：

第一，与应用场景、业务进程、交易对象高度适应的灵活定价机制，形成基于业务分析、财务分析、盈利分析的动态合同管理能力；

第二，通过业务流程优化，形成全局战略管理机制与精细化的风险管理机制，降低不确定性引发的风险；

第三，提供具有广泛适用性的管理计划，形成跨行业、跨环节、跨部门的规模优势，降低运作成本；

第四，不断整合内部业务、财务数据，形成完整的数据链条，并通过数据共享与智能处理能力，在合同管理、商品仓储管理全周期实现高效、透明掌控。

SAP 农业合同管理（SAP Agricultural Contract Management）作为 SAP 大

---

① 用友网络科技股份有限公司：《企业数字化：目标、路径与实践》，中信出版社，2019，第231 页。

② SAP：《让工农业的春天更早来临，思爱普大宗商品管理解决方案来支招》，https://kuaibao. qq. com/s/20200204A07GCY00？refer = spider，最后访问日期：2020 年 2 月 4 日。

宗商品管理的相关产品，为农业行业量身设计，较好适应了农业周期长、受季节、市场因素影响明显等特点，可追踪每个交易的所有相关费用，为大量具有相似结构的业务和贸易合同建立统一的财务核算流程，并可借助业务配置规则进行自动化处理。

正如SAP"业财一体化"项目合作伙伴、农化行业领军企业——云南云天化股份有限公司董事长段文瀚所言："打通销售、贸易、物流、仓储和财务等各环节的信息中枢神经系统，实现真正的'业财一体化，管控数字化，决策科学化'，不仅是信息化项目的实施过程，也是一次先进管理思想与公司实际工作相结合的过程，更是一次以信息化推进管理变革，以管理变革促进业财整体价值提升的过程。"SAP将为云天化股份搭建全方位一体化的信息化治理体系，基于SAP S/4HANA数字化核心，扩展应用SAP Shared Services Framework（共享服务管理）、SAP EWM（扩展仓储管理）、SAP Transportation Management（运输管理）、SAP Yard Logistics（堆场物流）以及SAP Analytics Cloud（分析云）等功能，实现端到端的有效协同和数据分析，并利用SAP智慧财务共享服务方案，持续提升财务运营效率，促进财务管理由日常核算型向业务管理型、战略支撑型转型；利用SAP数字化供应链执行方案，从源头对运输资源和运输计划进行有效的利用和优化，覆盖仓库管理、场站管理、运输管理等全线物流业务链，提升公司"战略＋运营"，打造"战略决策＋运营监控＋资本运作＋共享服务"四大能力，为最终实现"世界级的肥料及现代农业、精细化工产品提供商"夯实基础①。

### （四）农产品"全渠道营销"

在农产品销售板块，SAP以深厚的信息技术积淀，开发数字化营销技术，将"互联网＋农业"与电商营销模式进阶到新阶段，打造"全渠道营

---

① SAP天天事：《思爱普赋能农化行业数字化转型丨助力云天化股份打造管控平台》，https://baijiahao. baidu. com/s？id＝1666479531165681952&wfr＝spider&for＝pc，最后访问日期：2020年5月13日。

销"概念，实现消费者与生产端的"短链"相接，及时将消费者意见、消费倾向与产品偏好反馈给生产者。并通过大数据技术为消费者"画像"，形成精准销售和对接策略。同时建立各类经销渠道间的协同、推动渠道整合，以跨系统的数据标准化建设，实现全渠道下单模式，改善消费者购物体验，减少中间环节和信息搜集成本，并通过实行农副产品"一物一码"，保证产品的全程可追踪性，降低食品安全隐患。对于渠道商而言，"全渠道营销"意味着降低复杂营销渠道所面临的高昂交易成本，缩短库存时间和新地域开发成本[①]。该模式还能够较好地与多种社交媒介渠道对接，可引入网红经济、短视频促销、APP 销售、零售店客户体验等组合营销模式，提升净推荐指数和客户忠诚度。在实体店销售方面，全渠道数字营销体系可以提供面向销售人员的访销服务、优化访店路线，并具备在货架管理、价格比对、终端补货等功能模块。

SAP 还开启了"Farm to Consumer"项目，将区块链技术应用于农业领域，用以追踪食品来源，减少中间环节，改变由供应商控制食品流通的模式，提升消费端在农产品生产和供应中的导向性地位[②]。

食材安全问题是农产品销售领域不能回避的课题，也成为保持消费者品牌信心的关键因素。SAP 追踪追溯体系具备批次追溯 + 单件追溯的追溯方案，可满足不同主体的产品追溯需求。在批次追溯方面，由于农副产品生产、加工、收储、销售各个节点都在数据链上具备唯一可识别的标识，SAP 系统可以提供从原材料到成品的各环节追溯信息，包括加工单元批次号、收储单元批次号、物流单元批次号等。在单件追溯方面，依据成品包装单件序列号，实现产品全程记录管理，可追溯包装封箱、发货出库等序列信息。

整体而言，SAP 数字化农业服务搭建了全链条、全主体的智能化农业服

---

① 冯国华、尹靖、伍斌：《数字化引领人工智能时代的商业革命》，清华大学出版社，2019，第 86 页。

② 金色财经：《软件巨头 SAP 推出区块链项目"Farm to Consumer"拟优化农业供应链行业》，https://www.jinse.com/news/blockchain/193259.html，最后访问日期：2020 年 9 月 9 日。

务平台，突破了行业、上下游、业务线、加工与商贸乃至生产与消费间的隔离，通过基于数字技术的平台型服务将农业生产与销售体验、农田管理与消费需求、精细化仓储与全渠道营销、大宗商品风险控制与融资服务等连通、聚合，为农户及新型农业经营主体、农资企业、农产品加工企业、仓储物流企业和经销商提供立体化的数字化转型服务，成为中国农业数字化转型和供给侧改革的有利技术支撑。

## 二　SAP 支持乡村人才振兴

2021 年 2 月 23 日，中共中央办公厅、国务院办公厅印发了《关于加快推进乡村人才振兴的意见》，提出应将乡村人力资本开发放在首要位置，大力培养本土人才，引导城市人才下乡，推动专业人才服务乡村，吸引各类人才在乡村振兴中建功立业，健全乡村人才工作体制机制，强化人才振兴保障措施，培养造就一支懂农业、爱农村、爱农民的"三农"工作队伍，为全面推进乡村振兴、加快农业农村现代化提供有力人才支撑。

人才振兴是乡村振兴的重要组成，而大数据、云计算、区块链等信息科技渗入全产业流程的今天，乡村创业者、职业农民的数字技能水平对农业产业链更新、城乡数字融合、农业供给侧科技水平提升、泛农村消费市场（农产、文旅、民宿）消费者识别与定制服务等都具有不言自明的意义。近年来，SPA 以企业社会责任践行联合国 2030 可持续发展目标，计划在"2020 年赋能 30 万中国青年数字化和创新技能，成就职业发展并推动数字经济的发展"。作为该目标的组成部分，SAP 联手友成基金会与中国慈善联合会，共同启动专项基金，支持中国公益性新农人专业赋能培训体系"领头雁计划"。

2019 年 6 月 20 日，SAP 携手友成企业家扶贫基金会，发起了"友成 – SAP 领头雁计划专项基金"。该基金专项支持由友成企业家扶贫基金会、中国慈善联合会和清华大学牵头，联合 20 余家机构共同发起的乡村振兴"领头雁计划"，以 SAP 主导的数字科技手段和互联网＋模式为途径，对返乡创业青年、农村基层干部、合作社及驻村企业负责人开展系统性赋能培训，解决其就业创业过程中存在的实际问题，提高其扎根乡村、服务乡村的动力与能力，从而推动落实国家关于促进返乡青年就业创业的相关政策，服务乡村振兴战略大局。

在"互联网＋"、智能农业、农业信息化管理风起云涌的时代背景下，领头雁计划以全球领衔数字化管理旗舰企业为依托，面向返乡创业青年、新农人、农村基层干部、新型农业经营主体负责人提供全方位的能力建设、资源网络构建与运营支持。该支持突破了传统意义上"农民培训"知识输入与资源链接脱离、技能训练与应用场景脱离、单项提升与体系化支撑脱离的状况。紧扣数字化时代农业经营与农村治理嬗变脉搏，以现代化农业建设与智识化农业运营群体建设为根本，将新农人群体置于流媒体的网络课程能力建设与社群化联结的资源网络中形成了"强实用性的线上专业课程体系＋全国新农人交流互助社群＋优秀学员线下精英实训＋匹配导师及各类资源的项目支持"的核心模式，为乡村振兴人才建设探索了新路径，在当代中国农人教育理念与实践层面亦具有重大意义。

### （一）新农人赋能课程平台建设

SAP 中国首席数字化转型专家孙惠民老师认为，深耕于互联网时代的新农人应当具备互联网思维、生态理念和社群理念，具有较强的农业技能和创新思维，应当在巨变的时代潮流中，"精益创业、快速迭代"。这样才足以应对农业数字化、网络化与智能化，在信息通信技术与"三农"深度融合进程中勇立潮头。在一定程度上，SAP 专项基金支持的"领头雁计划"新农人赋能课程平台也正是将以上新农人能力认知实践化。

现实情境中的乡村人才振兴，是涉及各类基层创业人才、治理人才能力建设、社会资源链接与支持网络建设的综合性工程。当代中国，如火如荼的城镇化工业化进程正处于中期阶段，数字化人工智能等新一代技术"静悄悄"地引爆商业革命和产业革命，颠覆着工业革命以来的既有认知与模式，乡村人才振兴的推进与"一懂两爱"人才的培养不可能置身于如上进程之外，而应立足于城乡融合，寻求人才发展的机遇、把握数字化农业先机，寻求供给侧改革突破与新型农业经营主体能力结构蜕变。"领头雁计划"面向各类新型农业经营主体和基层工作者，开设数字化革命与现代农业、乡村振兴政策解读、市场营销与品牌传播、生态农业与农旅结合等课程。赋能培训体系呈现出系统性、前沿性与应用性特征。

### （二）系统性培训架构

注重培训架构完整性和应用性，形成以实战为导向的能力训练体系。领头雁二期新农人专业赋能培训体系为学员提供涵盖13个专题的82节专业课程，包括"乡村振兴基础知识""乡村旅游与休闲农业""乡村创业优秀项目案例与实操""乡村社区建设与发展""乡村金融政策与实践""乡村电子商务使用技巧"等板块，突出课程设计体系性、应用性、前沿性"三位一体"。就系统性而言，培训课程形成了由理论到实践、由宏观到微观、由知识到实操的整体性构建，并在板块之间形成了呼应、衔接与递进。每个课程板块内部既自成体系、内涵与延展得当，又与其他板块之间互为协同，形成了课程内在整体效应的倍数扩展。如作为启领课的第一单元就设计了"中国农业发展历程与新视角下的六次产业""从城乡关系看乡村发展""国家乡村振兴战略解读"等具有政策高度和理论深度的课程，也涉及了"自然农业体系""生态产业化与产业生态化""返乡创业只能是农业吗？"这样深入探讨农业可持续和农村创业路径选择的课程。前者为理解、掌握后续板块和课程提供了提纲挈领的视角，有助于基层工作者在更高层面和格局中看待、发展自身工作；后者则在后续乡村旅游、特色农业产品开发乃至新型创业平台等课程中得以进一步展开，并与多条具体的能力建设线条相衔接。

领头雁计划的课程设置并非是简单的罗列堆积，不论在课程板块内部还是板块之间，项目团队对于新农人核心能力的认识都有较清晰的展现。在农业经营管理模块中，项目组与SAP一起，共同致力于发挥SAP的领先技术优势，把提升中国农业生产力放在课程的突出位置，为农业经营主体赋能。SAP运用自身世界级数字化管理与运营能力以及科技、人才、合作等核心优势为新农人提升"数字素养"提供坚实后盾。特别是在数字化技能培训方面，SAP 依托领头雁计划线上线下的培训平台，开发了一系列数字技能内容，让新农人逐步具备基本数据化素养和先进的数字技能，并增强他们创业的信心和能力。SAP 还为参加培训的人员颁发数字技能培训证书，并计划引入 SAP 导师项目（mentorship）和专家志愿者项目（social sabbatical），同时在商业模式和创业领域提供咨询和支持。

### （三）前沿性知识供给

从前沿性而言，新农人专业赋能培训体系专家团队包括国内顶级的"三农"领域和社会发展领域的著名学者，也包括一批在乡村产业发展、农业综合体建设、乡村建设方面取得卓越成绩的领军人物。不论是在政策性课程的主线设定还是应用性课程主题设定，项目团队都试图将乡村振兴相关政策的新动态以及乡村产业、社会服务、农业科技和市场拓展的新趋势融入课程。值得一提的是，把握数字农业、人工智能技术在乡村振兴各个层面的前沿进展是领头雁计划中颇具特色的部分。这些前沿科技动态在农业领域中的实现，不仅丰富了学员对于"黑科技"农业运用前景的认知，启发了学员将科技成果与产业经营、农业生产相结合，更为企业后续数字化技术推广及广泛地方合作的开展铺平了道路。2019 年 10 月 9 日晚，SAP 中国首席数字化转型专家孙惠民老师在线上为领头雁的全国学员做了以"高新科技在农业领域的应用"为主题的精彩报告。直播当晚观看量 3200 人次，截至 2019 年 12 月 31 日，累计观看人次 2.1 万。

孙惠民在回顾国际农业发展经验之后指出："智慧农业"作为席卷全球的数字化转型大潮在农业领域的体现，核心在于提高工业生产效率、优化农业资源配置和保证农产品安全。通过智慧农业更具交互性、市场回应性的智能生产体系，形成以需求为导向的新的生产力，从而对原有生产关系进行革命性颠覆。在智能农业的技术范式中，智能技术将赋能传统农业价值链的各环节，农业有望开启"按需定制"模式。这也就意味着传统农业生产与消费的边界将被打破，消费需求从隐性化走向显性化，"食农融合"

成为现实。农业生产方式将朝着精准化种植、可视化管理、智能化决策迈进；农产品交易流通方式将出现以供应链订单式、按需定制等新样态。实体经济与数字经济高度互嵌，"数据""算法""算力"将成为提高全要素生产力的关键。而随着中国供给侧改革大幕拉开，农业智能化将可能成为10万亿元量级的巨大产业蓝海。这也将重新定义农民这个与人类文明史相伴已久的职业。在孙惠民看来，新农人是来自各行各业，怀揣产业理想和创业梦想耕耘农业的一群人。他们普遍具备较高的文化素质，具有互联网基因或思维，以生产安全、绿色环保的农产品为己任，自觉保护环境的新型农民。他认为，新农人不仅应具备过硬的农业技术，更应具备"互联网思维"，包括跨界思维、平台思维、大数据思维、社会化思维、流量思维、迭代思维、极致思维、简约思维以及用户思维，并应将互联网思维贯穿于整个产业价值链的实现过程。而这也与 SAP 的数字化农业愿景高度契合。SAP 将利用农业大数据实现集成农业解决方案，通过标准化和开放接口实现协作，允许农业生态系统发展成为一个开放的农业综合企业网络，并通过农业物联网联结以及智能机器、无人机、机器人等设施，实现农业生产过程的精确操作和自动化，通过智能算法实现对流程和农业过程的洞察力创建与持续优化。

2020 年 8 月 3 日，SAP 中国资深方案架构师张辉老师的课程——《数字化农业，创新发展》上线，截至 2021 年 1 月 22 日，累计观看量 5.5 万人次。在该课程中，张辉着重探讨了"农业对数字化建设的需求"和"农业行业数字化建设的内容"，并分享了农业数字化建设的实战案例。张辉指出，将互联网技术运用到传统农业生产中，利用互联网固有的优势提升农业生产水平和农产品质量控制能力，并进一步畅通农业的市场信息渠道、流通渠道，与农业的产、供、销体系紧密结合，将使农业的生产效率、品质、效益等得到明显改善。未来，农业可能在互联网的影响下走上一条智能化、数字化、多样化的发展道路，这将取决于互联网在农业中的渗透与实际运用的融合程度。借助 SAP 互联网农业生态平台以及服务于原料供应链的相关应用，可以实现农业领域的数据管理、集成与协同以及生产过程的实时监测与控制。

数字化农业课程在学员中引发了热烈回响，有学员表示："数字化农业迎合当下农业转型，并可以起到降低人力、物力、财力成本的作用。'物联网＋大数据'分析模式能够更好地控制产销环境，从而让农产品技术、品质、价格更优竞争力。"而另一些学员则表达了对数字化技术在农业生产中广阔应用前景的期待，并希望得到进一步的支持。

紧扣政策热点和行业趋势的课程设置为诸多在基层苦苦摸索的创业者提供了耳目一新的思路。资源整合、互联网基因、原生态体验、农旅结合、新兴消费群体等曾经模糊、陌生的理念，在学员脑海中逐渐清晰起来并在实践场景中酝酿着与既有业务建立联系。继而城乡要素交流、农业多功能拓展成为新的业务增长点。学员李成兰写道，"经过一段时间的学习，很多凌乱的知识在我的大脑中开始变得有序。对乡村旅游的概念也越来越清晰。印象最深的是吴琳老师开篇的那句话——旅游的本质是什么？体验。我恍然大悟，是啊，我们每天绞尽脑汁地去想怎么做旅游，可是连本质都不清楚，又怎能把这件事做好呢？随着人们生活水平的提高，旅游已经不再是单纯的观光，而是体验更真实美好的文化和产品。"新农人专业赋能培训体系对思维层面的冲击与重塑为"领头雁"们探索新的创业选择与市场方式提供了可能。

## （四）应用导向的能力建设

SAP 专项基金支持的领头雁新农人专业赋能培训体系涵盖乡村旅游、社区建设、金融政策、电子商务、思维升级、技术创新、产品研发、品牌营销等各个课程模块，并注重与一线实际应用需求相结合，通过案例教学、创业精英分享、学习群组互动等形式提升培训全周期的真实场景感与可操作性。除了农业经营必备的生产技术和农业科技知识，"领头雁计划"项目组结合前期对城市消费市场和细分消费群体的研究，打造了利用多媒体平台助力市场拓展的相关实用课程，受到了学员广泛认可。作为"领头雁计划"学员代表，吴伟认为："这种互动性很强的高质量、交互式学习，无论是在政策理解和思想格局方面，还是在营销思维、种养殖技术方面，都让我有了很大的提升"。通过线上培训，他掌握了运用短视频、网络直播等方式去推广自己的产品，视频浏览量超过 500 多万次，在线直播人气达 10 万以上，一跃成为全国网红"快乐稻鱼哥"，吸引了大批粉丝关注，其中还包括一部分渠道商。销量突飞猛进，供不应求。对于基层干部学员，新颖的乡村建设思路与产业发展路径为他们提供了重新发现所在地区内生资源的视角。一位乡镇干部在学习了"农旅一体化"课程后，意识到当地就有许多潜在的文旅资源，从小有名气的鱼类产品、特色茶叶到国家级物质文化遗产的地方剧种，都为当地民宿旅游发展提供了空间和可能性。同时，通过课程学习，他也认识到高度同质化、过度商业化的封闭型景区并不适合本地实际，"景区与周边村落配套发展成为必然趋势，知名景区优美的自然景观和厚重的历史文化，携手周边恬淡的田园风情，实现乡村与景区的携手共赢才能带动区域的大旅游发展"。

为了在网络课程的基础上进一步提升学员的实操能力，课程还专门设立了"线下工作坊"，对课程学习成绩优异的学员进行现场授课，并辅之以导师式指导和现场教学。一般在当期线上培训结束后，项目组会遴选出一定数量的优秀学员，在清华大学开展为期一周的线下工作坊，由清华大学等高校的知名专家授课，内容包括设计思维、技术创新、产品研发、品牌营销和实地考察等。

线下工作坊本身也是社群学习方式的重要构成。正如清华大学党委副书记向波涛所言，"我们把全国各地优秀的新农人集结到一起，希望通过培训促使大家转变思维方式"。这些优秀的学员本身就有丰富的创业实战经验，经历了难以在课堂上或书本上习得的市场历练，这无疑是农创领域重要而难得的"活教材"。而有着相似经历的创业者们在百年清华校园齐聚一堂，为相互交流、学习提供了天然"场域"。

## （五）社群化资源网络建设

乡村振兴领头雁计划项目组在全国范围内进行的新农人线上培训需求

调查显示（有效问卷325份），82%的新农人最期待"当地企业家、新农人代表、一线专家"讲课。新农人在以往培训中遇到的最大问题是"和老师、同学缺少交流机会"。显然，对于业务领域在地化特征明显的新农人而言，来自本地企业家"同行"的成功经验更有借鉴和指导价值。而且对于一线实践者来说，与老师和创业伙伴们更多的交流互动机会，至少与课程内容本身具有同样重要的作用。新农人专业赋能培训体系以多元化师资构成和一流的学习交互平台恰好弥补了上述线上培训活动的短板。

领头雁计划通过整合国内"三农领域"的顶尖学者、龙头企业行业专家、一线"新农人企业家"等跨界力量，以灵活完善的"线上＋线下"学习体系为核心，以社群化发展、共同体培育及资源互通、内部互助、学员经验交流网络为延伸，将多维度学习平台建设与多向度学员支撑体系相结合。可以将领头雁计划推动的系统化成长概括为"为乡村人才建设打造全要素生产力和提供阶梯式成长路径"。全要素生产力包括信息要素、人脉要素、智力要素、市场要素和资金要素。信息要素是指为学员提供创业信息、政策信息和技术信息等；人脉要素是指将学员纳入乡村创业者网络，不定期举办沙龙、讲座、培训等活动；智力要素是指通过创业专家团队为创业者提供智力支持；市场要素是指将优秀创业者的产品进入大型网络销售平台；资金要素是指为具有优秀创业潜质和良好创业商业模式的学员提供乡村创业融资支持。可以看出，这里呈现的是一种多元综合性的乡村振兴人才服务理念，已经超越了单纯乡村人才培育范畴，而是致力于一种全方位的、相互嵌入的服务体系建设。在领头雁二期项目期间，项目为优秀学员提供不同层面的赋能支持，包括链接项目导师、市场渠道、品牌传播、流量支持等资源。

领头雁计划还设计了形式多样的交流活动，培育新农人共同体，分享创业经验和农产品生产技艺，在增进了学员友谊的同时发挥了社群化的知识效能，将课堂从"一对众"，变为"众对众"，也可以说是置入了一种"P2P"式的新农人成长理念。项目组称之为"社群化学习网络"，也就是通过各地学员微信群、日常线下交流参访等互动形式，打造虚拟社区与真实联谊相融合的学员联系网络。为了鼓励各地学员有充分的交流，发现更多志同道合的伙伴，项目组根据学员地域、行业、职业特色等维度在课程平台上创建了多元化社群，每个社群不设人数上限，学员可以根据自身情况与需求自愿参加，从而提升资源、信息、产业链的对接质量。从这个意义上讲，"社群化学习"具有了经典"社区"定义中所强调的作为一个整体，为成员提供多种生产生活的服务内涵。随着基层中小型创业者之间的持续互动与互助，学员的多种需求都得以在社群互助网络中实现。在发育学员内在归属感的同时，强化了创业群体以自组织化方式应对市场和环境风险的韧性，这在 2020 年疫情期间的领头雁计划"战疫助农"活动中有生动体现。

随着平台系统功能日趋完善，领头雁社群可以提供政策讯息、经验分享、市场与技术需求发布、话题讨论、活动组织、校友互助等服务。如果说传统社区是一幅"乡田同井，出入相友，守望相助，疾病相扶持"那种融合了经济、社会、安全、交往等多功能的社区公共服务供给的图景，领头雁计划打造的"创业者社群"，则具有了信息时代"以志趣为根基"的同业者社区样态。目前，"创业者社群"承担了一定的自我管理、自我服务职能，如在很多地区的社群互动就是由上一期优秀学员作为志愿联络人进行对接。每个社群还安排了"轮值群主"，群主人选以学员自愿报名为主，由项目组最终评定。每位群主"任期"两周，将负责期间社群互动话题的策划与发布，筛选社群精华动态，并积极与社群成员互动。作为激励措施，表现优秀的群主将上榜"优秀群主光荣榜"并进入"乡村振兴领头雁全国优秀学员群"。

## （六）"战疫助农"解决滞销困境

2020 年疫情期间，受各地封城封路措施以及快递停运等影响，全国范围内出现大面积农资供应不畅、农产品滞销的情况，在领头雁计划的万余名新农人学员中，不少就面临着产品积压、资金链断裂的困境。在疫情发生后，项目秘书处迅速召集了部分学员召开线上座谈会，国务院参事、中慈联乡村振兴委员会主任委员汤敏参加座谈，与学员深入交流。汤主任亲自部署，秘书处迅速联系了今日头条、抖音、微博、网家家等机构和平台，展开了领头雁计划"战疫助农"行动。领头雁计划通过与今日头条、西瓜视频、抖音发起的"齐心战疫，八方助农"活动合作，以视频、图文形式发布农产品求助信息，帮助来自广东、广西、浙江、四川、山东等十余个省份的新农人解决产品销售问题，累计销售额达 630 余万元，涵盖农副产品多达二十余类，封开杏花鸡、大凉山枇杷、清远土鸡、广西柑橘……辐射数千名农户。"战疫助农"行动将领头雁们的优质农产品送入千家万户，实现产销对接，缓解了新农人的资金压力。

---

**专栏　"战疫助农"助力杏花鸡"飞"出大山**[①]

　　70 后的领头雁学员伍幸辉是受此次疫情影响的广大农户之一。几年前，他回到家乡广东肇庆封开县经营杏花鸡养殖业。几年来，家乡的养殖产业蒸蒸日上，带动了当地许多村民脱贫致富。受此次疫情影响，封开县 2 万只养足了 180 天的杏花鸡遭遇滞销，353 户农户受到影响。伍幸辉刚有起色的养殖事业不仅面临巨大的资金压力，甚至给刚刚脱贫的农户带来了返贫的风险。

　　2020 年 2 月 25 日，伍幸辉参与到领头雁计划"战疫助农"行动。在了解了他的情况后，"战疫助农"行动组迅速帮助他在今日头条、西瓜视频、抖音发起的"齐心战疫，八方助农"活动专区上发布农产品求助信息。不到两天时间，他借助平台售出了 13569 只杏花鸡。据他所说，到 2 月 27 日，封开县杏花鸡的销售问题已基本得到解决。与此同时，在平台的宣传下，三家电视台和两家电商平台也看到了他的信息，并向他表达了长期合作意向。

---

① "领头雁计划"公众号。

### （七）"领头雁"推进乡村振兴

早在"乡村振兴领头雁计划"设计之初，项目组就清晰地认识到，项目的愿景不仅是提升得以进入赋能计划的数万名"领头雁"，更重要的是通过提升新农人的综合素质与技能水平，真正成为激活当地经济和社会发展的"催化剂"，带老乡们增收致富。①

中慈联乡振委主任委员汤敏将"领头雁计划"的初心和主旨阐释为，"当前我国返乡创业青年众多，但面临缺模式、缺资金等现实问题，我们邀请全国最好的专家学者以及在乡村创业成功的农民企业家在线授课，并组织线下面对面的培训。经培训后的青年将是连通城乡市场的桥梁，能更好地将商机带到农村，把农民的产品、服务以及消费能力真正开发出来。"

领头雁计划持之以恒重视项目的资源带动能力，在学员选拔、课程设计、资源链接等环节与各级党委政府密切配合，并通过领头雁计划为农村创业者搭建与政府资源对接的渠道，提高新农人群体的地方"热度"。同时，通过鼓励基层干部和社区工作者进入赋能培训，提升其基层治理能力和政策敏感性。一些来自基层的干部，已经开始将在领头雁课程中学到的知识运用到实际工作中，并带动公务人员通过课程平台提升业务能力。一位乡镇干部写道："上级领导和我们一起看起了两期的领头雁课程视频，感触非常深。他在每周的'周三大讲堂'学习会上提出来，要全镇干部交流学习。并要我们大家学以致用，运用到实际工作中去。"

更为可贵的是，通过领头雁课程学习，越来越多的学员开始反思既有的乡村发展方式，什么是真正的乡村振兴？什么是值得期待的故乡？自己能为乡村更好的发展做些什么？这样的发问与自省出现在很多学员的文章中，一位领头雁学员写道："在繁荣的背后，我们不得不面对很多困扰和忧虑，全球气候变暖、固体垃圾污染、水体污染和食品安全等一系列问题，

---

这是部分伙伴家乡面临的问题，也是时代的产物，是繁荣经济背后不容忽视的一面，也是迫在眉睫需要解决的问题。我们所有的伙伴都应该努力去解决这些问题，因为他不仅关系到我们家乡的未来，也关系到我们自己的未来！"正是通过新农人专业赋能培训体系的课程学习与社群交流，共同孕育着新一代有担当、有能力的乡村振兴人才，也孕育着中国乡村的新生力量。

# 案例二　友成企业家扶贫基金会电商扶贫项目

## 一　开创农村电商扶贫新模式

近年来，国家越来越重视利用"互联网＋"模式探索农村贫困地区扶贫减贫方案。《中共中央国务院关于打赢脱贫攻坚战的决定》《"十三五"脱贫攻坚规划》《"互联网＋"现代农业三年行动实施方案》等政策文件中，都明确提出将"电商扶贫"纳入扶贫开发工作体系，为电商工程设施建设、电商企业业务延伸至农村制定了扶持措施，营造了鼓励农村电商发展、鼓励社会力量参与农村电商发展方案探索的良好环境。

友成企业家扶贫基金会（以下简称为友成基金会）积极响应国家政策，跻身成为第一家探索电商扶贫领域的社会组织。友成基金会致力于以共同的公益理念、价值认同实现社会资源的聚集与整合，进而实现社会资源供给与农村贫困地区发展需求的有效对接，探索出一套以目标引导、认同驱动、资源整合、联合实施、评估反馈为一体的精准化、高效化的电商扶贫方案。

深入了解农村及贫困地区发展现状是实施电商扶贫工程的关键。通过走访和调研，友成基金会认识到农村地区难以脱贫的原因主要有以下两个方面：其一，长期存在的资源和条件匮乏问题是农村发展的主要瓶颈。农民无法摆脱贫困轮回或代际传递带来的艰难处境，多数农民仍以务农和简单手工劳作为生，收入水平仅处于维持生存的状态。农村经济缺乏发展条件和内驱力，这成为农村地区脱贫难的重要因素。其二，农村青壮年群体纷纷搬离农村或出外打工，农村"老龄化""空心化"现象严重，农村地区也因此缺失才能兼备的核心建设人才。

在宏观政策的引导下与社会调研的基础上，友成基金会意识到，农村电商发展的基础设施及配套服务体系建设与人才能力建设是电商扶贫工程不可分割的两大方面。只有将完善的基础设施"硬实力"与人才"软实力"紧密结合，才能使电商扶贫工程发挥出应有的效果。

### （一）农村电商发展——基础设施及配套服务体系建设

在基础设施及配套服务体系建设层面，政府的政策支持和资源投入同友成基金会所制定的与社会企业建立合作、志愿者定点帮扶的项目方案形成了优势互补、协调配合的对应关系。

政府方面，2014～2018年连续五年出台的"中央一号文件"均明确提出要发展农村电子商务；国务院、农业部和商务部等多部门出台系列文件，支持农村交通运输、物流设施、网络宽带村村通、信息服务等基础设施建设，为农民认识电商、接触电商、融入电商产业创造了有利条件；同时，各地政府纷纷响应上级政策，积极引导社会资本共同参与农村电商产业建设。

基金会方面，友成基金会在国务院扶贫办与证监会的支持下，与网信金融集团达成合作，借鉴该集团有关公益、农业、股权众筹的经验，为农村电商发展中的众筹或创业融资项目、金融资源对接服务等提供帮助。与此同时，友成基金会积极引导已有的"志愿者驿站"项目，延伸并扎根于农村社区，建设组织体系完善、技能水平专业的志愿者队伍，及时了解农村、农民参与电商实践的需求和问题，并为之提供相应的人力资源、公益物流、信息共享等服务，动员社会力量实现精准帮扶，打造服务体系与基础条件互为支撑、互为引导的电商运营环境。

### （二）农村电商发展——人才能力建设

在人才能力建设方面，友成基金会充分挖掘农村可利用的人才资源，重点面向贫困农户、在乡女性群体、返乡青年及当地电商扶贫带头人开展以"线上＋线下＋陪伴孵化"为创新模式的电商技能培训项目，为有意愿返乡、留乡、建乡的人才赋能，让电商知识、操作技能、运营渠道、保障体系真正走入农村，帮助农民摆脱自身眼界、思想和技能局限，让农村电商业务成为惠民利民、盘活农村资源要素、打破贫困桎梏的重要力量。

友成基金会开创的"线上＋线下＋孵化"的电商扶贫人才培训模式，在具体执行上表现为以下几个方面。

（1）线上渠道。基金会借鉴2010年"友成常青义教"项目中积累的线上教学经验，开发了"友成MOOC"在线学习平台，形成了以"电商扶贫基础"、"电商创业课程"、"网店新媒体营销"、"电商区域发展与扶贫案例讲解"和"农村电商公共服务体系建设"等特色课程为导入环节，在线试题考核为检验环节和以问卷调查、深度访谈、负责人反馈为评估环节的一体化、网络化、全方位的教育培训体系。来自电商领域、农业经营、就业创业、金融投资等领域的高级讲师、专家和电商扶贫志愿者担任课程教师，为志愿学习电商知识和实战技能的学员提供电商经营、就业与创业指导，并持续跟进各学员情况，必要时予以经济和技术扶持。

（2）线下渠道。综合识别出农村范围内具有更强学习意愿、学习能力、影响力与动员力的农村电商扶贫带头人，使其参与到地方政府部门、地方企业和职业技能培训学校开展的线下技能培训与指导的课程中。农村电商扶贫带头人主要包括本地电商企业或龙头企业负责人、电商企业骨干、有意愿开展电商业务的企业负责人或骨干、村级合作社带头人、养殖大户等。重点化、精准化的电商骨干人才培育将会实现更加高效的培训成果转化，并发挥多主体、多中心扩散的辐射效应，有助于提高普通学员的参与热情，扩大受益规模。

（3）陪伴孵化。在线上与线下培训之外，电商技能培训的相关合作方致力于打造全程跟踪与指导的学习服务社群，讲师与学员通过微信交流建立密切、畅通的沟通渠道，保障学员在具体的业务实战中能够及时寻求帮助和获得支持。在学员管理上，项目组与学员形成"强联系"，及时获悉学员实践进展及效果，并为优秀学员提供一万元的创业基金支持，树立优秀典型，也将对优秀学员自身及其他学员形成正向激励，最终实现"人人参与、人人获益"的电商扶贫新局面。

## (三)农村电商扶贫成效

友成基金会自 2016 年实施第一期"全国零售训练营"项目以来,通过自主开发的创新性电商培训模式,为众多贫困农户、农村妇女和返乡青年提供了学习、就业以及创业的机会。电商运营渠道下沉到农村,直接拉近了贫困地区农民与市场的距离[1]。农产品和工业品的上行销售,也为农民自产自销、资金回流、增产创收提供了外在支持和帮助。在农村电商产业日益完善的基础上,村域农户不再囿于落后的基础设施条件和非专业的技能水平,转而在电商赋能培训中积攒了适应多元市场主体竞争、多样化产业业态协同发展的能力与经验,成为转变农民生产生活方式和助力优质成果转化的关键环节。

友成基金会的电商人才赋能培训项目在农村及贫困地区实践中取得了显著成效,主要表现在以下两个方面。

首先,从数据层面来说,电商扶贫项目在农村进展顺利,民众参与率与满意度较高,参与者学成后收入也有大幅度提高。友成基金会第一期"全国零售训练营"项目覆盖江西、贵州、甘肃、河北和四川省的 54 个县,共有 11175 人参与培训。[2] 于 2018 年 8 月启动的第二期"全国零售训练营"项目历时 10 个月,陆续为甘肃、贵州、湖北三省 11 区/县的 876 名村级电商扶贫带头人提供了技能培训、全程跟踪与孵化支持,其中女性学员数量达 598 人,占总人数的 68.3%。[3]

基金会重点培育农村电商扶贫带头人、返乡青年与妇女群体,实现了培训效益的复制性和延伸性。480 名村级电商扶贫带头人凭借自身的知识素

---

[1] 杨守德、张天义:《渠道下沉背景下农村电商发展研究》,《商业经济》2020 年第 12 期。

[2] 明德公益研究中心:《友成·沃尔玛 2018 年度"全国零售训练营"项目评估报告》,2019年 8 月。

[3] 明德公益研究中心:《友成·沃尔玛 2018 年度"全国零售训练营"项目评估报告》,2019年 8 月。

养和影响力，积极参与到电商技能培训的推广队伍中，共带动 1082 名贫困户参与到当地电商公司和农村电商服务站站点，从事客服、物流配送、产品包装等工作中，提升了电商行业中农村从业人员的比重，帮助贫困农户实现了 1000 元以上的月增收入。友成基金会倡导的"为农村妇女或青年女性赋权赋能"系列扶贫工作，在女性地位低、择业机会少、存在性别歧视的贫困地区实现了公益资源的合理分配，切实回应了女性群体的需求与愿望。女性群体自主学习、自主创收能力的提高将助力女性群体参与就业创业、创造经济价值，也将转变贫困地区歧视女性和男尊女卑的落后观念，延伸出附加的社会价值。

其次，从受益者的反馈情况来说，女性群体、返乡青年、电商扶贫带头人等目标群体可从"线上 + 线下 + 陪伴孵化"的电商技能培训模式中受益，并将其转化为积极就业、自主创业、追求美好生活的直接动能。以"友成 MOOC 平台"线上网络培训课程和微信社群建立授受联系为一体的教学培育和实战跟踪模式，政府、企业、学校、志愿者团队线下形成的"面对面沟通、手把手指导"的陪伴孵化模式，均实现了电商经营知识、人才赋能理念和脱贫致富精神信念在参与学员之间的有效传播，促进了学员在认知、心态与行为上的改变。

在认知更新上，电商培训课程为学员提供了涉及电商营销基础、微商及淘宝店铺经营策略、农产品绿色认证与品牌打造、财务管理与投资、客服服务与物流仓储等贯穿电商经营与服务全环节的理论知识，提升了学员对电商营销的认知和接受程度，为目标群体参与电商实战奠定了基础。

在心态转向上，电商赋能培育系统让学员们充分认识到借助农村电商红利发展自身优势的机会和广阔前景。学员在培训赋能过程中不断挖掘自身潜力、化守旧自卑的封闭思想为乐观积极的进步心态，在政府部门、社会企业、基金会电商赋能计划以及志愿者的对口帮扶中提升自我信念、逐步树立起追求美好生活的愿望与目标。河北学员马素平表示，"参加友成沃尔玛'全国训练营'电商培训项目帮助我重新认识自己。在微信朋友圈销售农产品增加了收入，也让我的生活更加丰富多彩，训练营让我找回自我，我会抓住机会改变自己"①。

在行为改变上，贫困农户、女性、返乡青年及电商扶贫带头人群体在接受系统化电商培训后，不仅改变了自身融入电商行业的行为选择，更凭借自身经验和实践成果带动更多有学习和脱贫意愿的群体参与到电商赋能培训中。甘肃学员付云霞在分享学习成果时表示，"微商、淘宝店的经营增加了我的收入，提高了家庭地位，接下来我要带动更多家庭生活条件和我一样的人参与到电商培训中，也让他们收获意想不到的生活和收入"②。发挥受益群体的带动作用，将大大增加特色农产品的供应量、提高农产品及产地知名度，也将吸纳更多留乡学员组建内引外联的网商运营团队并锻造出高向心力的农村致富队伍。在此基础上，集体化参与也更有利于农村电商经济依托现有的产业格局发挥出集聚效应，让更多贫困群体找到脱贫突破口，共享电商经济的发展成果。

## 二　探索多方合作、可持续发展的乡村振兴道路

友成基金会在电商扶贫领域所取得的显著成就，离不开基金会的公益理念和超前的战略意识。友成基金会副理事长汤敏在传统"木桶理论"的基础上提出"公益新木桶理论"，倡导非营利组织、政府部门、社会企业、民办学校以及社会有识之士贡献优势力量，实现跨领域、跨行业、跨部门协同，弥补非营利组织单一行动所面临的资源能力有限、专业性不强、影响力、动员力欠缺的弊端，搭建多方认同、多方参与及多元支持的共赢共享社会合作平台③。

在"联合起来做大事"的公益新理念的引导下，友成基金会电商扶贫项目在多方合作中发挥了重要的桥梁作用，实现了各合作方主次目标的协

① 《友成项目：友成电商扶贫项目，用电商连接美好》，http://www.youcheng.org/project_detail.php? id=158.html，最后访问日期：2021年5月5日。

② 《友成项目：友成电商扶贫项目，用电商连接美好》，http://www.youcheng.org/project_detail.php? id=158.html，最后访问日期：2021年5月5日。

③ 友成企业家扶贫基金会：《汤敏：新木桶理论：公益发展新模式》，https://mp.weixin.qq.com/s/yGP5-kRZU8VfQgi2M0fExw，最后访问日期：2018年4月11日。

调配合。总的来说，友成基金会电商扶贫项目，一端承接企业社会责任与公共精神，一端将电商运营与服务及相关企业业务延伸至农村地区、打破城乡壁垒、扩展企业的增利创收渠道；一端致力于为贫困群体进行赋能改造、解决长期贫困问题，一端连接国家乡村振兴方略、为农村建设持续输送优质人才。友成基金会的电商扶贫项目在价值融合与战略认同的基础上开拓了多方合力探索农村地区脱贫攻坚、促进乡村振兴的新方案。

在电商技能培训项目运行过程中，政府部门、社会企业与民办学校各担重任，为学员赋能及农村电商发展提供了有力支持。

在政府方面，政府实施的农村电商基础设施建设工程为电商扶贫项目提供了硬件支持。同时，政府部门及相关负责人参与到学员甄选、线下培训场地协调、实时跟踪指导、监督培训工作、后勤支持服务等环节中，大力支持基金会项目的落地实施。另外，项目所在县商务局或电商办的相关负责人也参与到电商项目考核与评估环节中，对培训模式的可行性、可复制性以及培训结果的有效性给予了相关建议与正向反馈，增强了项目主导方、资助方与合作方持续推进项目的信心。

在企业方面，电商培训企业为"友成 MOOC"学习平台提供了经验丰富的讲师，同时以公益价格承接项目落地执行的具体工作①，主要包括：项目宣传与推广、线上课程板块设计与录制、微信沟通、社群维护以及培训进展、培训成效反馈等。以电商业务为主的互联网企业，如淘宝、阿里巴巴、拼多多、快手、云集及唯品会等平台为贫困地学员提供了以客服、运输、物流站点服务为主的就业岗位，并鼓励贫困农户加入网店经营与农村电商团队组建的行列。同时，互联网平台利用大数据检测、流量引导等方式增加贫困地农产品的网络曝光量，为贫困地特色农产品上行销售提供精准帮扶。2016 年 10 月，友成基金会与京东金融共同发起"消费者扶贫联盟"项目，发布系列电商扶贫优惠措施，例如京东金融宣布发起贫困县

---

① 《友成动态：电商扶贫 | 从看不见的手到隐形的翅膀》，http://www.youcheng.org/news_detail.php？id = 425.html，最后访问日期：2021 年 5 月 6 日。

（贫困户）农产品众筹活动、在网上商城开设"扶贫特色馆"版块、在京东手机客户端为贫困户农产品网络推广提供优质广告位置、引导消费者参与消费扶贫活动并为其发放优惠券等[①]。

在民办学校方面，武汉阳光职业培训学校作为专为残疾人、下岗失业人员、困难女性等社会弱势群体提供免费创业培训的公益机构[②]，其建校初心、发展使命、教育扶智理念和目标群体与友成基金会电商扶贫项目理念和方案有重合之处。在第二期"全国零售训练营"阶段项目中，武汉阳光职业培训学校作为合作方，重点参与到贫困地区情况调研、项目目标制定、学员招募、课程计划制订、线下培训场所及时间协调、项目进展沟通、各方资源对接等过程中提供了诸多帮助，更好地黏合了社会企业、政府部门与项目主导方的资源衔接与沟通，并以自身多年从事弱势群体创业帮扶的经验提升了电商扶贫项目的推进效率。

政府、企业、学校与社会力量等多元主体的支持让友成基金会的电商扶贫项目发挥出巨大的影响力，促进了电商项目在贫困地区落地扎根，也助益贫困农户、困难女性群体及返乡青年在"农村电商潮"中找寻自我、赋能提升，并最终打破贫困枷锁，用电商连接美好生活。

从项目效果与反馈来看，友成基金会的电商扶贫项目实现了农村学员理论知识和实战技术的真正赋能；政府与社会多元力量的协同合作达到了预期目标，各方仍存在长期合作的意愿；友成基金会开创的"线上培训＋线下指导＋陪伴孵化"的培训模式已成体系并渐趋成熟，亦可在深层探索的基础上进行大范围复制与推广。可见，友成基金会的电商扶贫项目并非仅探索出解决眼前贫困县、贫困村、贫困户生活发展难题的方案，更在科学化、专业化、体系化维度上延展了自身的可持续性，这将为我国农村电商产业生态圈的构建提供借鉴，为我国推进乡村振兴注入动力。

---

① 友成基金会：《友成动态：友成基金会与京东金融共同发起"消费扶贫联盟"》，http://www.youcheng.org/news_detail.php? id＝425，最后访问日期：2021年5月6日。

② 明德公益研究中心：《友成·沃尔玛2018年度"全国零售训练营"项目评估报告》，2019年8月。

# 案例三　碧乡公司支持乡村振兴[*]

碧乡农业发展有限公司（以下简称为碧乡公司）创立于 2018 年，是碧桂园集团开发的核心联盟企业，广东省国强公益基金会旗下的社会企业。碧乡公司致力于成为带领中国贫困乡村实现产业振兴的领头企业，以全力支持乡村振兴战略为企业使命，正在发展成为我国乡村一、二、三产业融合发展的助力者和精准扶贫领域的领头者。作为一家成立不到四年的农业公司，碧乡公司在碧桂园集团、广东国强公益基金会的推动下和各地乡村政府进行了深度的合作，逐渐打造出了属于自己的独特扶贫企业标签。公司的主体业务涵盖了三大板块：优质农副产品的转化和供应、消费助农平台的运营和乡村振兴全产业链的打造与服务，以商业化运作模式为基础，探索可持续、可复制的乡村振兴之路。

## 一　碧桂园集团参与乡村振兴的初心

作为国内最大的新型城镇住宅开发商集团，碧桂园集团在成为房地产开发领域内的龙头企业后，积极承担起了企业扶贫助产、支持乡村振兴的社会责任。碧桂园集团总部位于广东省佛山市顺德区，因此集团首先选择从周边地区的贫困乡村开始实行试验性的扶贫项目，并逐渐辐射到周边省市和全国各地，将扶贫经验带往其他地区。

民营企业主动参与精准扶贫，有助于企业和社会重新梳理二者之间的良性关系，拥有 78 个省定贫困村和大约 1.76 万贫困户的广东省英德市和当地的优秀民营企业碧桂园集团，逐渐成为这套关系里的优质样本。2017 年广东省发布了《关于 2277 个省定贫困村创建社会主义新农村示范村的实施

---

[*]　感谢四川战旗乡村振兴培训学院项目主任陈晶晶在本案例前期联络中提供的帮助。

方案》①，规定了在创建扶贫示范村的过程中通过"省补一点、市、县出一点、帮扶市、帮扶单位支持一点，社会、村集体及群众筹措一点"的办法，健全多元化投入机制。早在十年前，碧桂园集团就开始响应号召，派遣扶贫工作人员驻扎帮扶，切实参与到精准扶贫的工作中去。在当时，这样的尝试被归纳为"第一阶段"，也就是单个项目帮扶阶段，这是碧桂园在公益领域迈出的第一步。首轮尝试中获得的关于建立专项助学金和资助民办中学的经验也在后续的乡村扶贫中发挥了作用，使得集团制定了更加成熟的以发展劳务培训和输出为基础的教育扶贫体系。

在试点驻村扶贫顺利实施后，碧桂园总结经验，开启了大规模驻村扶贫的第二阶段，下属 43 个党组织与英德市 78 个贫困村达成党建结对共建的关系。2018 年，碧桂园把精准扶贫和乡村振兴列为主业，开启全国 9 省 14 县全面推进的第三阶段，将英德市的帮扶模式批量复制到全国其他贫困县②。这种基本模式被概括为"4 + X"的扶贫模式，即党建扶贫扶志、产业扶贫扶富、教育扶贫扶智、就业扶贫扶技及其他因地制宜的扶贫形式，其中，产业、教育和就业扶贫是最重要的部分，三者之间也存在着一定的递进关系。本土产业是最快建立的，而就业需要依靠成熟完整的产业链来带动，教育则是为了更好地发展人才，以帮助后代拥有适应社会生活的能力。

2018 年 5 月，碧乡公司作为碧桂园的扶贫自有品牌企业开始进入了一个全新的活动阶段，开始走上扶贫工作的前线。虽然在此之前碧乡公司已经参与了一定的扶贫项目，但从这一年起，碧桂园开始将精准扶贫提升到主业的高度，与河北省石家庄市、甘肃省临夏州以及江西省赣州市等地区的 14 个贫困乡村结成帮扶队伍，初次开始实行对贫困地区人口建档立卡、

---

① 《南方日报》：《2017—2020 年支持 2277 个省定贫困村创建社会主义新农村示范村 省财政安排奖补资金 313 亿》，http://www.gd.gov.cn/gdywdt/bmdt/content/post_81554.html，最后访问日期：2021 年 5 月 3 日。

② 《碧桂园扶贫品牌碧乡亮相慈善展会》，中新网，https://baijiahao.baidu.com/s?id=16121116454413778084&wfr=spider&for=pc，最后访问日期：2021 年 2 月 27 日。

精准到户的扶贫活动①。由此，碧乡公司发展成为企业扶贫的载体，并通过自身的主体业务开展扶贫活动。总的来说，碧乡公司是专注于助力乡村扶贫活动的社会企业，承担并延续了碧桂园"希望社会因我们的存在而变得更好"的企业使命。

## 二　参与乡村振兴的方式

碧乡公司的经营业务包括农产品开发和销售、消费助农平台、农产品基地运营、文化旅游项目开发、美丽乡村建设和人才培育等多种业态，其中，运用最为广泛的是产业扶贫，这也是最直接、见效最快的扶贫方案。借助碧乡公司在农产品开发和销售上的经验，挖掘适合在贫困乡村大规模种植的农产品，建立可溯源的产品码，从源头上把控农产品的质量，从种植加工、运输和销售等一系列环节对农产品进行全程监控。同时，碧乡公司采用了产销合作、基地合作的方式开展助农行动，保证农产品直接来源于原产地，再由公司的专业团队进行特色挖掘，打造出地标性农副产品，形成"一村一品""一县一业"的产业集合体，做到每款农产品都有属于它的扶贫故事，都链接真实贫困户。在此基础上，碧乡公司将农产品打造成为具有一定市场竞争力、具有禅意化的优质农产品，对接内外部大客户采购，通过电商平台和网红直播等渠道进行销售，倡导以购代捐，逐步实现农户的脱贫增收。

碧乡公司目前主要是从以下几个方面参与乡村振兴：首先，通过带动消费促进乡村振兴，亦即通过提高贫困地区农产品的商品化率来扩大当地农产品的销路，提升当地的产业水平；其次，碧乡公司搭建了全国消费扶贫广东馆，给当地的农产品提供了一个稳定的销售渠道；最后，承接美丽乡村建设的相关项目，其中包括建设和运营等方面的工作。例如，碧乡公司在南雄建成小龙虾基地，在河头建成百香果基地，在英德鱼咀村建成民

---

① 《从后进村到全国美丽乡村示范 碧桂园打出精准扶贫"组合拳"》，https://www.sohu.com/a/260253092_100217363，最后访问日期2021年5月3日。

宿基地等。这些项目不但可以带动当地就业，还为当地提供了可持续、可造血、可复制的产业基地。下面的四个板块列出了碧乡公司的基本扶贫内容。

基地运营。碧乡公司为贫困地区发展特色产业基地提供资金、技术、市场和渠道等各种资源，尝试把这些乡村地区稀缺的生态、文化和农产品资源转化为独特的商品推向市场，从而将该地区的资源优势转变为发展优势，带动贫困户脱贫。碧乡公司也会在这些产业基地驻点并协助其日常运营，保证基地的持续发展。

民宿运营。碧乡公司以党建扶贫为引领，以产业扶贫为重点并引入民俗、农家乐和商业街等旅游业态，打造乡村地区的村庄巷道、停车场等基础设施，进一步提升其旅游化、现代化品质，在打造宜居新农村的同时将这些地区建设成为接收外来游客的民宿项目。

魅力乡村建设。良好的生态是乡村振兴的支撑点，为了推进美丽宜居新农村建设，碧乡公司在英德市的贫困村进行"厕所革命"项目、污水处理项目和其他公共设施建设项目，加强农村突出问题的综合治理，改变贫困村"脏乱差"的整体现象，提升村庄的外在风貌。

人才培育项目。乡村振兴，人才是关键。为深入贯彻人才培养方针，由国强公益基金会提供专项资金，碧乡公司提供运营指导，着力将南雄稻虾共作项目产业振兴实训基地打造成人才培育平台、资源对接平台、经验推广平台和创新创业平台。该培训基地是国务院扶贫办授予的全国创业致富带头人七大实训基地之一，现开设乡村振兴带头人培训班、农村电商人才培训班和稻虾养殖、现代化养鸡等实用种养技术培训课程。

## （一）案例介绍

碧桂园集团的对接方式包括直接出资建设产业基地和农业合作社等。这些对接方式在很大程度上可以快速缓解贫困村本地居民的就业和收入问题，并通过建立农业合作社改变农民在产业经营中的角色，用合作社分红来激励村民更好地投入。在坪山村的产业基地项目中，集团通过"公司+

专业合作社＋村小组＋农户"的模式，流转农民 300 亩土地，种植黑米，采用机械化、规模化经营，为有劳动能力和劳动意愿的贫困户提供就业机会①。截至 2019 年 12 月，累计产出黑米超 18 万斤，17 户建档立卡户共 47 人直接受益，间接帮扶桥头社区 94 户贫困户，共 244 人。

在广州市黄埔区的九龙镇，碧桂园集团出资 800 余万元援建了九龙镇河头村订单式农业产业扶贫基地，基地划分为 5 个生产区块，分别是百香果种植区、人参和红薯种植区、观光采摘果园、休憩垂钓区、育苗大棚区②。项目运营过程中优先聘用河头村民，特别是贫困户务工，惠及河头村贫困户54 户，共 164 人。此外，为探索授人以渔的可持续性产业扶贫项目，集团出资 20 万元扶持鱼咀村碧鱼种养专业合作社，捐赠 30 万元扶持 100 亩稻虾共作产业基地，吸纳 112 户村民加入合作社③，项目经营利润用于社员分红、贫困户定向帮扶和合作社发展基金，带动村集体公益事业发展，同时为合作社持续稳健发展提供资金保障，实现可持续发展的目标。

伽师县是新疆塔里木盆地西缘的国定贫困县，教育落后是当地贫困的主要原因。在 2019 年 5 月，碧桂园集团和旗下的国强公益基金会积极响应党中央号召，主动履行社会责任，捐赠 805 万元对伽师县进行帮扶④。在碧桂园推行的 "4＋X" 扶贫模式中，教育扶贫是其中的一个特色。此外，基金会还依托中国光华科技基金会 "书海工程" 项目的公益平台发起赠书活动，向伽师县 19 所中小学捐赠价值 150 万元的爱心图书 5 万册。

## （二）案例分析

公司提供的扶贫资源也帮助了少数民族深度贫困乡村的产业建立和发

---

① 《碧桂园 "精准扶贫" 进行时 "4＋x" 创新模式助力脱贫》，https://baijiahao. baidu. com/s? id = 1634916104488747754&wfr = spider&for = pc，最后访问日期：2021 年 5 月 4 日。
② 《分红啦！英德这三个村村民喜提春节 "大红包"》，https://www. 163. com/dy/article/F3DLNTLS055004XG. html，最后访问日期：2021 年 5 月 4 日。
③ 《碧桂园多举措帮扶英德市鱼咀村 争当乡村振兴 "排头兵"》，http://www. comnews. cn/article/dzone/202007/20200700057229. shtml，最后访问日期：2021 年 2 月 26 日。
④ 《走进大山深处的碧桂园扶贫队："极度贫困县" 如何破局》，https://www. sohu. com/a/424875047_318740，最后访问日期：2021 年 2 月 26 日。

展，为国内企业支持乡村振兴树立了良好的榜样。位于甘肃省临夏回族自治州东北部的东乡族自治县是全国唯一的以东乡族为主体的少数民族自治县，这里的深度贫问题已受到国家和社会的广泛关注。作为甘肃省58个集中连片特困县和23个深度贫困县之一，东乡县是甘肃省脱贫攻坚的主战场。2013年2月，习近平总书记在东乡视察调研，做出了"把水引来，把路修通，把新农村建设好，让贫困群众尽早脱贫，过上小康生活"的指示。2018年5月，在东乡县政府的指导与支持下，碧桂园东乡县精准扶贫乡村振兴项目部成立，首次组建了20人的专职扶贫队伍，全面帮扶了229个村（其中挂牌督战38个）[①]。在东乡县，以老村长制度为基础的党建扶贫颇有成效，可看作是基层党建扶贫的优秀范例。集团按照"言传身教、鼓足干劲、树立志气"的思路，在东乡县寻找10名德高望重的老村长，统一招录为碧桂园精准扶贫乡村振兴工作队编外公益岗位人员，颁发"脱贫攻坚服务队队长"委任证书，兼任一线扶贫项目部党支部副书记，开展宣传引导、励志教育、典型宣讲等思想扶贫工作。

东乡县的地理位置决定了这里的主要产业以养殖业和手工业为主，其中，东乡羊、马铃薯和手工刺绣是村民收入的主要来源。东乡羊每年入冬后出栏，但东乡在入冬后大雪封山，养羊产业一度只能困于本地。为此，碧乡公司分别与高山乡布楞沟养殖农民专业合作社以及坪庄乡坪庄村合兴源农民专业合作社共建东乡羊养殖基地。碧乡公司的专家通过远程视频和现场指导的方式协助东乡县建立品质标准、品种标准、饲养标准和出栏标准。此外，东乡县政府组织各乡镇养殖户到示范养殖场参观学习，带动东乡羊养殖合作社发展。依托碧乡公司的平台资源，为东乡羊打通了线上线下销售渠道，解决了销路问题。截至目前，已经累计销售东乡羊超过45000只，惠及6000多名贫困户。在碧乡公司的支持下，销售范围从甘肃省拓展到了南方沿海各地，销售渠道主要依靠酒店和凤凰优选线上商城，与东乡

---

① 《走进大山深处的碧桂园扶贫队："极度贫困县"如何破局》，https://www.sohu.com/a/424875047_318740，最后访问日期：2021年2月26日。

县之前的市场并不重叠。

除了助力东乡羊销售，在后脱贫时代，碧乡公司着力巩固脱贫和乡村振兴的有序衔接，加快东乡羊养殖产业供给侧结构调整，推进高标准产业繁育体系建设。2021年4月15日，国强公益基金会投资800万元建设的碧桂园·碧乡种羊繁育基地开工建设①。该项目坐落在东乡族自治县百和乡王家川村，占地30.33亩，羊舍面积3000平方米，引进了甘肃农业大学、天津奥群牧业研究院、北京畅享设计公司等提供的专业服务，计划在2021年6月投入使用。建成后主要用于东乡羊养殖繁育、养殖技术培训及观摩示范等，将大力推进百和乡养殖产业的发展，成为百和农业产业结构调整中的示范项目。

### （三）未来持续推进的设想

基于当地禀赋及市场需求，碧乡公司以产业振兴为核心驱动力，因地制宜地为贫困乡村提供可造血、可持续的产业和乡村发展规划方案。同时，公司还将充分利用当地政府的政策和资源，包括推动土地流转、产业上下游协同发展等，协同内外资源，建设产业基地和产业园区。搭建营销渠道，例如全国消费扶贫广东馆、淘宝和京东等电商平台、线上线下销售渠道，打造地标性产品，培育知名农副产品品牌，提供培训和文旅等服务。当前，碧乡参与建设的扶贫项目大都有着稳健的发展，这是碧乡公司在可持续推进乡村振兴中值得肯定的一点。

## 三　参与乡村振兴的体制机制

贫困乡村首先需要增强自身在产业上的造血功能，同时提高居民就地就业的可能性，因此，产业扶贫是最基本的扶贫模式。碧乡公司在农村一、

---

① 《碧桂园产业帮扶　助力乡村振兴》，https://new.qq.com/rain/a/20210416A036Q900，最后访问日期：2021年5月5日。

二、三产业的开发探索之中有所收获，其中最基本的参与路径包括帮助扶贫农产品的转化和乡村集体产业的振兴等。在参与过程中，碧乡公司主要关注贫困居民的就业情况、专业技术、受教育水平和人均收入等因素，结合碧乡公司目前的几大业务，包括自营农副产品研发与营销、中国社会扶贫网的特定版块运营、乡村振兴全产业链打造与服务等，碧乡公司持续从多个方向着手，助力乡村振兴事业。面对中国乡村振兴面临的农产品滞销、就业难、可持续发展难等问题，公司一直在探索更有效的扶贫方案。

### （一）参与主体

扶贫项目主要依靠碧桂园、国强公益基金会和碧乡公司合力推动，其中，碧乡公司下属的乡村振兴事业部是主要的推进部门，产品部、销售部，电商部和供应链部发挥各自部门的作用。

### （二）管理方式

碧乡公司通过不断创新社会扶贫模式，依托新型社交平台和电子商务手段深入开展消费扶贫，将优质的农产品推向全国，以此来凝聚更大的力量助推精准脱贫攻坚和乡村振兴。

### （三）参与方式

面对不同地区的发展需求，碧乡公司分别开发了不同的产业基地以吸纳扶贫队伍的参与。以自营农产品的开发与销售为例：首先，产品部的工作人员深入地方，了解当地产业特色并开发适合当地的农产品产业链；其次，由品牌营销部和设计部团队开发出满足消费者需求并有一定市场竞争力的有温度、有故事、有品质的扶贫产品；最后，由销售部的员工利用集团的销售渠道，借助碧乡公司的自有流量以及全国消费扶贫广东馆的平台流量进行销售。以此实现从产品开发到销售的闭环，通过产业与消费扶贫带动当地经济等发展。

### （四）筹资渠道

碧乡公司的资金均来自国强公益基金会，该基金会是碧桂园控股有限公司董事局主席杨国强及联席主席杨惠妍于 2013 年创立的非公募基金会。国强公益基金会以"为实现人民对美好生活的向往做出贡献"为愿景，以可持续发展的方式，在教育树人、文化育人、乡村振兴、社区发展等多个领域推动社会进步。

### （五）制度建设

碧乡公司内部建立了健全的品控制度、准入制度和仓储物流管理制度，将农产品的生产环境、生产过程、品质标准和加工包装等环节纳入公司的标准化管理轨道。自 2018 年公司成立以来，扶贫专项经验的累积使得碧乡公司的扶贫业务逐渐形成了制度化的体系，在特定的扶贫业务上有完善的标准化指标。

## 四 参与成效

### （一）人才建设成效

碧乡公司认为，要想彻底改变贫困落后的面貌，仅靠"输血"而不触及贫困根源，只能治标不能治本。因此，碧乡公司紧紧围绕"人"这个关键因素，聚焦三类人群（村支书、返乡扎根创业青年、乡贤），通过扶志、扶智、扶技、扶富，激发造血活力，孕育涵养新时代乡村人才大军，为精准扶贫和乡村振兴注入强大动力。

碧乡公司的扶贫实践是多维度、多层面的综合扶贫，除带动贫困地区的经济发展外，更加重视从加强贫困地区治理根基的角度为贫困地区发展注入现代化治理理念。而基层党建正是这一逻辑践行的最佳途径。为此，碧桂园通过设置"老村长"岗位、举办村支书研修班等项目补充乡村治理力量，夯实乡村治理基础。碧乡公司在结对帮扶的 140 个村庄聘请 140 名"老村长"，打造一支"不走的扶贫工作队"，协助扶贫工作人员开展入户、调研、宣讲、慰问等活动，协调乡村公众意见，发动公众参与乡村治理。评估报告中数据显示，截至 2020 年 7 月，各县"老村长"帮扶覆盖贫困人口约 6.1 万人次。

### （二）制度建设成效

同时，碧桂园进一步把公司化的规范管理引入扶贫工作，打造制度化的扶贫工作模式；用好扶贫"四库"（建档立卡贫困户数据库、产业项目资源库、就业岗位资源库、专家智库），为脱贫攻坚提供科学依据；将"4 + X"扶贫模式标准化，为广大有志于扶贫事业的企业、社会组织提供一套可操作的现成方案，带动更多社会力量参与到精准扶贫的事业中来。

### （三）成功案例

在碧乡三年多的扶贫实践中，已经出现了一批成功的扶贫方案，其中值得关注是前文提到的东乡羊产业链，通过消费扶贫，截至目前，已累计协助销售约 45000 只东乡羊，覆盖约 6000 名贫困人口，销售额 4000 多万元。此外，碧乡联合中国妇女发展基金会、中央美术学院、清华美院等，帮助建立产业链，开发刺绣工艺品，已带动超 800 名东乡族妇女实现家门口就业，带动刺绣产品销售近 200 万元。

鱼咀村的民宿咖啡吧、书吧等均聘请当地村民。经培训后上岗，月工资超过 3000 元，还享受五险一金，工资水平在当地具备较强的竞争力。公司优先组织当地建档立卡贫困户参与管家培训，2018 年，鱼咀村 17 名学员参加民宿餐饮培训，培训通过后优先聘请贫困户参与项目客服运营，未来将实现一户一管家全覆盖。项目一期建成后，贫困户可以实现"家门口就业"。

在民宿项目的建设中，有一个细节可以体现出扶贫工程与村民之间互惠的关系。民宿是鱼咀村文旅项目的重头戏，为保持传统建筑风格，在毛石墙砌筑工程中，扶贫团队特意邀请来当地老一辈工匠指导，组建了毛石墙砌筑队伍。一期工程中，仅施工即为村里带来 100 万元收入。鱼咀古村项目的建设也带动了附近村镇的发展。以前村民在家门口打工，不到 80 元一天，现在超过 120 元一天，村民参加劳动的积极性提高了。一年左右时间里，碧乡在当地建成但尚未产生收益的项目包括：50 亩水稻种植和 10 亩香瓜种植。项目推进过程中已聘请当地逾 50 名工人，直接劳务费用超过 40 万元，使用当地机械器材费用超过 60 万元。

根据国强公益基金会的统计，在社会各界的联合支持下，碧乡农业累计销售扶贫农产品超过 2.3 亿元，间接帮助超 11.8 万名贫困户增加收入。

在扶贫工作中，碧乡也遇到了一定的困难，这些困难有的和前期调研不足相关，有的和当地的村民或基层治理主体有关，给碧乡的工作带来了压力。村民是否能够理解扶贫项目对后续的开展影响很大，如果这些村民都不明白扶贫工作会给他们带来哪些东西，那么项目从一开始就会陷入困境。此外，在推进过程中，当地的基层发展主体也会有自己的诉求，公司的项目设计困难会与这些诉求发生冲突，导致了双方更多的沟通和协调。再者，并非所有的项目开展都一帆风顺，在某些情况下项目推进缺乏基础条件，也会需要公司调动或号召社会力量和资源来共同助力。扶贫工作需要持之以恒的决心，在这点上碧乡公司给予了社会企业参与扶贫的一个良好形象。

在产业扶贫中，碧乡公司坚持联动帮扶持续发展战略，培育打造特色扶贫产业项目，结合贫苦地区特色产业因素和结合集团产业资源两种优势。例如在英德市连樟村的建设中，碧乡团队支持麻笋竹基地与高标农田产业基地的发展与帮扶，并在村内规划建设现代农业科技示范园，促进小农户与现代农业发展的有效衔接，使当地百姓致富增收。同时，碧乡团队通过电商、展会等线上线下渠道，为农产品建立长期稳定的产销机制。同时，在乡村建设中，选择"懂农村、爱农村、爱农民"的贫困村致富带头人，提高村内创富带贫的内在发展动力。

# 案例四　星巴克云南综合扶贫计划

## 一　公司愿景

星巴克咖啡公司成立于1971年，作为一家全球知名的咖啡烘焙商和零售商，星巴克致力于推动咖啡产业的发展，从源头提高咖啡品质并为咖农带来丰厚回报。星巴克中国立足以价值为导向的长期发展承诺，深耕本土市场，回馈所在社区，为中国公益持续助力。

## 二　基本情况

2018年10月，星巴克与中国扶贫基金会在云南省保山市隆阳区潞江镇丛岗村从岗小学启动了"星巴克云南保山综合扶贫项目"（产业扶贫＋教育扶贫），投入资金约50万美元。

2020年4月，基于一期项目试点的成功经验，星巴克再次携手中国扶贫基金会，启动咖啡产业扶贫第二期项目，主要为普洱市宁洱哈尼族彝族自治县和孟连傣族拉祜族佤族自治县提供资助。

普洱市属于全国14个集中连片特困地区的滇西边境山区片区，是边境一线、"直过民族"和人口较少民族聚居地区。普洱市是全国唯一的国家绿色经济试验示范区平台，该市的"普洱咖啡"跻身首批《中欧地理标志协定》保护产品行列，市委、市政府始终把培育壮大绿色产业作为高质量脱贫、可持续发展的重点。全市共有9个贫困县，761个贫困村，60万贫困人口，贫困面大、贫困程度深、贫困发生率高。

2020年5月，星巴克携手中国妇女发展基金会共同启动了"星巴克乡村妈妈加速计划"文化扶贫项目，在助力乡村发展的同时，推动中国非物质文化遗产的保护与传承。

2020年6月，星巴克携手"担当者行动"，启动"读出未来"阅读助学活动，计划在云南普洱和保山两地的乡村小学和幼儿园建设分级阅读班级图书角，提高当地学生的阅读能力，促进其长期发展。

2021年3月，星巴克携手北京乐平公益基金会在云南普洱正式启动了"共享价值"咖啡产业扶持计划第三期"智慧农业项目"。该计划总结了上两期的经验，并在此基础上加入了数字化设备、管理及培训，预计建立10个咖啡种植村，试点"智慧农业"解决方案。

## 三　项目内容

### （一）参与主体及资助情况

星巴克与中国扶贫基金会（以下简称为扶基会）共同发起了前两期的扶贫计划。星巴克基金会在一期投入了50万美元（约350万元人民币），在二期计划中向扶基会捐赠了120万美元（约816万元人民币）；当地相关的政府部门（如镇农科站、镇林业站等）和扶基会灾害救援与项目管理部的负责人开展项目讨论专题会议，负责确定项目的具体内容及其实施方式、工作安排。2021年，星巴克与北京乐平公益基金会共同发起了第三期咖啡产业扶持计划，共捐赠180万美元（约1150万元人民币）。

此外，在"读出未来"阅读助学活动中，星巴克携手"担当者行动"，定向捐赠约550万元人民币；在"乡村妈妈加速计划"文化扶贫项目中，星巴克携手中国妇女发展基金会，定向捐赠100万美元（约700万元人民币）以推动项目发展。

### （二）参与路径

1. 产业扶贫

星巴克以咖啡产业扶贫为切入点，通过提供咖啡初加工设备、生产农资和技术培训，建设咖啡示范基地、规范生产过程，以达到提高当地咖农生活质量、推动高品质的中国云南咖啡走向国际市场的目的。

考虑到当地咖农大多"靠天吃饭"，缺乏新的、专业的技术，星巴克分批次为当地咖农提供咖啡种植相关技术的培训课程。培训师来自星巴克在云南普洱建立的咖啡种植者支持中心。2018年12月22日，该扶贫项目开展了第一次咖农技术培训会，为咖农传授咖啡采摘和粗加工的技术与技巧，丛岗村、赧亢村共86名咖农参加了这次培训。随后星巴克还举行了咖啡树修枝整形与施肥技术等方面的培训。星巴克计划通过专业的培训在当地培养出一批懂得咖啡种植、生产加工和市场营销的"新咖农"，从而增强当地咖农的经营优势，推动当地咖啡产业的发展。

为完善种植水利设施、改善咖啡种植条件、推广先进栽培技术、发挥社区动员力量，"共享价值"咖啡产业扶贫计划与当地政府协作建设咖啡示范样板区。经过专题会议讨论，一期项目在丛岗村、赧亢村两个村建设了共约600亩的示范样板区；二期项目计划在2021年底前，在当地建成8个占地总面积不少于4000亩的高品质阿拉比卡咖啡种植示范基地。示范基地的选址由政府相关部门及云南省农业科学院热带亚热带经济作物研究所（以下简称为热经所）负责人共同确定。基地的建设由政府具体组织实施，中国扶贫基金会、星巴克云南咖农支持中心和热经所提供技术指导（见图1）。

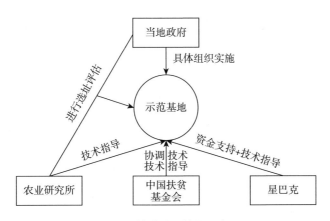

**图1 基地建设协作示意**

针对当地咖农普遍存在的加工技术不精、咖啡施肥不足等问题，该项目为扶贫村中的咖农提供化肥、咖啡加工设备脱皮脱胶机、烘干机等物资以提高咖啡的质量水平。此外，在2021年启动的三期项目中还引入了水肥一体化、测土配方施肥、无人机应用等多项数字化手段，进一步提高当地咖农科学精准种植和加工的水平。

2. 教育扶贫

在产业扶贫的同时，星巴克还提供了不同种类的教育资源与相关培训。

除了"共享价值"一期产业扶贫项目，"星巴克云南保山综合扶贫项目"还下设"星巴克云南教育扶持项目"这一子项目。基于当地教育条件不佳、师生能力不足的考虑，该项目选定了云南省保山市隆阳区潞江镇丛岗小学、赧亢小学这两所学校，为在校师生提供一系列教育活动和课程，以改善教学条件、提升师生能力，从而助力当地学生全方面发展。该项目由星巴克基金会提供资金支持，主要由扶基会负责项目的推进。2019年2月，扶基会对外公开招募该项目的执行NGO来具体负责相关活动的实施，扶基会将通过学习成绩变化、体检成果（所有学生接受常规年度体检）、性格发展等方面来评估项目产出效果。2019年3月，由扶基会秘书处、监测研究部、计划财务部、项目合作部、灾害救援与项目管理部组成的评审团开展了执行机构评审会，最终选定云南银杏社会工作服务中心（以下简称为银杏社工）为合作机构。2019年5月，云南银杏社工驻点人员到位，开始推进项目实施。银杏社工在学校开展了加油课程、加油夏令营、安全教育演练、阅读培训、教师教学技能培训等活动，并为每一位学生建立了心理档案，活动受到了师生的广泛参与和认可。

2020年5月，星巴克携手中国妇女发展基金会共同启动了星巴克"乡村妈妈加速计划"文化扶贫项目，计划在3年内为超过1500名贫困乡村妈妈提供22000余次专项技能培训，教授她们非物质文化遗产技艺，制作非遗手工艺品，并为她们提供运营管理、市场营销等环节的培训，使她们能在照顾家庭的同时自主创业，增加家庭收入，提高生活质量，推动当地经济发展。该项目选择了云南芒市掇花绣、大理扎染，贵州台江苗绣和银饰、丹寨蜡染，江西景德镇陶瓷，河北丰宁布糊画，内蒙古呼伦贝尔皮雕、翁牛特旗耳枕，吉林辽源东丰县农民画以及海南白沙市黎锦等十余种历史悠久的珍贵传统手工艺，并将在拥有这些非遗手工艺的贫困乡村建立 10 个妈妈合作社。[①] 这个项目在为女性赋能的同时也能培养出一批新的非遗产业带头人，帮助古老的非遗手工艺逐步走出被"遗忘"的困境。

2020 年 6 月 1 日，星巴克携手公益组织"担当者行动"，在云南省普洱市宁洱县同心镇那柯里小学，通过腾讯视频会议启动了新的教育扶贫项目："读出未来"阅读助学项目。当天，星巴克基金会通过"赠与亚洲"定向捐赠了约 550 万元人民币，计划 3 年内在云南普洱和保山两地的 150 所乡村小学和幼儿园建设 1600 余个分级阅读班级图书角，书籍涵盖人文、艺术和科学三大领域。同时，还将通过线上直播和线下教授结合的方式，为当地学校提供人文社科类相关的阅读课程、阅读与成长讲坛等活动，以培养出具有辅导儿童阅读素养的种子教师队伍。通过"遇见好书、遇见好师、遇见好课"三个方式，从教师和学生两个主体入手，构建起长期、系统的阅读教育环境，提升当地学生的阅读能力，为他们带来成长路上的长远的积极影响。

## 四　与本地共成长

星巴克作为一家在全球拥有超过 32000 家门店的专业咖啡烘焙商和零售商，自 1999 年在中国开设第一家门店以来，深耕中国市场。目前，中国已成为其发展速度最快、最大的海外市场。咖啡豆的供应对星巴克门店咖啡的供给至关重要，足量、优质、稳定的咖啡豆正是星巴克所需要的。星巴克在 2004 年就和利益相关方共同建立了一套用以衡量咖啡品质及种植者责任的指导准则——咖啡和种植者公平规范，其中包括产品质量、经济责任、

---

① 《赋能乡村妈妈，助力非遗传承：星巴克联合中国妇女发展基金会启动"乡村妈妈加速计划"》，https://www.starbucks.com.cn/about/news/rural-mom-acceleration-program/，最后访问日期：2021 年 5 月 5 日。

社会责任和环境保护四个指标，以此在保证星巴克获得长期、可持续和优质咖啡豆供应的同时促进社会发展。云南属于亚热带气候，降雨充沛，昼夜温差大，非常适合咖啡豆的种植。因此，星巴克对云南种植咖啡豆的乡村对接扶助，在提升当地条件的同时也有助于自身在中国的发展，是一个互利共赢的举措。

2012 年，星巴克亚洲首个咖啡种植者支持中心在云南普洱落成并投入运营。该中心由农艺团队、质量团队、可持续团队共同运作，与云南当地咖啡产业的利益相关方保持了良好的合作关系。其中，农艺团队根据"咖啡和种植者公平规范"给予种植者指导并探索咖啡最佳种植方式；质量团队负责评估咖啡品质，强化提升供应方对星巴克品质需求的理解；可持续团队负责管理和推广"咖啡和种植者公平规范"并维护和利益相关方的关系。在星巴克"共享价值"产业扶贫项目中，该中心也起到了技术和人员支持的作用。[①]

2017 年，星巴克推出中国单一产区咖啡豆——星巴克®云南咖啡豆。通过"共享价值"咖啡产业扶贫计划，星巴克与云南咖啡种植者之间的合作与联系进一步加强。在未来，星巴克计划将更多高质量的、云南特色的咖啡豆推向国际市场。

## 五　与本地资源对接情况

星巴克"共享价值"一期的试点地为赧亢村和丛岗村，均隶属于云南省保山市隆阳区。2019 年，隆阳区被确定为云南省"一县一业"计划示范县之一，负责发展当地主导的咖啡产业。省政府每年给予示范县 3000 万元的资金支持以帮助其培育出"区域特色鲜明、比较优势突出、产业规模较大、产业链条完整、经济效益明显、市场竞争力强的主导产业"，从而打赢

① 《根植于中国咖啡种植产业——星巴克咖啡云南支持者种植中心》，http://www. coffinance. com/detail/269，最后访问日期：2021 年 5 月 5 日。

脱贫攻坚战、推动乡村振兴。[①] 星巴克的咖啡产业扶贫与隆阳区自身发展需求不谋而合，其规范种植技术、改善水利条件设施、引进数字化种植手段等举措也与打造示范村中"绿色引领""市场导向"的基本原则相符合。近年，隆阳区为改善营商环境做出了很多努力，包括为企业提供政策讲解服务、简化办事流程等，政府积极助力咖啡产业发展，政商合作良好。

二期项目在普洱市开展。普洱市作为全国唯一的国家绿色经济试验示范区平台，市委、市政府高度重视绿色产业的发展，持续推动产业转型升级、提质增效。

政府积极培育新型经营主体，与有产业发展意愿的贫困户建立"双绑"利益联结；同时，政府还积极引进龙头企业、大企业，推动产业发展并将获益惠及全体人民。星巴克与普洱市的合作正如普洱市市长在项目启动仪式上所说："'共享价值'咖啡产业扶持二期项目的启动充分体现了星巴克和中国扶贫基金会倾真情、用真力、扶真贫的高度责任担当和对普洱的深情厚谊。产业扶贫是活水之源、治贫之本。我们坚信项目的实施必将助力普洱市实现绿色崛起和高质量跨越发展，并为普洱市打赢脱贫攻坚收官战、全面建设小康社会奉献咖啡产业新力量！"

作为星巴克云南咖啡产业扶持计划中最大的一笔投资，2021 年 3 月，星巴克携手北京乐平公益基金会在普洱启动的三期智慧农业项目创新引入了数字化科技手段。"通过成熟的农业物联网技术、人工智能技术、大数据技术让云南咖农享受到先进技术带来的甜头，让云南咖啡种植村庄走上乡村振兴的快车道。"[②] 在助力咖啡产业升级的同时，积极响应了国家脱贫攻坚成果同乡村振兴有效衔接的号召。

---

① 《云南省人民政府关于创建"一县一业"示范县加快打造世界一流"绿色食品牌"的指导意见》，http://www.yn.gov.cn/zwgk/zcwj/yzf/201911/t20191101_183872.html，最后访问日期：2021 年 5 月 5 日。

② 《从产业精准扶贫到乡村振兴，智慧农业赋能咖啡种植社区——星巴克携手北京乐平公益基金会启动云南咖啡产业扶持三期项目》，https://www.starbucks.com.cn/about/news/yunnan-poverty-alleviation-smart-coffee-agriculture-project/，最后访问日期：2021 年 5 月 5 日。

# 案例五 多元主体参与的乡村治理：
## D镇L村的经验

## 一 D镇社会治理：现状与制度分析

### （一）D镇基本情况

D镇位于广东省K市H区北部，下辖包括L村在内的8个行政村和一个社区居委会。D镇总面积91平方公里，其中山林面积就占83.5%。凭借着得天独厚的地理条件，D镇成为K市名副其实的"后花园"。作为大型城市的农业地区和客家人聚居地区，D镇成为观察K市社会治理运行状况的重要窗口。本案例将首先考察D镇社会治理制度架构，并着重对L村社会治理现状展开剖析。

### （二）D镇基层社会治理概况

D镇基层社会治理可以分为党的建设、公共服务、村级民主三个大的板块，每个板块下又分为若干内容。

在强化基层党组织战斗堡垒作用，加强农村基层民主政治建设方面。D镇完善决策程序，健全决策规则，规范决策行为，不断提高村党支部依法决策、科学决策和民主决策的能力和水平。L村竞争2016年美丽乡村创建点的申报工作，班子联席会议上两委成员取得共识，并编写申报方案递呈党群联席会议讨论，村民代表各抒己见，最后投票通过。又如L村规定各项投入低于10万元的小工程需村两委班子联席会议和村务监督委员会一致表决通过，形成决议才能投入资金建设；10万元以上的大工程需召开党群

194

联席会议表决通过，形成决议才能投入资金建设。

政务服务中心工作建设方面。D镇政务服务中心于2013年8月30日投入使用，建筑面积约1200平方米，目前进驻办公的部门包括计生办、国土所、规划办、社会事务办、流动人口和出租屋管理服务中心、劳动和社会保障中心、城管、环卫、工会等9个部门。公共服务和管理事务全部纳入镇政务服务中心实行集中办公，统一管理，并合署成5个窗口对外服务。现有专职窗口办事人员5名，由各进驻部门抽调组成，既整合了业务和服务设施，又规范了运行模式，较好地实现了"一个窗口受理、一站式审批、一条龙服务、一个窗口收费"以及"收件受理多元化、事项办理一体化、结果发放便捷化"，大大提高了办事效率。2016年前10个月，D镇共受理业务1028宗，同比增加27%，其中计生业务487宗，民政、残联业务158宗，国土、规划业务92宗，流动人口、出租屋、劳动保障业务291宗。

流动人员和出租屋管理工作方面，D镇现有登记在册出租屋302栋，共850套，其中住宅类出租屋719套，登记流动人员2600人次，主要分布在民安村和D镇居委两个区域。D镇流动人员和出租屋管理的重点也集中在这两个片区。D镇采取了加强信息收集和排查、推进管理工作站和大型出租屋门禁系统建设、安排出租屋管理员进驻工作站等系列措施。

基层社会管理体制创新方面。2013年7月，在当地区社工委和各级部门的大力支持下，在尊重村民意愿的基础上，D镇L村积极探索农村基层治理新模式，成立L村民理事会，并通过村民代表会议推选产生村理事会，理事会由9名成员组成，其中设理事长1名、副理事长2名、理事6名。村民理事会积极协助村"两委"开展工作，调解村民矛盾，向村"两委"反映村民意见建议，协助办理村内公共事务和公益事业，受到了村"两委"的肯定和广大村民的认可。

加大村务公开力度方面。D镇按照真实、及时、规范的原则，对本村事务实行全面公开，使村务公开经常化、制度化、规范化。加强村财务公开，坚持一月一理财，一月一报账，按月及时公开"村级货币资金收支明细"和"村集体财务收支流水账"。

改进"三资"管理方式方面。D镇以规范、提高、保证、促进为目标，坚持"村账托管、招投标委托、公有资产监管"三项制度，加强村集体"资金、资源、资产"管理。自2013年建成农村集体资产交易平台以来，全镇共完成了24宗交易。落实好村集体收支年度预决算制度和村级接待费限额管理制度。

### （三）D镇综治维稳情况分析

*1. D镇综治维稳数据分析*

根据D镇提供的数据，笔者绘制了2016年全年D镇上访的批次和人次折线图（见图1）。可以看出，2016年全年D镇上访情况较为平稳，2月、4月、6月、10月没有出现群众上访（11月份数据缺失），月平均接访1.3起。

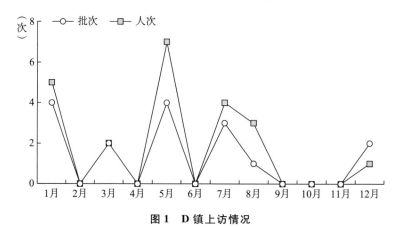

**图1　D镇上访情况**

根据D镇提供的2016年突出上访事例类别分析，可以看出征地和退休工人保险问题是较为突出的上访问题（见图2）。一方面，D镇相关文件指出，随着城镇建设的发展，农村土地开发日趋活跃，土地收益增加明显，土地的收益所带来的诱惑巨大。农民对土地的渴求成了争执发生的现实诱因，土地效益的增加则成了土地纠纷案件增多的主要原因。另一方面，养老保险是劳动者普遍关心的问题。单位和个人缴纳的保费难以满足人们养老需要，会出现空账，在基层是急待解决的难题。在D镇，由于缺乏强有力的经济增长点，大部分劳动者工资收入低，许多单位资金也常常紧缺，想通过增收保费来满足退休后的生活比较困难。

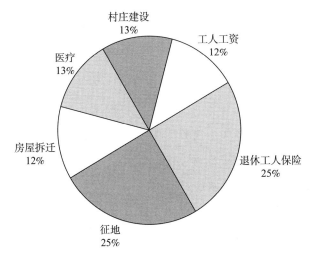

**图2　突出性上访问题分类统计**

2. D镇综治维稳"不稳定因素"分析

根据D镇提供的"D镇综治信访维稳中心不稳定因素排查化解情况"，笔者按照土地归属、工资待遇、工程征地、旅游开发、复退军人等类别将不稳定因素进行了分类统计（见图3）。可以看出，与土地相关的不稳定因素占到七成以上。根据其成因，笔者将其分为三类。

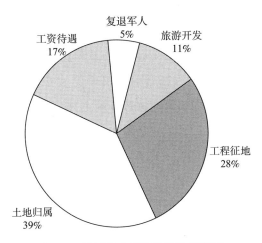

**图3　D镇不稳定因素排查化解情况**

第一类，因村庄内部土地租赁程序不合理、占用补偿争议、经济社之间利益纠纷引发。如 E 村二队有村民反映该队队长在四五年前将大约 20 亩的水田租给他人，未召开过村民大会，只是到每家每户叫村民签字同意，他认为程序不合法；重点投诉同村村民在其责任田上建房，对方不给予补偿，多次投诉无果。此类问题表面上是土地之争，其深层次上是村民个体之间、村民与经济社之间长期存在的利益分配不均、村社资产被侵占等问题。此类问题往往旷日持久，相关证据链常出现断裂现象；双方各执一词，利益之争常演化成为"面子之争""意气之争"甚至族派之争，加深了村庄内部裂痕，成为村庄治理的顽疾。

第二类，因公共工程征占土地的征地款分配引发的冲突。2011 年 G 高速征地，政府下拨自留山征地款每亩 29400 元，村委将 12400 元分给私人，17000 元归集体。当时，村书记、村主任同意上述分配方案，由此成为日后被征地村民之间矛盾的源头。经济社认为征地款应归集体所有，不能归个人所有，要求被征地者归还每亩 12400 元到集体统筹保管，产生的利息归被征地者，被征地者不同意，由此产生纠纷。被征地者认为给了就不能拿回，不同意退回征地款。

第三类，旅游开发引起的土地征用和赔偿问题。此类问题在以生态旅游为发展重要定位之一的 D 镇具有一定的典型性。信访人 F 是 D 镇 Y 村人，其反映 2008 年 D 镇政府与 N 旅行公司开始合作开发周边森林公园，需征用其家多亩农田及一处宅基地（七间房）。由于信访人拒签征地补偿协议而被镇计生办强行停职停薪，之后在站前派出所的治安员工作也没了。而且，2009 年，D 镇政府拒绝给信访人的父亲办理退休，直到 2010 年多次上访后才办理了事，导致信访人因此花费 87000 多元。目前，信访人提出四点要求：第一，恢复其在镇计生办的工作，并补回 2008 年 8 月至今的工资、奖金等待遇；第二，要求 D 镇政府赔偿因其父办理退休花费的 87000 多元；第三，要求返还其被占用的耕地；第四，允许其在自家宅基地拆旧建新。此类征地冲突可以从不同角度做出解读。从旅游开发方式上来讲，以外来旅游企业集中征收、开发村庄土地是否为唯一合理的旅游发展方式？社区原有民居、传统古宅与特色旅游开发之间能否找到"双赢"的平衡点？从工作方式上来讲，对不配合拆迁者，是否就要动辄使用体制化的惩罚措施？事实证明，以辞退、解职等方式迫其就范，往往适得其反，反而使得问题长期化、复杂化和激进化。

3. D镇信访纠纷化解机制

D镇积极完善矛盾纠纷排查和化解的长效机制。该镇坚持"谁主管、谁负责"的原则，实行"分级负责、属地管理"的制度，把矛盾纠纷集中排查调处和经常性排查调处结合起来，建立了五项工作制度。

①定期排查制度。该镇坚持每个月定期召开例会，对上报矛盾纠纷进行梳理归类，对重点、难点问题实行联排联调，限期落实解决。

②协调化解制度。由镇信访办、综治办协调督查督办，坚持谁主管、谁负责，谁办理、谁回访，要求对辖区内发生的矛盾纠纷及时逐级报告并积极妥善调处。

③领导包案制度。对镇内发生的重大矛盾纠纷，由相关领导班子成员负责调处，因案而异，灵活调处。采取以情感人等方式，避免矛盾纠纷进一步激化。

④资料台账制度。镇、村两级分别建立了调解文书档案，进行规范管理。

⑤责任倒查制度。为强化综治维稳工作责任制，该镇党委实施责任倒查制度。对因摸排不彻底，调解不及时造成越级上访、民转刑案件等重大责任事故的，将倒查追究相关负责人和直接责任人的责任。

4. 小结与思考

对基层信访突出问题和不稳定因素的分析是了解一地基层社会治理所面临的现实问题的渠道。当前农村基层普遍建立了重点案件的"包案到底"的机制，这一方面有利于加强领导干部对综治维稳工作的责任心；另一方面，本来已经承担大量上级转派工作的基层干部，还要投入很多精力到各种"难访、缠访、重大访"中，要"随时掌握他们的思想动向，做到提前发现苗头性倾向，及早做好防控化解工作"。这既进一步加重了基层干部负担，又造成大量行政资源浪费。

在调研中，一位基层干部这样说：其实压力是很大的，因为要负责啊、追责啊。有些情况，不是不去做工作，不去帮信访人解决问题，有一些人真的不是你去帮，他就会领情。长期上访的一些人，很多比较偏激，动不动就跑北京。对于这些人，他根本不听你说，根本没办法解释。引导他走法律途径，他不听，他就是要上访。有一些人还会利用政府对维稳工作的重视，以此来要挟，如果不满足他的要求他就要上访，然后政府很可能会满足他的要求。其实相当于纵容他们这种人。既然给群众上访这样一种反映渠道，为什么一定要压制他，不让他去呢？他正常的上访接待就行，该怎么做就怎么做。你坚持不让他上访，那他可能抓住你这个把柄。他会想，你不想让我上访那我就借此机会要挟你。这样一来，基层政府就会很被动。

## （四）集体资产交易平台的交易成本分析

2014 年，中央一号文件再次聚焦三农问题，明确提出"在符合规划和用途管制的前提下，允许农村集体经营性建设用地出让、租赁、入股，实行与国有土地同等入市、同价同权，加快建立农村集体经营性建设用地产权流转和增值收益分配制度"。为推动基层治理能力的现代化，落实"村账托管、招投标委托、公有资产监管"三项制度，加强村集体"资金、资源、资产"管理，D 镇 2013 年建成农村集体资产交易平台。自平台建成以来，全镇共完成了 24 宗交易，并严格执行了村集体收支年度预决算制度和村级接待费限额管理制度。

在本部分，笔者试图从交易费用理论出发，对 D 镇集体资产交易平台的运行情况做出分析。交易费用理论由美国经济学家、诺贝尔经济学奖得主罗纳德·哈里·科斯提出。科斯在对企业的本质进行解释时提出了"交易费用"这一概念。他在《企业的性质》一文中认为交易费用就是"通过价格机制组织生产的最明显的成本，就是所有发现相对价格的成本""市场上发生的每一笔交易的谈判和签约的费用"及利用价格机制存在的其他方面的成本。[①]

集体资产交易平台，依托现代网络技术的开放性和多终端可监控性，以促进农村集体经济发展和社会稳定，切实维护村民的集体经济利益为指向，在公平、公正、公开的工作准则指导下，增强农村集体资产工作的透明度和有效性。及时把招标公告、中标公告发布到交易平台上，把所有的经济合同录入到平台上，从保障交易过程公开、全程可监督、资料可复查等角度保障集体资产交易的公开透明。这也是集体资产交易过程中交易成本显著降低的基础。笔者借助既有研究成果，将集体资产交易成本分为"搜寻成本"、"谈判成本"和"监督成本"三个部分。

1. 搜寻成本减量与优质交易方进入

由于农村土地供需双方存在信息不对称，土地交易双方通过熟人委托、建立关系、搜寻土地相关当事人等方式来尽可能多地获取地块信息，其间要耗费相当的资金和时间成本。集体资产交易平台，按实际情况进行农村集体资产的交易和数据录入，通过逐步开展对农村集体资产的有效监管和公开交易管理节约交易成本。同时能够保护农村集体资产的安全，进一步保障交易双方的合法利益，维护农村的繁荣稳定。

从集体资产交易发包方——村委会的角度讲，集体资产交易平台的建立同样节省了信息搜寻成本。传统上以村委会为中介对集体土地进行集中发包的方式，村委会需要面对众多分散的投标人，要从中寻找到合适的交易对象，同样面临着大量信息处理的问题。事实上，通过小范围张贴告示公布交易信息的做法看似是一种公开流程的尝试，但由于受众范围极为有限，外界要获取交易信息需要花费超高的成本，这实际上阻碍了优质交易者的进入，在一定程度上形成了交易对象的闭塞化。

D镇集体资产交易平台建立以来，作为农村集体资产交易的中介、交易

---

[①]　程宇：《交易费用比较下的农村集体土地流转模式探讨》，《南方农村》2016年第7期。

管理和监督机构，交易平台将免费提供相关服务，并探索引入市场竞争，规范农村集体资产的管理和交易，拓宽农村集体资产的运营空间，实现资产高效增值。同时，资产的交易信息将在网上同步发布，群众可上网查阅，清楚了解资产交易的具体情况，真正实现公开。这一方面极大节约了意向群众搜寻标的信息、了解交易程序的成本。同时，借助网络技术广延性的特质，又极大地扩展了交易信息的传播面。相比于小范围公布交易信息的做法，集体资产交易平台可以让更多的潜在交易者获得交易信息，扩大资产交易的选择半径，让更多的优势交易者进入交易选择范围。

2. 谈判成本降低与加强基层社会建设

由于基层集体资产的保值增值与整个基层治理水平密切相关，这里的谈判成本也应当不局限于商业交易的层次，而应从其对干群关系、基层稳定和防治村级腐败的角度来理解。传统村委会发包的形式，由于流程不透明，容易造成干群信任度下降，影响基层稳定，常成为诱发基层冲突的导火索。

在集体资产交易平台正式运行后，D镇贯彻落实资产交易管理有关规定，严肃资产交易工作纪律，规范交易中心工作人员的行为。对违反有关规定，造成经济损失或造成不良影响的，追究当事人责任。从填报材料到审核发布，从招标交易到全程监督，所有的交易项目层层把关，逐项公开。同时，让村民共同参与集体资产的出租、出让、转让等过程，让交易过程透明化，既能避免暗箱操作行为，确保群众明白、干部清白，又能有效减少村民因集体资产交易不够公平造成的上访事件，提前消除社会不安定因素，促进了农村和谐稳定。

集体资产交易平台通过规范交易流程（见图4），杜绝私下谈判和暗箱操作，从而建立起有效控制村集体资产流失的机制，也进一步增加村级财政收入。在增加村级集体资产收入方面，交易平台通过规范资产交易程序，严把标的关，使投标人在比较准确和合理的标的上进行公开、公正、公平的竞争，产生较高的中标额，增加村财政收入。通过一系列技术手段的保障，交易平台加强了干部与群众之间的沟通，进一步促进农村社会和谐发展。由于群众看得明白，镇村干部的工作就更能取得群众的理解与支持，群众对镇村干部的信任度自然就提高了，干部群众之间的误解与矛盾容易及时消除，关系变得融洽。

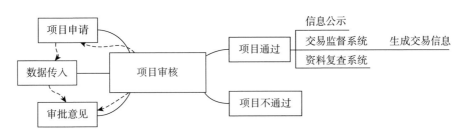

**图4　集体资产交易平台流程**

资料来源：吕程平制图。

据D镇一位村干部介绍："政府每一个合同都要走三资平台，不是我们这几个人说了算。必须公开投标，每一个合同都是在阳光下操作。"由于村级三资交易的审批权收归政府，村委会就在一定程度上丧失了对土地等资产的定价权。L村本来想出租180亩土地，由于村委会与承租方协议定价低于政府规定的价格，镇政府认为低价出租会对镇级土地交易价格有影响而不同意上三资平台。

从这个意义上说，三资交易平台不仅是一种基层经济制度的设置，更是推动基层社会治理现代化的有力抓手。交易平台规范了集体资产交易程序，进一步加强农村基层党风廉政建设。现在交易项目层层把关，逐项公开，阳光操作，镇村干部的行为得到了有效监督，加大了从源头上预防腐败的力度，村干部滥用权力的机会没有了，腐败的根源被阻断，在这方面犯错误的干部大大减少。

3.监督壁垒撤除，增强交易透明度

监督力量体现为交易过程的公开和可追溯性。每次交易都严格按照《D镇农村集体资产管理交易实施细则（试行）》的各项规定执行。在各项资产交易中，将农村集体建设用地、农用地、物业等集体资产全部纳入这一平台进行公开交易。在会议室中装有摄像头，以保证每次交易都公平、公开、公正，防止舞弊行为，大大保障了竞价者的权益。

据村主任讲，"从 2013 年平台成立至 2016 年，经平台签订的合同共
24 份，其中涵盖商铺、山地、园地等多种资产类型。在镇交易平台的 24
宗交易，无论是资产公示、招标公示、中标公示等，我们都严格按照《D
镇农村集体资产管理交易实施细则（试行）》的各项规定到村委张贴公
示，在规定的期限内未接到群众投诉才按照流程继续交易。若在规定的期
限内接到群众投诉，我们立刻中止交易以保障群众的合法权益。资产平台
不但保证了公平、公正、公开，还更好地实现了集体资产价值最大化，增
加了集体收入，维护了集体和群众的利益，而且保障了承租方/承包方的
利益。"

### （五）D 镇社会治理制度的结构比较

"两代表一委员""干部联系群众"（驻点干部）及"村法律顾问"制
度是 D 镇社会治理中三个主要制度。从制度形式上看，三者有一定的相似度，
都是由上级向村委派干部或专业人士（律师）来协助村级治理、加强基层社
会管理水平，反映民众诉求、协助办理、解决相关问题。本部分将从制度目
的、运作机制、运行逻辑等方面对三个制度做出比较和分析。

1. 制度目的比较

"两代表一委员"制度。主要由区社工委负责推动，主要面向基层人大
代表和政协委员，目的在于：①发挥人大代表、政协委员在闭会期间联系
群众、服务群众的作用，提高履职成效；②畅通社情民意表达渠道，充分
听取民意、广泛集中民智，推动经济社会发展。服务对象主要为基层社区
民众。

干部联系群众制度。主责机构为 D 镇两委，目的在于：①促进政府职
能转变、提高服务能力；②解决当前农村存在的突出问题；③密切党群、
干群关系。其协助、服务对象包括村两委和村社居民。

村社法律顾问制度。主推机构为区司法局，目的在于：①提高法律顾
问覆盖率，群众不出村（社区）即可享受到法律服务，困难群体及时得到
法律援助；②增强基层干部群众的法律意识；③提高社会治理水平。以法

治思维和法治方式管理村（社区）公共事务、化解矛盾纠纷。

可以看出，三个制度在设计上虽然都有协助提高村级治理水平、反映民众诉求等相似的目的，但侧重点各有不同。"两代表一委员"制度主要以带动代表、委员联系选区内党员和群众，增进代表、委员履职水平为出发点；法律顾问制度以侧重于通过律师下乡加强基层治理的法治水平，普及法律精神和强化基层民众的知法、守法、用法水平为立意；干部联系群众制度以推动基层干部与特定村落建立长期联系，提倡包干到村，本质上是一种将维稳、信访、协助村庄发展责任分配到人的管理制度。

2. 制度运作流程比较及评价

根据结构管理理论，一项制度的运作效能与其内部结构的有效性、流程的明确性与资源在制度运行中的低消耗性成正比。一个能够长久运行的制度往往是内部结构清晰、有明确的信息、资源和权力流向，其资源在内部运行中保持较低消耗。反之，一项内部结构过于复杂、控制端过密和信息流动不畅的制度，往往由于其过多内耗而影响其运作的持久性。

"两代表一委员"制度的主要工作职能主要包括两条：①民情接待、调研视察、走访群众等活动；②综合梳理意见建议。提出初步办理意见，交有关部门办理，并跟踪落实，限时办结，办结后进行公示，反馈群众。其流程设计相对复杂。根据制度设计，其主要运作流程包括以下几个方面。①提交。意见提交到"镇街"两代表一委员工作室。②审核。由区社会工作委员会移交给社区所属镇街工作人员，确定是否受理，不能受理的要说明原因。③交办。其中又具体分为三种情况：由街镇或政府部门处理；需要跨部门的，通知当事人直接联系；重大问题，由社工委交由上级（区委、区政府）处理。④办理。承办机构办理。社工委督促。

笔者将其运作流程以结构图的形式绘出（见图5）。从中可以看出结构图包括五个阶段，三个层级。基层诉求信息、协调性信息、监督反馈信息等在行政机构的基层、中层和高层间往复运行，指令性信息视不同情况需要在基层代表委员、基层职能部门、中层职能部门和社工委之间往返流动。这在很大程度上加大了制度运行过程中的内部成本。

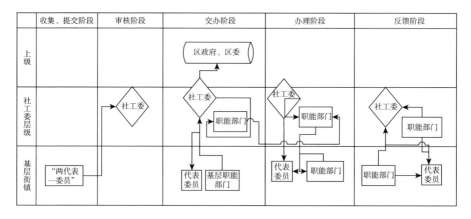

**图 5 "两代表一委员"运行逻辑**

反观"干部联系群众"（驻点干部）制度，其主体职责设计和运行结构设计相对简明、清晰。更重要的是，驻点干部制度能够较好地与既有科层制内部职责体系和相关组织形式相结合，不需要额外动用资源搭建运作框架。主要职责包括：①原则性指导，帮助健全村级治理机制；②公共事务指导；③参与村级事务。协助村（居）两委制定并组织实施经济社会发展规划和年度计划；参与驻村（居）两委班子联席会议和村级重要问题讨论；④社会管理协调。走访基层农户，掌握村情民意，协助村干部及时排查调处各类矛盾纠纷。反馈机制上，各工作组每月月底前要把当月收集到的意见建议、问题解决情况等交到镇组织人事办进行汇总，提交镇"两委"会议讨论，并分类交办给相关部门，及时办理解决。

在主体设计上，"干部联系群众"（驻点干部）制度只有两个层级（镇、村）、两个阶段（驻点阶段、反馈阶段），驻点干部本身就是相应镇级政府职能部门的工作人员，可以很快推进或协调解决。起到统一协调性的反馈机制利用镇级政府的例行会议进行，并不额外增加组织成本。同时，驻点干部作为镇级干部，本身就负有指导村两委工作的相关职责，驻点制度为已有职责的更好发挥提供了切入点。"干部联系村"制度运行逻辑如图 6 所示。D 镇一位领导介绍，在实际操作中，根据不同村庄的情况，有几个村就由镇两委班子成员分别联系，比较小的村基本上就安排一个领导做组长。

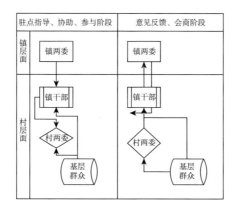

**图6 "干部联系村"制度运行逻辑**

资料来源：吕程平制图。

驻点L村的干部介绍说，由于村子规模较小，镇上领导的电话都是公开的。在这方面，"驻点干部也是一个很好的沟通渠道，有时候村委解决问题不到位或解决不好，直接找领导协调解决就行"。

相比于前两个制度，"村法律顾问"制度有其特殊性，这源于律师作为专业人士所提供的服务具有相对独立性。村驻点律师的主要职责：①协助做好村（社区）自治管理。帮助审核、修改村（社区）自治组织章程、村规民约以及其他管理规定；②为群众提供法律帮助。解答群众法律咨询；③参与人民调解工作，主动与村（社区）人民调解组织建立工作对接，参与矛盾纠纷排查调处工作，协助化解重大矛盾纠纷，引导当事人在法律框架内解决问题；④普法宣传。

诸如法律咨询、法律宣传、协助文件规范化服务等并不需要外界过度支援，律师的自身的专业技能就可以解决。有意思的是，不同的定向驻点制度之间也可以发生联系。一位驻点干部就告诉笔者，在协调村级利益纠葛、排解村民纠纷时会主动与村驻点律师联系，咨询各种解决方案。

三项制度的运作机制如表1所示。

表1 三项制度的运作机制

| | 制度目标 | 运作机制 | 协作机制 | 服务对象 |
|---|---|---|---|---|
| 驻村干部 | 1. 政府职能转；2. 解决农村突出问题 | 1. 原则性指导，健全村级治理机制。2. 公共事务指导。3. 参与村级事务。4. 排查调处矛盾纠纷 | 收集办理反馈机制，提交镇"两委"会议讨论 | 村社、居民 |
| "两代表一委员" | 1. 提高履职成效2. 畅通社情民意表达渠道 | 1. 民情接待。2. 综合梳理意见建议。3. 述职评议。主评议活动 | 社工委实际是枢纽机构。1. 提交。2 审核。3. 交办。4. 办理。5. 反馈 | 居民 |
| 法律顾问 | 加强知法守法用法 | 1. 协助村（社区）自治管理。2. 法律咨询。3. 参与人民调解工作 | 1. 司法局、司法所对工作检查；2. 律师事务所负责选派 | 村社、居民 |

调研中，区委负责社会工作的同志指出，基层一些管理制度存在着一定的随意性，缺乏通盘考虑。一些社会管理制度，往往由时任领导提出，缺乏客观的论证及与现有制度的衔接。这些制度在推行过程中受时任主管领导的影响较大，领导在任期间能够得到迅速的推行，一旦调离工作岗位执行工作就难以推进。

一些出发点较好的举措，在执行过程中出现群众对政策理解的偏差。以前文分析的"两代表一委员"制度为例：有长期在基层工作的同志反映，"老百姓把这个反映渠道与领导接访画等号，他就觉得你到我家来听我的意见就要给我解决问题。比如说有人提出公园里的地砖损坏了，要求三天之内把这个地砖修好，没修好下次就不反馈问题了。"

在农村社区，村民与基层干部有较多的接触机会，也有各种正式和非正式的联系途径。有基层工作者认为："有些新设制度的形式意义大于实际意义。村民有任何诉求的话直接就跑到我们政府这边来找你，不用等到某一天。"从这里可以看出，在农村社区，基层干部与群众之间的关系更多地内嵌于"熟人社会"的脉络中，群众有诸多非正式的途径反映自身问题，刻意以标准化程式规划乡村事务往往收不到预期效果，也在事实上造成行政资源的浪费。

## 二　L 村基层治理现状

### （一）L 村基本情况

L 村是 D 镇的一个城郊村，依靠山麓，行政区域面积约 4.7 平方千米，耕地面积约 520 亩，山地面积约 7000 亩，分 5 个经济社，约 780 人。现有村干部 5 人，党员 31 名。L 村主要以成立经济联合社的方式发展村集体经济。村集体经济收入以林地出租为主，村民主要以耕作、个体经营、发展运输业和外出务工等方式谋生。村内主要有山泉水厂和食品厂等私营企业。2015 年村集体总收入约 46 万元，人均收入 12197 元。

### （二）L 村的领导班子运行情况

现任 L 村两委由 2014 年村委会换届选举产生，由主任 1 人、副主任 1 人、委员 3 人，共 5 人组成。按照上级村两委"一肩挑"和"交叉任职"两个 100% 的要求，村党支部书记和村委主任由卫宏（化名）一人担任，党支部两名委员同时担任村委会委员。班子学历在初中和高中之间，平均年龄 47 岁，妇女占村委会成员的 40%。调研期间，村两委即将进行新一届换届选举。

L 村自 1999 年第一届直选以来共有六届村委会。从档案资料看，卫宏分别在第二届（2002～2005）、第四届（2008～2011）、第五届（2011～2014）、第六届（2014～2017）村两委任职。

调研中能感受到卫宏书记有些疲倦感，他也流露出自己想卸任到国外和子女居住的想法。"我就是不想竞选了，政府硬要我竞选。政府还是要我再干下去。"据 L 村的驻点干部介绍，村书记、村主任一肩挑，对书记来说责任会比较重，以前还有一个村主任可以承担一些责任，有什么事就可以找村主任商量。现在什么事情都是对着他，一些事情本来对大多数人来说是好的，但即使公正处理，也可能会触及某些人的利益，就会对他有意见，

这个时候就要一个人顶住，确实会有压力。现在很多村级考核也是针对主
要候选人。

D镇分管组织、人事的同志介绍，此次村两委选举还是希望卫宏留任。
"镇领导班子还是希望他继续干，办事公道，群众基础也不错。群众对他的
评价不错。这几年村子面貌的改观也与村两委班子的努力分不开，新修的
绿道、荷花池等基础设施的资金都需要两委班子去争取。"

从调研中基层干部反映的情况看，村两委一肩挑制度（见表2）确实
发挥着有利于更好地贯彻党委意见，加强基层两委的战斗堡垒作用。在一
些宗族势力较强、曾存在拉选、贿选风气的村庄，村主任直选往往加剧村
庄内部族群分裂，最终当选的通常是较有实力，"资金比较雄厚"的人。
"但他未必想为村办事，由于他是直选产生，党委政府没有资格去任免
他"。简单地说，如果当选的人并非真心想为群众服务，而是抱着利用职务
便利"捞一些油水"，就会在贯彻政策上大打折扣，并在一些涉及利益的问
题上不从村整体利益出发，就有可能出现基层工作偏离正确方向的危险。
所以，村"两委"一肩挑对于基层稳定发展发挥着相当的作用。从另一方
面来讲，村"两委"一肩挑也可能会出现工作压力大，基层权力过度集中
的现象。

表2　L村第六届村两委任职情况

| 职务 | 职责 | 联系经济社 |
|---|---|---|
| 村党支部书记兼村委会主任 | 主持村支部、村委会的全面工作 | 四社 |
| 村党支部副书记兼村委会委员 | 会计员，负责村党支部党建、青年民兵、分管档案、工委工作 | 五社 |
| 村党支部委员兼村委会委员 | 出纳员，分管劳动保障、合作医疗，财务公开 | 二社 |
| 村委会副主任 | 治保主任、分管安全生产、国土员、农科员、粮食直补工作 | 三社 |
| 村委会委员 | 妇女主任，负责计生、分管人民调解、妇幼保健，民政工作 | 一社 |

### （三）村民理事会制度

1. 村民理事会成立背景

2010年3月，广东省政府正式批复同意在云浮市设立全省农村改革发展试验区。云浮市在实践中不断探索，走出了一条自我发展道路，即统筹兼顾，推动城乡协调发展，在经济发展中更加重视社会建设和社会管理。2011年6月，广东省云浮市政府进行农村自然村治理的试点改革，并推广自然村乡贤理事会模式。该理事会的性质是以农村开展互帮互助服务为宗旨的公益性、服务性、互助性的农村基层社会组织，是基层自治组织的有益补充。其主要职责是调解邻里纠纷、协助兴办公益事业、协助村民自治等。

2011年4月云安县（现为云安区）在石城镇留洞村委会正式成立了横洞村乡贤理事会，是云浮市第一个乡贤理事会。2012年3月，云安县逐步从试点、示范向全面推广发展三级理事会。在这一制度创新实践中，云浮市以乡贤理事会这一村级社会组织为创新点，开创了以村党组织为核心，村民自治组织为基础，农村社会组织为补充，村民广泛参与，协同共治的农村治理新格局。[①]

云浮村民理事会模式借鉴了传统村社乡绅治理的有益部分，是从农村地区熟人社会文化特点出发，以培育、发掘乡村自生力量，围绕加强村庄基层党组织建设，推动基层社会治理创新的富有启发意义的尝试。

乡贤治理模式可以追溯到有着千年历史的北宋《吕氏乡约》，其中有："凡同约者，德业相劝，过失相规，礼俗相交，患难相恤，有善则书于籍，有过若违约者亦书之，三犯而行罚，不悛者绝之。"这事实上规定了以村社共同体成员之间的行为规范、奖惩机制和管理方式，这也是农村地区在漫长历史中保持稳态的文化基因。这样一种治理范式，其核心特征是以基于

---

① 毛国民：《缘人情顺人性之农村社会治理模式新研究——以云浮市自然村乡贤理事会建设为例》，《南方农村》2014年第6期。

血缘族人的公共事务管理机制，包括对贫困孤寡者的抚恤、对耕读传统的发扬、对传统美德的教化等等。这样一种乡村传统治理模式是规范乡土中国精神世界和价值归属的制度基础。

当代的乡贤治理模式在借鉴传统村社治理文化中合理部分的基础上，以现实需求和时代要求为出发，做了大胆而深刻的扬弃与创新。基于云浮、清远地区的实践，本研究归纳出如下几个突出特点。

第一，以加强基层治理能力为出发点，发育、激活村社社会治理的内生力量，让村民参与到村庄管理、为村庄发展建言献策。

第二，通过地缘、族缘、血缘关系发动社会各界的活跃人才力量，促进资源、智力、技术等形式反哺故乡。

第三，发扬以村社共同体为根本的道德力量，通过弘扬社区传统文脉、推动社区公益活动，倡导自由、平等、公正、法治等社会主义核心价值观，形成以德育人、以德服人的社区风气。

2. L 村村民理事会简介

2013 年 7 月，在当地社工委和各级部门的支持下，L 村积极探索农村基层治理新模式，成立 L 村村民理事会，成为当地首个村民理事会试点。通过村民代表会议推选产生村理事会，理事会由 9 名成员组成，其中设理事长 1 名、副理事长 2 名、理事 6 名。理事会成员以退休干部、教师、老村支书、以及在村民中有一定威望的人组成。在名额分配上，保障每个自然村都有代表。

村民理事会成立以来，发挥着向村"两委"反映村民意见建议，协助办理村内公共事务和公益事业的作用。村民理事会对 L 村的发展也提出自己的设想，例如有村民理事会成员提出应当加强村落基础设施建设，如修建步行公园，改善村庄整体布局；修建环村路，改善村庄停车状况等。从村民理事会提交建议的形式来看，他们主要是利用日常机会直接向村干部反映，并没有做更多的准备。由于大多数建议是以非正式方式提出的，所以很多建议并没有留下书面记录。

对于村民理事会为何能在村庄冲突中发挥协调人的角色，会长用很朴素的语言谈了自己的认识："我们本身不是村干部，跟村民比较融洽，一般群众比较乐意对我们讲真话。群众有时候和领导讲的话，不一定是心里想的。这样我们直接和群众沟通，效果就会好一些。另一方面，我们很多又是退休干部，和村委会一样想为群众做些事情，这样我们就在群众和村委会之间搭建了一个桥梁，起到纽带的作用。"

3. 发挥的作用

村民理事会作为村庄准自治组织，其发挥的作用如下：

（1）积极为村庄发展建言献策，及时发现村级治理中出现的问题，向村委会提出建议。村民理事会成立以来，已经成为当地村民向村两委建言献策的重要渠道，对提高村级治理水平，发挥退休党员干部的余热，提高党员在群众中的威信具有重要作用。成为村民理事会成员，让这些退休的同志感觉到更有责任关注社区各项事业的发展，更有责任向村两委提出各种建议和意见。据了解，在成立不长的时间里，村民理事会成员已经向村两委提出几十条建议，涉及村容村貌、村庄发展、少年教育、危险隐患等。例如，2014年，有理事会成员发现村口山坡大榕树的枝蔓已经枯萎，粗大的树枝随时有掉落砸伤行人的危险。他马上通知村委会来处理，村委会立即组织力量，当天就把枯萎的树枝锯掉，消除危险隐患。村书记这样说："村里有很多这样不起眼的地方，我们村两委就5个人，不可能都注意到，村民理事会在这方面起了作用。"

为更好地推进L村美丽乡村建设，村民理事会会长根据村民的建议，向村"两委"提议加建绿道棚架并通过决议；用市、区两级社工委下拨的理事会专项工作经费加固第五经济社的路基，清理河堤垃圾和修剪树枝；争取到上级政府、区农管中心支持经费15万元，在绿道增添木椅、石凳、雨亭、花架等旅游配套设施。

在很多方面，村民理事会已经成为协助镇政府及村委落实领导直接联系群众工作的得力助手。例如，各理事通过电话、入户面谈等多种形式，协助驻点团队到群众中走访，并协助村委处理群众提出的问题和建议，案件完成率达100%，群众满意率达98%。

（2）反映群众诉求、参与民主协商，推动问题及时解决。在这方面，村民理事会实际上发挥了群众诉求传输管道的作用。L村的步行绿道建好后，一些上了年纪的村民找到理事会成员说："步道上没有坐垫、座椅，老人家走路累了的时候没地方坐"。理事会成员很快就将这一问题反映给村委会。原本村委会也有安装座椅的计划，但没想到村民理事会的建议走在了计划的前头，"没有他们这么热心我们可能会再等等。现在提出了这个问题，我们就应该加快行动"。在村干部看来，理事会已成为他们日常工作的帮手。因为村里只有5个村委干部，常常忙于日常工作和上级交派任务，对于村子里的各种"小事"就会顾及不到。"民生无小事，但处处都是事。理事会的一个大作用是人多好办事。"

2015年，L村村庄规划及2015年城乡医保参保工作中，村民理事副会长及3名理事积极参与，回答村民代表的提问，促使与会的村民代表对相关事项达成共识。

（3）当村委会与村民利益发生冲突时，村民理事会发挥了调解员和润滑剂的作用。基层工作涉及村里的各种现实利益纠葛，尤其在遇到征地拆迁这类问题时，这样的利益纠葛就会扩大化、显像化。在这过程中，村民常常会对村委会产生误解，致使一些纠纷迟迟得不到解决。村民理事会的成员来自各个经济社德高望重的人，在乡土熟人社会里，他们往往更容易成为村委会与村民之间的调解人。在L村修建上山道路时，需要经过一片私人承包林地，这户人家不同意村委提出的补偿方案，致使工程停滞。"当时的误解很深，本来政府是想拿下这块地来方便大家行走，但是承包户以为这是个几百万的大工程，就想让政府多赔偿一些钱。政府也没有法，这个时候就需要人脉。"在这种情况下，成立没多久的村民理事会介入，反复登门和当事人沟通，了解他的想法和要求，并向他解释工程的实际情况和政府的政策。最终，在村委会与理事会成员的共同努力下，当事人同意了比较合理的补偿金额。

可以说，村内小到垃圾处理，大到森林纠纷、宅基地纠纷、邻里纠纷和水利纠纷等，都有理事会积极介入才把大量矛盾处理在基层、化解在萌芽状态。村民理事会既是村级事业的"组织员"、为民办事的"服务员"、工程质量的"监督员"、党的政策的"宣传员"，也是矛盾纠纷的"调解员"。村民理事会的组建，不但弥补了乡村干部人数不足、村委会管理难以到位等问题，还促进了农村民主建设和社会稳定。

（4）文化宣教与社区青少年教育。理事会中本身就有从教育岗位上退下来的老同志，这些同志发挥自身优势，对社区青少年关怀、指导，以身作则向青少年宣教优秀品德。村里出现小孩打架这类问题也能参与协调。

> 这类事情村子里还是蛮多的，小孩子不懂事，玩着玩着就容易打起架来。当打得太凶的时候，家长就不服气，就会吵架。他们也会投诉到村委会，这时候村委会和理事会成员就一起去调解，因为他们说话有分量。

在L村家长学校活动中，四名理事被选作临时家长，担当起留守儿童的家庭教育和生活照料等责任；节假日期间，村民理事会携手村领导班子到贫困户和困难学生中探访慰问；积极协助开展计生工作，理事通过上门拜访、电话、短信、微信等方式，通知育龄妇女做好查环查孕等计生工作，并协助做计生钉子户的思想工作。现在L村已经形成了一个习惯，每个生产队只要发生大小纠纷，这个队的理事一般都会参与调解。

4. 目前存在的问题

（1）在成员构成上，L村的村民理事会与云浮乡贤理事会有很大差别。云安县最开始的乡贤理事会是由社会上有很强动员能力的"超级富豪"担任，因为在村里做了大量慈善工作，他在村庄中具有相当威望，正是有这样的实力，当地的乡贤理事会才能在村庄发展中发挥巨大能量。相比之下，L村的村民理事会主要由退休干部、退休教师组成，虽然在人品上得到群众认可，但是动员能力有限。

自身实力的欠缺也就直接影响到村民理事会在身份上和发挥作用上处于尴尬的局面。特别是"拆房子"这类容易引起村民不满的事情上，由于根本没有实力独立摆平，村民理事会往往面临两头不讨好的局面。一方面，村民找到他，理事会成员要顾及左邻右舍的感受，帮助村民反映情况；另一方面，他们又需要协助村委会推进工作。这样略显尴尬的定位，让理事会在处理一些村级事务时感觉"很受挫"。一些理事会成员发现，事情处理不好很可能会得罪人，这使得他们逐渐选择不出头露面。

（2）"被动成立"与自主建设力量缺乏。当地第一个村民理事会在L村成立，并非是自下而上自发产生的过程，而是在党委政府的推动下促成。从社工委推动村民理事会试点的角度来选，L村社会稳定、没有明显对抗性冲突，村委会在群众中有威望、村子本身又不大，是作为试点的理想选择。理事会人员及会长人员主要由村委会和社工办推选产生。对于理事会的成员而言，村民理事会的成立显得"有些意外"。当时从区社工办得到通知要选择L村成立村民理事会试点时，很多成员都不知道理事会是做什么的。在理事会章程制度的制定过程中，理事会成员也没有参与。这样一个被动成立的现实，也直接影响着理事会成员的主动性、积极性与责任感。

与自发成立的组织不同，带有"被动成立"特征的村民理事会受到上级机构和领导的关注程度与某一时期的工作重点有很大的关系。村民理事会成立之初受到了各级领导的重视，也有很多参观、交流的机会，这给理事会成员很大激励。他们也利用这些机会积极向相关部门建言献策，提出了改善村庄旅游设施、注重游客体验等一系列的提议。然而，在村民理事会内部并没有形成自主建设、加强组织内部规范化、制度化的动力机制，这就使得随着整体环境热度降低，理事会的运作也逐渐沉寂。

（3）缺乏整体制度设计。云浮市云安县全面推进乡贤三级理事会，形成了以村党组织为核心，村民自治组织为基础，农村社会组织为补充，村民广泛参与、协同共治的农村治理新格局。相比之下，L村的村民理事会还缺乏整体性的制度设计，党委政府相关部门对村民理事会的未来发展尚不统一。由于原来推动单位社工委的机构调整，加之各方在现实情形面前积极性和热度减退，L村村民理事会的未来发展方向并不明朗。

### （四）文化根基与村庄治理

中共十八大以来，中国新一届领导班子在不同场合强调国家治理要从传统文化和民间智慧中汲取营养。习近平同志在2014年9月的一次讲话中提出，发展国家政治制度不能割断历史，绝不能放弃中国政治制度的根本[1]。只有扎根本国土壤、汲取充沛养分的制度才最可靠，也最管用。这也就涉及如何将深藏于国民心理结构中的对政治生活的认知、理解和期待运用于具体的治理实践和制度建构中，体现为制度结构与历史结构、民众对权威关系的心理结构的统一。

笔者曾指出，传统农区民众诉求中存在一种以"情理－公理－天理"三位一体结构为表征的生活－哲学体系。[2] 作为超越万象的最高存在的"天理"，与基于日常生活交互的、对共同伦理规范遵循的"情理"，及对政治经济领域广义资源的分配制度中体现的对公共治理公允原则认知和期待的"公理"，内化于普通民众的心理结构中。这样的生活—哲学心理结构表现为一种潜存于"官民"之间的、未被言明的、在价值上应被共享且共同遵循的合作基础，并支撑着整个政治社会生活的运行。

不同的政治文明规定着社会关系中权威关系、公共机构与个体、社会群体间信任关系和资源控制与分配关系网络的稳定和运行。这样的政治文明内化于社会行动主体的思维和行动逻辑中，成为一种特有的心理结构，并维持着政治制度的运行，而其自身也在与政治的互动过程中被创造和破坏。在有着古老集体农耕文明的中国，一种以"理"的诉求为代表的政治文化从家族、社区内部互助、合作关系赖以维系的必要物发端，形成了一种依赖官民一体化的政治逻辑。这样"理"的政治文化根植于国人的思维结构中，并潜移默化地通过在各种微观政治过程中显现出来。这样的诉诸"理"的政治文化，作为一种深层次的文化心理结构，由"情理－公理－天

---

① 中国人大新闻：《习近平强调发展国家政治制度不能割断历史》，http://npc.people.com.cn/n/2014/0906/c14576-25616932.html，最后访问日期：2021年6月23日。

② 吕程平：《"理"的逻辑：认同、交互与抗争》，《管理世界》2015年第2期。

理"三位一体构成，内嵌于同一的、并未言明的、却共同维系社会公序的语境之中，体现为一种"理"的结构和生活－哲学统一体。社会治理的制度创新，不能是一座突然搬来的"飞来峰"，需要从我国特有的民众心理结构、生活－哲学体系与传统文化的组织因素中汲取充沛的养分。

现代公共治理理论认为，良好的社会治理不但是成型的制度建设，更需要制度设计与地区深厚的文化传统、历史传承、社会心理特征相契合。从微观政治过程来看，云浮市乡贤理事会之所以能取得成效，正是将传统文化贤人的政治、乡情基因和宗族文化基因融汇为乡贤理事会的领导力、凝聚力与执行力①。

### 1. L村的文化基因

L村原名铁炉村，由原来的汤屋、荷树头、禾溪村、大坑尾四个自然村组成。村原建有各姓祠堂五个，其中汤氏一座，傅氏大房、三房各一座，苏氏一座、吕氏一座，均坐落于二队，现仅保留着傅祠和汤祠。村子最早由汤氏建立，发展到现在的汤、苏、谢、陈、吕、曾、黄、余、李、罗十一姓氏组成。联村现有更楼两座，其中村口杂姓一座，更楼名为《同义堂》，二队《乐善堂》一座。

尤其值得一提的是，负责村史编撰的村干部讲，附近区域的傅姓都发源于L村。据说，傅姓在300年前从河北迁到广东，而L村这支由惠州辗转迁来。从方言上讲，汤姓说本地口音，属于本地人，其他姓氏说客家口音，都是外迁来的。祠堂理事会在重要时令（正月十五、清明、春分等）组织开耕、拜山、拜祭等活动。客家虽然数百年来远泊他乡，但一直以强大的宗族文化保持着传统的延续，其中一个形式就是对祖先的崇敬与追忆。

"清明、过年、过节都要拜祭的，特别是春节，初一到初三都要到祠堂拜祭。"在传统社会，这样庄重的、周而复始的祭祀，是村庄共同体规划一年耕耘收获、祈求祖先护佑的仪式。在今天，举行这样的活动除了传递着来自客家文化基因深层的呼唤，更是一个村庄内在组织能力和生命力的表征。

---

① 彭灵灵：《基于文化基因的广东云浮乡贤理事会的价值研究》，《南方农村》2016年第7期。

在L村，各种祭祀、拜山活动完全由村民自己组织。每个姓氏都有类似理事会功能的管理机构。从L村傅姓来看，其氏族理事会有三名成员，这些成员由族人推荐产生，一般由为人正派、有责任心、"能做起事"的人担任，因此在族中享有很高的威望。清明节作为一年中最为重要的祭拜时令，远近的傅姓都会在氏族理事会的召集下过来祭祖。这样一种同脉族人一年一度的相聚，在现实的语境中也发挥着增进感情、寻找协助、"共同发财"的现实功用。

2. 宗族文化参与村庄治理

在L村傅姓中，近代以来也出了不少杰出人物，有孙中山先生曾经的好友，也有民国时期的县参议员和地方名医。其中多人相继移居巴拿马，是当地海外侨胞中的重要组成部分。据说20世纪五六十年代本地同乡会会长即由L村人士担任。庞大的海内外氏族网络，在必要的时候可以很快形成参与村庄社会治理的力量。2004年L村村口牌坊和2006年L村村道的建设均依靠海内外氏族捐资建成。

十多年前，L村牌坊的修建，显示出L村氏族力量的强大。2002年8月5日下午，村口牌坊筹建会议在L村二楼会议室召开。参会人员包括L村全体干部、党员、群众代表、各经济社长及部分热心村民共29人。会上，全体与会者一致同意修建牌坊。会议推举出牌坊筹建小组成员19人，小组分工明确、各司其职，有人专管财务，有人担当牌坊工程质量监督并负责图纸设计，也有人撰写牌坊对联稿。会议上确定了激励捐款的方式：捐款200元以上采用碑文形式永留芳名，200元以下采用笔记形式永留芳名。牌坊修建得到了海内外L村热心人士的捐款，其中就包括众多旅居巴拿马的侨胞。

# 三　L村的旅游发展与人文资源

## （一）以发展为基础的农村治理理念

与城市社区不同，我国农村地区一直是"生产、生活与生态"的统一体，农村社区治理与农村发展、集体经济壮大有着密不可分的关系。"增强村级集体经济实力、实现农民共同富裕，以农村集体资产、资源、资金等要素有效利用为纽带，以土地股份合作、农业生产经营合作为主要经营形式，因地制宜探索资源有效利用、提供服务、物业管理、混合经营等多种集体经济实现形式，发挥村级集体经济的优越性，调动村集体成员的积极性，增强村集体自我发展、自我服务、自我管理能力和水平，为促进农村经济社会发展、巩固农村基层政权注入新活力"是深化农村综合改革、提高党的基层执政能力的客观要求，也是加强基层社会治理的应有之意。

当前，传统社区建设意涵在新形势下又被赋予了更多内容。在党中央、国务院决策部署，深入推进农业供给侧结构性改革，实现农村生产生活生态"三生同步"，一、二、三产业"三产融合"，农业文化旅游"三位一体"，积极探索推进农村经济社会全面发展的新模式的背景下，温铁军探讨了依托农村社区"三权分离、四至界定"的政策趋势，将农户和村集体资金、土地、宅基地、劳动力"四权入股"，形成合作组织，盘活社区资产，并以较大股本吸收外部贷款，对接市民下乡需求，带动村庄治理和扶贫开发的案例①。

同时，随着国家对培育新型农业经营主体的政策支持，越来越多的农民工、大中专毕业生、退伍军人、科技人员返乡或下乡创办新型农业经营主体，如农民合作社、家庭农场和开展乡村旅游等经营活动，成为新时期社区建设和扶贫开发的新生力量。研究发现，与既有乡村精英创办的经营性项目及户联结合作社不同，自主创业推动的青年返乡力量更容易通过社区合作组织与中小规模农户进行联结，从而在事实上实现了"发挥新型农业经营主体对普通农户的辐射带动作用"②。

在社区经济对村庄治理的推动作用方面，社区建设应当以社区综合性

---

① 温铁军：《乡村建设是避免经济危机的可能出路》，《小城镇建设》2017 年第 3 期。
② 吕程平：《大学生创业的支持力量、技术能力与周期》，《中国青年研究》2017 年第 3 期。

合作组织为平台，调动社区潜在的经济、文化和人脉资源；发扬以"合作、自立、参与、互助"的社区精神。以社区内置金融、生态农业与替代性市场建设推动村庄集体经济建设，形成有效的社会资源动员网络。通过发育社区互助合作文化氛围，促进社区内在活力和可持续发展。

具体而言，针对传统农业地区的社区建设面临着三个亟待研究的课题。一是如何推进普惠性、共享性、合作性制度创新，将村庄发展与农村社区建设、乡村治理、生态保护、社会保障、乡土知识传承进行有效衔接；二是如何激活社区自生能量和自我发展能力，提高村社集体资产水平，充分激活社区文化和社会资本，培育合作性、互助性组织，将个体的经济能力提升纳入村社发展和社区建设的整体图景。在资源高度流动、城乡基础设施一体化加强、发达地区初现"逆城市化"的新时期，如何从农业社会一村一社的小社区向涵盖农村新居住人群、新经营主体、新产业形式的"大社区"演进，充分发挥政府部门、社会组织、民间力量的多元活力，实现市场结构和支持网络的创新？

要持久地实现农村地区发展和社会治理水平相统一，就要清晰认识到传统农区特有的区域性发展资源缺乏、社区自发能力不足，有效市场排斥等问题，要充分挖掘社区的各类"沉睡"资源，充分开发社区熟人社会网络中的潜在社会资本，充分调动农村社区内外多重支持力量，以量化的资源对接优质需求，增进集体经济存量、提升社区治理能力和再分配水平；以综合性社区合作组织增强村庄活力及社会资本容量、通过发育社会支持网络与构建替代性市场的差异化优势等制度设计保障乡村振兴政策目标的实现。

### （二）L村经济发展概况

L村主要种植作物包括水稻、花生、甘蔗、柑橘、脐橙、龙眼、荔枝。L村主要以成立经济联合社的方式发展集体经济。L村村委会、经联社是两块牌子一套人马，合设一套账。村集体经济收入以林地出租为主，现有200亩竹笋基地一个、300亩白榄种植基地一个，200亩桂花园林基地一个、400

亩沙糖橘基地一个。私营企业主要包括山泉水厂（2002 年）和豆类食品厂（1997 年）。2016 年农村经济总收入 10346 万元，总支出 8549 万元，净收入1797 万元。2016 年村集体总收入 37.51 万元，总支出 37.20 万元，纯收入0.31 万元。

### （三）L村的旅游发展

#### 1. L村旅游发展概览

按照 D 镇发展规划，L 村积极发展乡村旅游业，一方面在镇的统筹下，利用农作物生长间隙种植油菜花，壮大休闲观光农业，配套发展农家乐和土特产来增加村民及村集体收入。D 镇第一、二届油菜花节开幕式均在 L 村举办，吸引了周边游客前来观赏，带动了旅游相关行业的发展。另一方面，在各级政府的支持下，L 村建设了沿河绿道和南段登山路径，村内修建了休闲小公园，荷花池，绿道沿线的木椅、石凳、雨亭、花棚等，并进行了村道硬底化、扩建装修了文化室等，完善了旅游配套设施和公共服务设施。既增添了旅游景点，又优化了村民的生活环境。2016 年 L 村被定为市级美丽乡村建设试点村，计划利用市区财政资金 820 万元建设一河两岸美化绿化整饰工程、公园基础配套设施工程、乐善堂遗址公园建设工程、山顶公园绿道建设工程、村道巷道硬底化及排水排污渠改造工程等 6 项工程，实现美丽乡村建设和旅游业发展的有机结合。

#### 2. 油菜花节

回顾 L 村的发展轨迹，其致力于发展旅游业的思路并非始于今日，早在 2008 年，L 村就承办了当地第一届油菜花节。村委一些同志回忆起当时的情境还很有感触：

> 2008 年刚开始做旅游的时候，村里路上都是车，我们的村干部都在那里疏导交通，估计有几万人的规模。游客总体上很文明。有些人掉了相机、车匙，都会有游客都捡回来交给我们。那时候数码相机应该要 2000 多元，他们都捡回来放在我们那里，后来就留着但没人来认

领，放放就坏掉了。

当时村里还出现了一家"国际乡村旅行社"，由政府和村子共同出资，并以民宅为基础装修设计。当初的设想是借助油菜花节，成为L村旅游业发展的基础性设施。随着油菜花节移师它地，没有出现预期中的客流量，再加上经营管理中出现的纠纷，这个项目最终不了了之。对此有两种说法，一种被称为"旅游环境说"，即由于村庄整体旅游没有发展起来，客流量跟不上，村里也没有其他的辅助性旅游设施；另一种被称为"违约说"，本来由政府推动外来公司承包村民的房子做旅游住宿，房屋的装帧、设计以及后期运作由旅游公司来做，房东家则参与服务和接待。但后来房东变卦，想自己做，但无法吸引到客源，也没有能力运营。

据村委会成员回忆，当时村里每年客流量达10万人，尽管如此，当时的L村也没能找到一个通过旅游业带动村庄发展的模式。在举办前两次油菜花节期间，村委曾尝试向游客收费，由于一开始没有相关组织和管理经验，收费并没有真正覆盖所有游客。尽管如此，每年仍有5万~6万元的收入。但这样的收费由于无章可循很快被上级政府叫停。虽然已经是十年前的事，村委干部仍记得当时的无奈：

> 搞旅游会涉及很多问题，比如卫生，一些游客来了会乱扔垃圾，要组织村民或保洁员扔去捡就会出现经费问题。没有经费或政府资助，搞这些旅游项目就很难长期持续。要维护卫生、治安等各方面，政府不能停资助，资助一停就办不下去。

从村民的角度看，油菜花节给村民带来的实惠并不多。一些村民回忆："会有一些游客去周边的酒店，当油菜花开的时候，游客吃饭都很难。老百姓主要是在路边卖菜花油和鸡蛋等土特产，会有些收入。"油菜花虽然当地一直在种植，但由于村民嫌其"比较湿"，食用并不很多。当时能够连片种植的原因在于政府的推动并给予了一定资助。之后，油菜花节转场，相关支持也就自然终止，油菜花又回到了分散种植的状态。经过这样的经历，需要思考的是：如何从乡村自身资源出发，将乡村风情旅游与乡村内在力量的焕发相结合？

随着镇政府将区域旅游发展的定位转移，L村短暂的乡村旅游经历也就随之告一段落。归因于两次油菜花节，L村的景色被不少媒体报道，村中别具风味的百年古宅更在摄影师的青睐下成为D镇的标志性景致。但这些关注随着油菜花节转移而很快就偃旗息鼓，L村也很快淡出了媒体视线，并逐渐被公众遗忘。

### 3. L村旅游发展的潜质

对于以乡村旅游带动村庄发展的潜质，在D镇层面上也有一定认识。在D镇关于推荐社会治理示范村介绍中有这样的表述：L村以"绿水青山就是金山银山"的理念大力发展乡村旅游，拥有山海、竹海、林海等丰富旅游资源。发展L村美丽乡村建设的最终目的是发展乡村度假旅游，打造"大城市的小花园"，让平时在快节奏的城市里不敢深呼吸的人来到L村，放慢脚步，回归自然。

从生态环境来看，L村三面环山，山上主要种植杨梅、竹子、龙眼、荔枝等多种林木经济作物，各经济社之间的地势平坦，分布有大片农田，村庄中部还有6米宽的河道自北向南穿过。岸边有一条3.5米宽的自行车绿道。该村气候温和，光照较多，雨量充沛，四季分明，年平均气温20摄氏度，年降雨量约2000毫米，森林覆盖率达90%，生态环境优越。可以说，是开展生态休闲度假旅游的理想之地。

L村的生态旅游资源有自身的特色，具有开发价值的景区很多。例如民俗文化和历史人文氛围浓郁，客家文化和客家饮食独特，油菜花节等节庆活动带动效应明显。目前，村内陆续开展了自行车绿道、油菜花节、40千米徒步行等休闲旅游活动，取得了一定效果，也积累了较为丰富的乡村旅游发展经验。

从村庄社会治理的角度看，良好的治安环境、较为纯朴的民风也为村庄的旅游发展提供了有力的软件支撑。在访谈中接触到的D镇领导对L村的干群关系、社会治安情况给予了很高的评价。这主要体现在三个方面：首先，相比于 D 镇其他村庄，L 村的整体上访水平和村内矛盾纠纷一直保持在较低的水平。其次，从治安上讲，由于 L 村地形上的优势，全村只有一个出口，为治安环境治理提供了很大便利。最后，从村委班子情况看，在落实、推动党委政府工作方面也都有较好表现。这些都成为发展乡村旅游业，推动集体经济活力的有利条件。

然而，从 L 村自身情况看，在 2008～2009 年油菜花节结束后，L 村不再是镇上旅游发展的重点区域，而村委班子也没有刻意宣传当地的旅游资源。一位曾在旅游部门任职的镇领导如此评价："一般人感觉不到这边山里还有旅游资源，如果开车路过的话，感觉不到这是一个旅游景点，一开车就过去了，不留意的话连个招牌也看不到。"

将 D 镇定位为生态旅游及相关综合开发具有独特的优势，特别是随着地区一小时生活圈的建设和路网体系的完成，即使从老城区驱车到 D 镇也只需要 50 分钟。这样的交通便捷性对各个村庄基本是平等的。但是，在 D 镇域内，有的村有十余年新农村建设和旅游开发经验、有知名品牌和随之带来的资源集聚效应；有的村有开阔别致的自然景致……如何构建村庄自我特色、如何寻找、利用自身不可替代的优势，在周边"竞争对手"中脱颖而出，成为 L 村要思考的问题。

事实上，在镇域范围的旅游开发中，存在着三个相互作用的因素：起点竞争、机遇效应与马太效应。起点竞争是指在发展初期，有着不同资源禀赋的村庄能否找到自身发展的着力点和特殊之处，找到能胜人一筹的路径；机遇效应是指特殊的人脉关系、发展周期和机会窗口对村庄发展的影响。这样的机遇往往可遇不可求，一旦错过一轮发展窗口就很可能在后期发展阶段中落后；马太效应是指随着各村庄间发展差距的拉大，资源会更加向有良好发展势头的村庄集聚，从而加大发展机遇的不平等。L 村的旅游发展在 2008～2009 年之后，基本上是在原地踏步。能否借助本次入选市美丽乡村，从自身社会治理良好、乡风民情和谐、传统民俗独特等特点出发，探索出自己一条新型村庄发展之路，值得期待。

## （四）L村发展的人文资源

### 1. 古宅

村里目前还有4~5栋百年历史的民居，这些古宅属于旧时的大户人家，全部用青石修建。门楣、柱基、檐板还有雕花、镌字的痕迹，局部还能看出镂窗、花墙、嵌瓷的样式。

青石铺地的院落里还有布满绿苔的水井。另有一座石楼独立在古院落之外，现存6~7米高，据说之前有7层，现在依然有3层。这座楼石墙高耸、足足有一米厚，窗洞离地面很远，仅有一本杂志大小，俨然一座小型堡垒。我们和村委会干部一起小心地摸着石墙，踏着塌落的砖石挪到墙内，里边又是一番洞天。内部结构复杂，紧凑地分成若干间屋子，有木梯通往楼上。门口的石壁上嵌有一行铁插孔，一起进来的村干部说这里曾是一个防卫机关，可以串起来使用，里侧还设有另一个开关装置。据村里人介绍，这栋古堡足有200年历史，过去周边常有山贼活动，故有钱人家要把房子修得易守难攻。据说水泥是从南洋买的洋水泥。而像外窄内宽的高窗、室内木桥等一些结构上还留有很多独特的工艺。现在虽然局部坍塌，但主体结构依然结实。

此几处建筑院落，以祠堂为中心展开，居住着彼时家族中最核心的成员。古宅的历史也是整个家族的变迁史。据管祠堂的人介绍，家族祖先"老太公"从贵州兰坪搬过来，在本地以烧炭为生，娶了一个本地媳妇，生了儿子。之后生意更兴盛，又接连迎娶了两房妻妾。据说，前两房没能延续生育，在此地繁衍的是三房的后代。在新中国成立前，这户人家已经在周边地区有粮田千亩以上。

### 2. 舞狮队

过去L村每逢过节都有舞狮的传统，村书记介绍，整个D镇属L村的舞狮最精彩，不仅个头最大，舞的也最好，"其他村子都是很小的个头，而且现在也都停了"。L村的舞狮至少有上百年的历史。每到过年舞狮的时候，全村老老少少都会上街观看。舞狮队会从村头舞到村尾，舞的是最复杂的青龙狮子。舞狮从初一持续到十五，每天晚上都会出演。

村委同志认为，延续了100多年的舞狮之所以停下来，一是因为现在的年轻人已经不喜欢了；二是因为参加舞狮队得不到什么收入。之前舞狮，村里都会垫付一些资金，买狮头、服装和其他装备。这两年随着村级财政规范化，任何一项支出都需要走流程。尽管村委会的同志也很想把这个传统延续下去，但是以村子现在的经济状况拿不出更多的钱来支持。

舞狮队会到村民家里去拜年，按照规矩，村民要给舞狮队包"红包"。收到的钱，舞狮队按照各人贡献的大小分配，出力气最多的得到最多。

几年没有舞狮，现在舞狮队的状况不容乐观，一个舞狮队一般需要十多个人。现在一些年老的师傅，或已经过世，或体力不支；年轻的还有几个会，但是不想舞。

近年来，舞狮队过年去政府门前舞狮，"没有人接"，让舞狮队感到政府也不支持这个事情。据村里的干部解释，这是因为近年来基层政府有更严格的财务制度。但狮子队成员仍觉得这件事情能够活跃过年气氛，也能保持传统文化，政府应该支持。

舞狮有两个关键人物，一个是舞狮头的，最费力气。另一个是敲鼓的，因为舞狮要随鼓点舞动，并按照鼓点节奏控制快慢。L村的鼓点和周边村庄的都不同，有七种鼓点变化，称为"七星鼓点"。年近七旬的敲鼓老人说自己还能勉强记住四五个鼓点，其他的已经回忆不起来了。

另外，舞狮队要长期磨合训练。因为要想舞好有很多技巧。比如舞狮的要会听鼓点，敲鼓和打锣的要会配合。正是因为这样，采访到的几位核心成员都担心如果舞狮队长期不搞，技巧慢慢生疏后就很难捡起来了。

舞狮队到各家去叫"参神"，这是个和村民互动的过程。门口不吊红包的是不去的，红包用龙岩叶子包住，"有的包三五元，有的包30~50元；本地做瓷沙的老板也有给千元的"。进人家堂屋去参神也有很多规矩，例如从哪边进去，有堂屋里有观音的，有神台放红包的，舞狮的都要把这些信息通过动作告诉外边打鼓的，打鼓的站在门口要看着狮子有什么变动，配合拜观音像、拿红包调整鼓点。这又分为参神鼓、采青鼓。拿红包也分左右手（大小变）。等"吃到红包"后，要重新起鼓，要拜人家三下。"别的村子都没有这样齐全的规矩"。

如何将舞狮队再做起来？之前一位核心成员认为，首先带头人要很公正、不怕吃亏。因为舞狮到村民家里，按照风俗，要给舞狮队红包。领队的人，要将这些收入要按照各人的劳动分下去。而且还要计算好留下多少给来年做准备。这就需要领队的不贪心，要公开账目，要有计划，为舞狮队的长远考虑。

舞狮队带头人更大忧虑是：舞狮废弛越久，整个村庄对舞狮的热情会逐渐淡去。鼎盛时期，因为在周边很有名气，远近的村里各家有喜庆的事情，都愿意请舞狮队来助兴。老一辈舞狮队的人有时也会指导村里有兴趣的年轻人，但因为舞狮已经废弛了几年，后一辈也就失去了实际操练的机会。在老一辈人看来，后生的手艺还是很不像样子，"乱七八糟"。

一台舞狮表演，最迟腊月二十就要开始练习，练习一般安排在晚上，需要练舞、练狮子、练打鼓。现在大家都很忙，不给大家一些补助，一般也很难召齐人。"这几年没有人搞，狮子都烂了，衣服裤子穿了很多年。以前每年都是晚上要去学，要学到十点钟，要吃些夜宵，这也需要花钱。要是没人赞助，很难做起来。"

我们采访到一位已经83岁高龄的吕师傅，他是L村舞狮队最资深的师傅。吕爷爷说，民国政府刚建立的时期，花城一带各种帮派横行。舞狮的人首先要学武功，他父亲那一代人都是会武功的。他很小的时候就和同龄人一起学武功。在旧社会，外出谋生，"不学武功就亏了"，所以有深厚的习武传统，舞狮反而是习武的一个"副产品"。早在新中国成立前，吕爷爷父子所在的帮派武功和舞狮在当地都已有名气。从吕爷爷的回忆来看，早期的舞狮很可能是加深同门之间合作和训练的一种方式，"那时经常要打架的，一打架我们同门都要来帮助"，而舞狮也要互相帮助。

新中国成立后，舞狮的传统也延续下来，由村民自己组织。那时候舞狮的行头费用靠捐钱，到后来，农民协会也会出一些。之前政府也很重视，每个村的舞狮队到政府去拜年，政府都会发红包。

近十几年来，吕师傅也组织村里舞狮，想让老一辈教给年轻一辈。舞了几年后，很多舞狮的人都慢慢结婚了，有了自己的家庭，负担也重了，很多人就逐渐退出了。

插曲：关于 L 村水的传说

L 村的水质很有名气，据村委班子介绍，市区其他镇街的远近居民都拎着水桶过来接水带回家用。人多的时候，一大早八九点就有人过来排队，一直排到 12 点才接到几瓶水回去。访谈中，很多村民都知道一个关于村里水质的故事："一个村民移居国外，临走时将一瓶水放在桌上，七八个月之后回来，桌上的水仍没有变质。"有个村委会成员，曾负责过水质检测工作，从源头接的水放了几个月都不会变质，也不会长青苔。

一个村委主要负责同志说："装一瓶水和其它地方的水放一起比较。这里的水放一个月、三个月都没有问题。其他地方的水装起来放几天、一个礼拜就有一点滑滑的。好奇怪，真的好奇怪。"

在访谈中，我们还听说了关于水质传说更有趣的版本。据说，每年七月初七的水，不仅可以直接喝，而且还有治病的功效。"卫生条件比较差的时候没有药，发烧、发炎、头痛的时候一定要喝七月初七的水"。据一位已经在村里工作 20 年的村干部介绍，一家生产饮料的公司之所以选址在高百丈下，也正是因为看中了这里的优质水源。

3. 村内出租房屋与租赁经济

虽然 L 村并没有大规模的农家乐，但村子里仍有一些民居出租。出租房屋可以分成两类。

一类是租给从外地过来的打工者，这一类房屋质量往往较差，多是村民遗弃不用的旧宅。租金也较便宜，我们访谈的一家村民将一整座三房一厅土砖房租给湖南籍房客，一个月仅收 150 元租金。房东说了自己的想法："其实房子没有人住坏得更快，一年两年就坏掉了。因为没有人住就不会去维修；只要有人住，房子就耐用，空气流通，也不容易发霉。"可见这种类型的租房，除了经济上有些贴补，维持房子状况也是一个考虑。

另一类是休闲养老型租住。虽然 L 村并没有刻意利用优质生态资源推动空闲房屋的"租赁经济"，但还是有一些周边城市的居民慕名而来，在这个安静的村落过起了城市人的"田园梦"。某村两委同志介绍了他所知道的情况，"城区一对退休夫妻，租了一房一厅，租金 300 元一个月，可以生火做饭。平时还可以爬山。他还要了一块地种菜。菜可以拿给城里的子女吃。"虽然周末和假期总会有来 L 村徒步、爬山的游客，但真正休闲型租房的情况在 L 村并不很多。究其原因，是因为 L 村的生态休闲业处于一个自然生长状态，并没有得到深度开发，卖方需求并未充分发掘，买方在硬件和软件上也还有很多提升空间。

就在调研前不久，当地政府推出加快发展住房租赁的政策，提出壮大现代租赁产业，形成新的经济增长点，鼓励村集体、经济联社经营房屋租赁。这给 L 村带来广阔的规划空间，比如能否以村集体为单位，统计村内空余且有出租意向的房源，统一提供"管家式"服务，为业主提供房屋租赁、代管理、代维修等服务？这是值得深入探讨的方向。

### 4. 村民的环保意识

在调研中，镇相关领导介绍 L 村村民有较强的环保意识、人文气息浓厚。我们这些从北方来的访客走在 L 村的村巷，确实能感受到一种浓郁的客家气象，落英铺地的小径、古朴雅致的庭院、古宅。

（1）两个"环保事件"

从访谈中得知的两个"环保事件"也印证了镇干部对 L 村村民"环保意识强"的评价。据村民介绍，之前曾有村里人与外村人合作，在高百丈风景区的入口处开了一个山庄做农家乐。

这个地方是爬山必经之处，水又清亮，但村里人想这里正是村里水源上游，开饭店，排污肯定会污染那个水系，污水流到河里，老百姓要在河里面洗衣服、浇菜，村民的环保意识很强，不准在这里搞，就投诉他们，告到政府。最后赢了，所以我们这个村子没有酒店，没有饭店。

另一个事件是自行组织环境保护行动，可以称为"赶走猴子"。据村民介绍，两三年前村里曾经有一个利用旧厂房养殖猴子的基地，"养了上万只猴子，臭得要命，整个河流都污染了，晚上睡觉都气喘不过来。特别是到了夏天，气压比较低，臭气根本飘不出去，晚上睡觉要关窗户，不然臭气都搞得喉咙不舒服，我们反映到政府，政府对这个厂子也有意见，但因为已经签了合同没有更好的办法。最后村民组织起来，堵在厂子门口。这样果然奏效，没过多长时间，猴子厂就被迫迁走。

（2）村民自觉进行垃圾分类

我们到村民家中走访，注意到村里虽然当时还没有完全推广垃圾分类处理，但很多村民有自觉垃圾分类的习惯。与北方和中原农村村落相比，这里的院子显得更干净、整洁。村民自己也很为这点感到自豪，一位退休干部这样说：

> 我们这边的垃圾统一收集，统一运输，卫生条件在全区里也算是比较好的。村里有一台拖拉机天天都运垃圾，运到垃圾处理厂。有两个环卫工每天天刚亮就扫村道，农民每天的生活垃圾自觉倒进垃圾桶里。

更难得的是，在官方大范围推广垃圾分类之前，村民在日常生活中保持着原始的垃圾分类习惯。一个村民这样介绍：

> 能卖钱他就自己挑出来了，厨余垃圾留给鸡鸭鹅狗吃，不能利用的那部分倒垃圾桶里了。厨余里可以做肥料的东西就装到田里面埋了。我们农民都是这么做的，你是农民也会这样做。不是说别人要求你这样做，而是自动自觉会这样做，如果一下子死了一个鸡或者是什么东

231

西，你不会丢到外面去，这个鸡就是肥料。拿到那个瓜果树下面一埋，让植物吸收养分，果树就好了。所以我们这边的人都是自动自觉的。塑料、铁、纸皮都是自己卖。一个袋子分类放好了，塑料呀，铁呀，铜呀，等到有人上门收垃圾了就拿出去卖。各个都比较自觉。

## （五）小结

在当今城市中产阶级兴起、消费者品位趋向多元化的背景下，传统的观赏式旅游已经越来越多地被体验式、主题式、定制化旅游替代，保持地方特色的、原汁原味的乡村游已经成为旅游业发展的新方向。这样具有生态文明特色的发展方式，又内在地与创新、协调、绿色、开放、共享的发展理念一致，与习近平总书记强调的"以人的城镇化为核心，更加注重环境宜居和历史文脉传承"的新型城镇化建设思路相契合。L村丰富的生态人文资源，是当地一笔巨大、不可多得的"沉睡"财富。如何将它用好，探索出一条更具地方特色，更加有利于加强村庄治理能力和提高民众生活和文化水平的发展方式，是需要共同思考的课题。

## 四　对 L 村发展的思考

通过对 L 村社会治理及发展路径的考察，调研团队结合之前的研究，形成了对 L 村未来发展的初步思考。以农村社区集体资产保值增值作为提升社区发展和村庄治理水平；以持续改善农户生计水平和生活质量作为切入点；以社区综合性合作组织（团结经济）① 作为社区资源的增量、盘活社区资本、强化社区市场博弈能力，以此作为增加社区经济动态能力、增强村社可持续发展的着力点；以社会支持网络作为实现向政府主导、社会力量与民间力量多元参与的开放式社区发展的突破点，并以此作为优化农业

---

① 团结经济：一种介于计划经济和市场经济之外的新的经济模式（百度百科）。

供给侧结构、实现农村一、二、三产融合，将村庄发展与城乡资源流动的历史性变迁相互嵌入的通路。

## （一）以集体资产提升基层执政能力和社区治理水平

从本质上看，社区建设能力、社区治理水平根本上取决于社区可动用的整体资源和资产水平。这是本研究将集体经济作为贫困地区社区发展的基本切入点和落脚点的政治经济学考量。集体资产的保值增值是夯实村两委治理能力，推进农村社区普惠性发展的有力保障，是实现村庄长效发展的必然要求。面对广大农区，村庄集体经济已经分割殆尽，且面临经济法人地位缺失、政策支持含混等困境。本研究建议将财政性投入、扶贫资金等注入村集体资产，成立社区发展基金，并以社区综合性合作组织或经济联合社作为社区发展平台，利用村经济合作社收储闲置房产，组织村民以混合所有制形式投资经营公司，盘活资产、发展生态农业。并设立由村两委骨干、村民理财小组、村民理事会骨干、综合合作组织带头人、公益组织等多方代表组成的集体资产运营及分配监督委员会。

对集体资产的强调，是对作为社区公共发展资源重要性的重申，也是为社区实现均衡性发展、为消除农村贫困提供资源通道保障。该保障对于农村社区顽固性贫弱群体，如留守高龄老人、残障群体、大病家庭提供了长效脱贫不返贫的制度保障。清华大学社会学系研究团队通过乡村建设的案例研究，探讨了以集体经济为基础的社区理性在推进地区发展共享能力，实现村庄物质文明与精神文明双向并进上发挥的基石性作用。

## （二）以综合性社区合作组织带动社区建设水平和农户可续能力提升

2017年5月，中共中央办公厅、国务院办公厅印发了《关于加快构建政策体系培育新型农业经营主体的意见》[①] 强调鼓励农民以土地、林权、资

---

[①]　中共中央办公厅、国务院办公厅印发《关于加快构建政策体系培育新型农业经营主体的意见》，中华人民共和国中央人民政府网站，http://www.gov.cn/zhengce/2017 – 05/31/content_5198567.htm，最后访问日期：2021 年 6 月 28 日。

金、劳动、技术、产品为纽带，开展多种形式的合作与联合，积极发展生产、供销、信用"三位一体"综合合作。21世纪以来，当代乡村建设实践立足于社区综合发展，反映社区生活、生产、生态综合需求的基层合作性组织不断涌现。此类组织通过诸如"村委会＋合作组织＋农户"的形式在区域农村发展事业中发挥了越来越突出作用。在增加资产收益方面，可以尝试将财政性收入、专项资金通过入股村社合作性经营组织和集体企业的方式实现"股权量化、按股分红、收益保底"，使贫困户能够作为股东获得股息，以增加其财产性收入①。在提升民众生计改善能力、获得感与自主精神方面，需要在推动社区综合性合作组织建设、制定村庄发展规划模式过程中因地制宜、因村制宜。充分考虑社区内部的结构性分层和不同民众在生产资料、多元能力、社会网络中的差异性，发掘、培育并在制度设计上鼓励、肯定不同群众的生产性和社会性潜质。这些尝试的实质是以输入性财政资源为依托，向农户提供可量化的入股资本。同时，在实践中激活村集体、农户自有资产。村民将土地经营权、宅基地使用权投入村庄产业发展，拓展农户收入来源的做法也业已成熟。在此基础上，发展农户多元潜质，通过培育、修复社区社会支持网络，探索"劳动入股""技能入股"，从而实现不同资源类型农户在物质收益、可续技能习得、尊严提升等多维度目标的达成。

## （三）以替代性市场实现差异化支持平台

差异化市场的建立是推进农业供给侧结构性改革，增加绿色优质安全和特色农产品供给的必然需要，是实现"把地方特色小品种和土特产做成带动农民增收的大产业"的机制保障。诺贝尔经济学奖得主阿玛蒂亚·森从人的发展的基本权利视角上审视市场与参与经济交易的意义。仔细观察相对落后地区和人群的经济行为，就会发现他们是被排斥在有效市场交易

① 戴旭宏：《精准扶贫：资产收益扶贫模式路径选择——基于四川实践探索》，《农村经济》2016年第11期。

（为交易双方带来具有实质性、持久性福利改善）之外的。或者说传统的市场结构不能使传统农业生产群体摆脱经济生活低位的困境，而且事实上发挥了经济地位锁定的作用。市场锁定的原因既有产品本身市场定位模糊、特色不突出导致的整体竞争力弱的因素，也有在收购、仓储、流通等环节市场扭曲和垄断造成的高交易成本的因素。

　　而相较于行政力量，差异化市场机制本身的分散性、专业性特点是提高特色农业发展效率的有效途径。本研究所提出的差异化市场的概念，是基于优质、特色农产品购销领域的，集合涉农企业、公益组织、民间团体、社区合作组织等主体的农村发展支持网络。其中，涉农企业在生产技术、仓储物流等环节提供保障，公益组织在甄别农户、保障项目精准性、对接优质需求市场等方面发挥作用。两者互为补充，后者弥补传统产业强逐利性及实际贫困覆盖率不足的缺陷，前者弥补后者技术能力、资本投入能力不足的缺陷。社区合作组织作为前端生产组织者以村集体资产入股等方式保障后期收益再分配环节的普惠性和对顽固性贫困群体的倾斜性。消费者群体主要是对优质、绿色农产品有较高需求和高支付能力的城市中产阶级群体。

**图书在版编目（CIP）数据**

社会力量参与乡村振兴：框架、路径与案例／吕程
平等著. —— 北京：社会科学文献出版社，2021.8
ISBN 978 - 7 - 5201 - 8816 - 6

Ⅰ.①社⋯　Ⅱ.①吕⋯　Ⅲ.①农村 - 社会主义建设 -
研究 - 中国　Ⅳ.①F320.3

中国版本图书馆 CIP 数据核字（2021）第 159756 号

---

**社会力量参与乡村振兴：　框架、路径与案例**

著　　者／吕程平　游睿山 等

出 版 人／王利民
组稿编辑／谢蕊芬
责任编辑／胡庆英　庄士龙　李明锋

出　　版／社会科学文献出版社·群学出版分社（010）59366453
　　　　　地址：北京市北三环中路甲 29 号院华龙大厦　邮编：100029
　　　　　网址：www. ssap. com. cn
发　　行／市场营销中心（010）59367081　59367083
印　　装／三河市龙林印务有限公司

规　　格／开　本：787mm × 1092mm　1/16
　　　　　印　张：15　字　数：221 千字
版　　次／2021 年 8 月第 1 版　2021 年 8 月第 1 次印刷
书　　号／ISBN 978 - 7 - 5201 - 8816 - 6
定　　价／98.00 元

本书如有印装质量问题，请与读者服务中心（010 - 59367028）联系